진화론: 과학에서 종교까지

진화의 증거는
날이 갈수록 늘어가고 있으며,
요즘만큼 강력했던 적이 없다.
그러나 얄궂게도 무지에 기반을 둔 반대 역시,
내(리처드 도킨스)가 기억하는 한,
요즘만큼 강력했던 적이 없다.
이 책(리처드 도킨스가 쓴 『지상 최대의 쇼』)은
진화 '이론'이 정말 사실이라는 증거들,
다른 과학적 사실들처럼
논박의 여지없는 사실이라는 증거들을
개인적으로 간추려본 것이다.[1]

_ '리처드 도킨스'의 『지상 최대의 쇼』 중에서

진화론: 과학에서 종교까지

정아볼로 · 남바나바

YAS MEDIA 야스

인사말

먼저 이 책을 출간하게 하신 하나님께 최고의 감사를 드린다. 하나님은 부족한 나를 통해서 이 책이 쓰이게 하셨다.

그리고, 낸시 피어시, 리처드 밀턴, 존 모리스, 필립 존슨, 켄트 호빈드, 켄 햄, 이재만, 최우성, 임번삼, 이은일, 이병수, 김홍석, 김명현 님께 감사를 드린다. 사실 이분들은 나를 알지 못하지만, 나는 이분들이 쓰신 책이나 동영상 강의를 통해서 창조과학 지식을 얻게 되었다. 이분들의 선구자적인 수고로 나와 같은 과학 문외한도 창조과학을 사용할 수 있게 된 것이다. 어느 영화배우의 말처럼 나는 그분들이 차려놓은 밥상을 그저 맛있게 먹었고, 먹은 음식에 대해서 이야기하고 있을 뿐이다.

일일이 성함을 거론하진 않지만, 한국창조과학회(KACR) 대구지부에 깊은 감사를 드린다. 원고를 쓰는 과정에서 조언을 얻고자 이분들을 만났고, 이분들을 통해서 내 글은 세련되어 질 수 있었다.

특별히, 바쁘신 가운데도 부족한 글에 감수를 해주신 길소희 간사님과, 글을 다듬어 주신 한국창조과학회대구지부 이종헌 교수님께 감사의 인사를 전하며, 친분이 없었음에도 불구하고 기꺼이 최종 감수를 해 주신 세계창조선교회(WCM) 박창성 회장님께 깊은 감사를 드린다.

부족한 책의 출판을 허락한 야스미디어 허복만 대표님에게 감사를 드리며, 야스미디어에서 추진하고 있는 문서사역들이 이 책을 통해서 확장되길 기도한다 .

아마추어인 나의 글쓰기를 코치해 주었던 공정희 작가와 신경애 편집디자이너, 그리고 원고를 검토해 주신 라순자, 한익희, 박수영 선생님께도 감사를 드린다.

처음이자 마지막이 될지도 모를 지면을 빌어, 늘 자식을 위해 헌신적인 삶을 사셨던 어머니 김태름 권사님과 지금은 고인이 되신 아버지 정대용 집사님, 부족한 사위에게 한결같은 격려와 애정을 베푸시는 장인 김진석 집사님과 장모 김춘자 권사님, 그리고 내가 이 일에만 집중할 수 있도록 지원해 준 사랑하는 아내 김한나 집사와 누구보다 이 책이 나오기를 기다렸고, 이 사역을 하는 나를 자랑스럽게 생각하는 아들 정예준에게 특별한 감사를 보낸다.

2019년 6월
대표저자 정아볼로

추천의 글

이 시대의 지식인들 사이에 "창조인가, 진화인가?"라는 의문만큼 오랜 세월 심각한 대립을 해온 명제가 있을까? 영적으로 볼 때, 우리사회는 천지만물의 기원에 관한 이 두 가지 세계관을 기초로 하여, 창조주 하나님을 믿는 진영과 믿지 않는 진영으로 나누어져 있고, 어느 쪽을 지지하는가에 따라 그 사람의 인생관, 가치관, 윤리관이 달라지며, 결국은 살아가는 모습이 달라지게 된다. 따라서, 이 의문에 대해 바른 답을 찾는 것은 우리가 어떤 삶을 살 것인가를 결정하는 매우 중요한 일이다.

그 바른 답을 찾도록 도와주는 책으로서, 정아볼로, 남바나바선생님이 심혈을 기울여 저술한 '진화론:과학에서종교까지'가 출판된 것을 기쁘게 생각한다.

이 책에서 발견한 장점은 첫째, 누구나 이해하기 쉽게 썼다는 것이다.

사실, 저술하는데 있어서 책을 쉽게 쓰는 것이 가장 어려운 일이다. 그것은 전하려는 내용에 대한 학문적 수준이 높아야 할뿐만 아니라, 독자의 심경을 헤아릴 수 있는 지혜를 가져야하기 때문이다. 그런데 저자는 많은 학문적 연구와 교육 경험을 바탕으로, 누구나 쉽게 읽고 이해할 수 있도록 저술하였다.

둘째, 학문적으로 정확한 판단을 하였다. 천지만물의 기원에 관한 연구에 있어서, 학문의 깊이와 정확성은 별개의 문제이다. 시작부터 방향이 빗나가면, 연구를 많이 할수록 진실과는 거리가 먼 억측을 만들어내기 때문이다. 바로 '리처드 도킨스'를 비롯한 진화론자들이 그런 경우이다. 피조세계에서 얼마든지 설계의 증거를 발견할 수 있음에도 불구하고, 영적인 눈이 어두워서 그것을 발견하지 못하거나, 하나님의 존재를 부인하려는 방향으로 가는 것이다. 저자는 이와 같은 문제점을 날카롭게 지적하고, 바른 방향으로 독자들을 인도하고 있다.

셋째, 영적으로 본받을 만한 열정이 있다. 진화론이 만연되어 있는 이 시대에 진화론과 싸움을 하는 것은 쉽지 않은 일이다. 마음속으로는 진화론을 인정하지 않으면서도, 겉으로는 침묵을 지키거나 타협하는 일이 얼마나 많은가? 그것을 두려워하지 않고, 두 분 선생님은 저서를 통해 선전포고를 한 것이다. 더욱이, 리처드 도킨스를 비판하고 도전한 것은 매우 용기 있는 행동이라 할 수 있다. 저자는 비록 저서에서 신앙에 대한 이야기를 많이 하지는 않았지만, 이 일은 하나님에 대한 깊은 열정이 없이는 불가능한 일이다.

진리를 발견하여 바른 삶을 살고자 하는 모든 사람들에게 '진화론: 과학에서 종교까지'는 온전한 길로 안내해 주는 귀한 길잡이가 될 것이라고 확신하여 추천하는 바이다.

_명지대학교·아세아연합신학대학교 겸임교수, 세계창조선교회 회장 감수자 **박창성**

두 분 선생님의 하나님에 대한 열정이 이 책을 쓰게 했습니다. 우리가 믿는 하나님이 살아계시고, 과학적인 면을 포함하여 성경의 모든 내용이 사실인데, 기독교인임에도 불구하고 성경의 모든 내용이 사실이 아니라고 말하는 사람들 앞에서 의로운 분을 내는 것입니다.

오탈자에 대한 교정을 봐준다는 핑계로 이 책을 미리 읽을 수 있는 특권을 누린 사람으로서 소감은 "열정이 살아있다"였습니다.

하나님의 창조를 믿는 사람들이 왜 하나님의 창조가 사실이라고 말하는지를 논리적으로 대변하는 이 책은 이 시대를 살아가는 모든 사람들이, 특히 교회학교 교사라면 반드시 읽어야 할 필독서라고 자신 있게 추천합니다.

_경일대학교 교수, 공학박사 감수자 **이종헌**

먼저 개정 출판을 허락하신 하나님께 최고의 감사를 드린다. 하나님은 늘 나의 부족함을 메우시고, 필요들을 채우신다.

책을 출간하고, 많은 일들이 있었다. 예상했던 바와 같이 판매량은 그리 많지 않았지만 많은 분들이 관심을 가져주셨고, 덕분에 활발하게 강연 사역을 할 수 있었다. 이 책은 과학 전공자도 아니고 신학자도 아닌 내가 강연 사역을 좀 더 활발하게 할 수 있도록 한 명함이자 내가 가진 생각을 강연 전에 미리 전달할 수 있는 좋은 도구가 되었다.

특별히 선교지에서 이 책에 많은 관심을 보여 주셨다. 선교사님들과 한인교회의 요청에 의해 개정본은 일본어와 중국어로 번역되어 복음 전파의 도구로 사용될 예정이다.

개정본의 내용은 초판본과 크게 달라진 것은 없다. 과학 지식을 다루고 있기에 여러 전문가들의 코멘트들을 수용하여 좀 더 과학적 언어로 바꾸는데 힘을 쏟았고, 최신의 이론으로 세련미를 더했으며, 논란의 여지가 있는 부분들은 과감하게 삭제하였다.

아무쪼록 이 책을 통해 이 땅의 성도들이 무신론적이고 자연주의적인 세계관의 실체를 알고 넉넉히 이기길 원한다. 그리고 하나님을 모르는 사람들이 이 책을 통해 창조주이신 하나님을 만나는 놀라운 역사가 일어나길 기대한다.

내가 하는 것이 아니라 하나님이 나를 통해서 하시는 일임을 날마다 고백하며, 이 사역에 나를 불러주신 하나님께 오늘도 감사함으로 나간다.
이 책을 읽는 모든 이들에게 하나님의 은혜가 충만하길 기도하며…

정아볼로

세상에는 사랑이 없다.
세상에는 공평이 없다.
세상에는 정의가 없다.
여전히 세상은 사랑, 공평, 정의를 필요로 한다.

"자랑하는 자는 이것으로 자랑할지니 곧 명철하여 나를 아는
것과 나 여호와는 사랑과 정의와 공의를 땅에 행하는 자인 줄
깨닫는 것이라 나는 이 일을 기뻐하노라 여호와의 말씀이니라
(렘 9:24)"

여전히 성경은 우리의 삶에, 우리가 살아가는 세상에 필요하다.
더욱 필요하다.
성경이 없는 세상을 상상할 수 있을까?
진화론은 성경이 틀렸다는 이야기를 계속 해댄다.
성경을 깊이 사랑하기에 '과학에서 종교까지' 변론을 하려고
한다.

하나님이 만드셔서 당신은 아름답다.
예수님이 대신 죽으실만큼 당신은 고귀하다.
성령님이 함께 하셔서 당신은 사랑스럽다.

성경에 쓰여 있다.
우리 성경을 다시 신뢰하자.
말씀을 더욱 사랑하자.

남바나바

나는 왜
이 책을 써야만 했나?

이 시대 최강의 진화론자로 불리는 '리처드 도킨스(Richard Dawkins)'의 『지상 최대의 쇼』를 읽은 후부터, 나는 진화론과 창조에 관련된 글을 읽고 생각을 정리하는 일에 상당히 많은 시간을 보내고 있다. 뒤돌아보면, 이 일만큼 내가 열정을 쏟았던 일은 없었던 것 같다.

내가 이 일에 열정을 쏟는 단 한 가지 이유는, 내가 가지고 있는 '창조'라는 믿음이 '리처드 도킨스'가 비아냥거린 것처럼 진화론에 대한 '무지에 기반을 둔 반대'가 아니라는 것을 알리기 위함이다.

'하나님에 의한 창조'는 우리의 과거와 현재를 설명하기에 충분하다. 그것은 성경에 기록된 사실에 대한 맹목적인 믿음이 아니며, 피조물들은 성경에 기록된 대로 하나님에 의한 창조를 나타내고 있다. 그러나 오늘날 성경에 기록된 사실은 날이 갈수록 신화로 전락하고 있고, 하나의 가설에 불과한 진화론은 더욱더 일반화되어가고 있다.

하나님에 의한 창조가 신화로 전락하고 있는 이유는 무엇일까? 그것은 성경이 틀렸거나 피조물에서 보이는 증거가 불분명하기 때문이 아니다. 다만, 무신론적인 자연주의 세계관이 나날이 확대되어가고 있기 때문이다.

무신론적 세계관을 가지고 있는 사람에게 신의 존재와 신에 의한 창조는 도저히 받아들일 수 없는 일이다. 비기독교인들이 성경대로의 창조를 인정하지 않는 것이야 그들이 무신론적인 세계관을 가지고 있기 때문이라고 이해할 수 있다. 그러나 안타까운 사실은, 오늘날 기독교 안에서도 성경에 기록된 대로의 창조가 일종의 신화로 여겨지고 있다는 것이다.

상당수의 기독교인들이 박테리아가 사람으로 진화된 것이라는 가설은 과학적이고 객관적인 사실로 여기면서 성경에 기록된 대로 하나님께서 천지만물을 창조하신 사건은 역사적 사건이 아닌 것으로 여기고 있다.

당신은 하나님께서 '성경에 기록된 방식대로' 천지만물을 단 6일 만에 창조하셨음을 인정하는가? 어쩌면 이 글을 읽고 있는 당신도 '전능하사 천지를 만드신 하나님 아버지를 내가 믿사오며'라는 고백은 하지만, 하나님께서 성경에 기록되어 있는 대로 천지만물을 창조하셨다는 사실에는 동의하지 않는지도 모른다.

내 주변에도 신앙생활은 나름대로 열심히 하지만, 천지만물이 성경에 기록되어 있는 대로 창조된 것은 아니라고 보는 기독교인들이 있다. 그들은 어떤 근거로 성경에 기록된 내용을 부정하는 것일까?

그들이 성경에 기록된 내용을 판단하는 기준은 '자신의 이성'이다. 성경이 판단자의 이성에 의해 전적인 진리가 되기도 하고 부분적인 진리, 또는 진리가 아닌 책이 되어버리는 것이다. 더 안타까운 사실은 오늘날 이런 식으로 성경을 대하는 태도가 기독교 안에서도 유행하고 있다는 것이다.

그렇다면 일부의 기독교인들이 성경을 판단하기 위한 도구로 사용하는 이성, 이성이 과연 객관적인 도구일까? 이 해묵은 질문에 대한 저명한 학자들의 핵심적인 생각만을 소개하는데도 상당한 분량의 원고가 필요하기 때문에 글의 집중도를 높이기 위해 간단히 정리하면, 이성은 객관적이지 않다.

이성은 항상 어떤 생각에 영향을 받기 마련이어서 주관적일 수밖에 없다. 우리는 자주 '객관적으로'라는 말로 자신의 생각에서 주관성을 제거했다고 주장하지만, 결국 사람은 주관적일 수밖에 없는 존재이다.

오늘날 사람들의 이성에 직접적인 영향을 끼치는 보편적인 합리성은 '자연주의'에서 나온 '합리주의'와 자연주의와 합리주의에 의해 세워진 '과학주의'를 입고 있다.

과학이 물질로부터 물질의 기원을 이해하고자하는 자연주의 사조에 영향을 받고 있기에 '관찰 가능한 것'만이 탐구 대상이 된다. 그렇기 때문에 보편적으로 관찰되지 않는 초자연적 사건들이 탐구의 대상에서 제외되면서 성경이 진리가 될 자격은 자연주의에 의해 아예 박탈되었다.

'관찰 가능한 것'으로 정해져 있는 과학의 탐구 범위 때문에 '진화론'은 과학의 영역에 속하게 되었고, 신에 의한 사건을 다루는 '창조'는 비과학적인 것으로 치부되어 신학의 영역만으로 밀려나 있다.

지난 한 세기 동안 영국과 미국에서 있었던 진화론과 창조 간의 공개적인 논쟁에서 창조론은 사실상 모두 패하고 말았다. 그 논쟁들을 들여다보면 창조론자들은 늘 무신론적이고 자연주의적인 과학의 링 위에서 진화론자들과 싸우고 있다. 그래서 나는 이 논쟁을 다른 방식으로 접근해 보려고 한다.

1859년, 다윈이 『종의 기원』을 출간한 후 불과 150년 만에, 우리 사회에서 '진화론'은 마치 부인할 수 없는 '사실'이 되어버렸다.

오늘날 진화론은 인류의 기원에 대한 유일한 과학적 이론인 것처럼 선전되고 있고, '과학적'이라는 이름을 얻으면서 가장 합리적인 생각으로 군림하고 있다.

사람들은 원숭이가 자신들의 조상이라는 이야기에 더 이상 불쾌해하지 않는다. 다윈이 『종의 기원』을 출간했을 당시에는 종교적인 이유를 떠나서 원숭이가 자신들의 조상이라는 주장에 많은 사람들이 분노했었다. 그러나 오늘날 원숭이가 사람의 조상이라는 가설은 지구가 둥글다는 지식처럼 사실화 되어있다.

사람들은 우주와 지구는 오랜 시간동안 진화된 것이고, 오늘날의 지형은 오랜 시간동안의 침식과 퇴적으로 서서히 형성된 것이라는 진화론적 해석은 마치 '법칙'인 양 자연스럽게 받아들인다. 그러나 격변적 사건으로 비교적 짧은 시간에 형성된 것이라는 성경적인 해석에는 뚜렷한 증거가 있음에도 불구하고 조소를 보낸다.

언론들은 진화론적 관점으로 사회현상들을 해석하고, 사람들은 그런 식의 해석에 별다른 거부감이 없어 보인다. 반면에 성경적인 해석은 늘 편협하고 비합리적인 해석이라며 조롱을 당하고 있다.

학생들은 진화론적으로만 기술되어 있는 교과서를 통해 무비

판적으로 진화론을 강요당하고 있고 교육을 통해 친근해진 진화론은 더욱더 일반화되어가고 있다.

초등학교에 다니는 내 아들은 학교에서 진화론을 배우고 교회와 집에서는 창조를 배운다. 내 아들은 이런 괴리를 어떻게 받아들일까? 아직은 교회와 집에서의 가르침을 더 따르고 있지만, 앞으로 이 괴리들을 어떻게 극복해 나갈까?

다행히도 이런 고민을 하는 사람은 나만이 아니었다. 『다윈도 모르는 진화론』의 저자 '리처드 밀턴(Richard Milton)'도 그의 책 서두에서 '내 딸이 이러한 일반적인 진화론을 받아들여야 한다는 사실을 나는 견딜 수 없었다.[2]'고 말한다. 그는 자신의 아홉 살짜리 딸 때문에 진화론을 부정하는 책, 『다윈도 모르는 진화론』을 쓰게 되었다고 했다. 진화론을 부정하지만 밀턴은 기독교인이 아니다.

나는 하나님께서 성경에 기록된 대로 천지만물을 창조하셨음을 믿는다. 내 믿음은 단지 믿음의 영역에만 있는 것이 아니라 충분한 근거를 가지고 있다. 나는 온 힘을 다해 이 이야기를 나누고 싶다.

'진화'라는 이름을 가진 다윈의 상상

1

1. '진화'라는 이름을 가진 다윈의 상상

　진화란 무엇일까? 지피지기면 백전백승이라고 나는 진화론이 무엇인지 알기 위해 창조론자들의 책보다는 진화론자들이 쓴 책과 대중과학서적을 더 많이 읽었다. 창조를 공부하기보다는 진화론을 더 공부한 것이다.

　진화론에 대해서 알아가다 보니 재미있는 사실을 하나 발견했는데, 자칭 진화론자라는 사람들이 진화가 정확히 무엇이고, 어떤 방식으로 작동하는지 모르고 있다는 사실이다. 진화가 어떤 방식으로 일어나는지에 대한 구체적인 내용을 알고 싶었지만, 진화론자들의 책을 통해서는 알기 어려웠다. 대부분의 책들이 구체적인 방식을 소개하지 않고 단지 현재의 상황을 진화된 것으로 해석하기만 한다.

　신문의 기사들은 '노트북의 진화', '진화하는 악성코드', '선풍기의 진화' 등으로 진화가 마치 사실인 것처럼 이야기하고 있고, 『나는 왜 일하는가?』, 『욕망의 진화』, 『이타적 인간의 출현』, 『인간은 야하다: 진화심리학이 들려주는 인간 본성의 비밀』, 『남성

퇴화 보고서: 진화를 멈춘 수컷의 비밀』,『성격의 탄생: 뇌과학 진화 심리학이 들려주는 성격의 모든 것』 등의 책에서 진화는 모든 현상을 풀어나가는 열쇠가 되어 있지만, 눈을 씻고 봐도 진화를 일으키는 구체적인 방법은 기록되어 있지 않다.

대다수의 진화론에 관련된 책들을 통해서는 '진화'라는 현상의 원리에 대해서는 알 길이 없다. 그저, 높은 곳에 달린 나뭇잎을 따먹기 위해 기린의 목은 길어졌고, 단세포에서 어류, 파충류, 조류 또는 포유류, 유인원, 사람의 방향으로 하등생물에서 고등생물로 진화되었다는, 교과서에 등장하는 정도의 지식만을 가지고선 마치 진화에 대해서 다 알고 있는 것처럼 이야기를 풀어나간다.

① 이름만 존재하는 진화라는 현상

독일의 진화생물학자 '라이히홀프(Josef H. Reichholf)'가 쓴 『자연은 왜 이런 선택을 했을까?』라는 책의 표지에는 '독일 최고의 진화생물학자, 프로이트상 수상자 라이히홀프가 들려주는 진화의 놀라운 비밀! 추리소설보다 더 재미있는 자연의 역사! 출간 즉시 독일 아마존 자연과학분야 베스트셀러![3]'라는 책의 소개 문구가 적혀 있었다.

이 책이 진화의 구체적인 방법을 알려주리라 기대했지만, 기대와는 달리 어디에도 진화의 방법에 대한 설명은 없었다. 라이히홀프는 그저 우리 눈앞에 펼쳐진 현상을 '진화'라는 이름으로 풀어나갈 뿐이었다.

그가 제시한 51개의 질문 속에 담긴 '인간 본성의 탐구', '동식물의 생태', '진화의 비밀'은 그저 '진화'라는 사탕발림에 불과한 것임을 만방에 고하고 싶다. 이런 식의 책이 쏟아지고, 많은 사람들이 이런 책들에 매료되는 사실에 너무나 화가 난다.

라이히홀프가 제시한 사람의 몸이 항상 따뜻한 이유, 사람의 머리에만 긴 털이 나는 이유, 새가 알을 낳는 이유는 '진화'의 결과가 아니라 그저 피조계의 현재 모습에 대한 진화론적인 상상일 뿐이다.

책에 소개된 얼룩말의 출현 이야기를 살펴보면, 얼룩말이 줄무늬 형태를 가지게 된 이유는 일반적으로 알고 있던 것처럼 사자에게 공격을 당하지 않기 위한 위장이 아니라 체체파리를 막기 위한 것이란다.[4]

나는 얼룩말의 줄무늬가 사자 때문에 생긴 것인지 체체파리 때문에 생긴 것인지를 알고 싶은 것이 아니라 어떤 방법으로 그런 무늬를 가질 수 있었는지가 궁금할 뿐이다. 안타깝게도 거기에 대한 설명은 전혀 찾을 수가 없다. 얼룩말이 진화되었을 것이라는 해석과 이유만 제시했을 뿐, 진화된 방법은 전혀 언급하지 않았다.

얼룩말은 어떤 방법으로 자신의 무늬를 변형시킬 수 있었을까? 그것도 줄무늬로 말이다. 어떻게 아무 시행착오 없이 체체파리가 줄무늬에 취약하다는 것을 알았을까? 무늬의 변형 대신 다른 방법을 사용할 생각은 하지 못했을까? 점진적으로 진화되었다면, 선조의 이런 아이디어가 어떻게 후손에게 대대로 전해져서 오늘날과 같은 줄무늬를 갖게 된 것일까? 왜 많은 색 중에 검정색 줄무늬일까? 갈색도 있고, 파란색도 있는데 말이다.

다윈이 말한 적자생존의 방식으로 자연선택된 것이라면 얼룩말로 진화되기 위해서 얼마나 많은 돌연변이 얼룩말이 발생했을까? 나는 그 점이 궁금하다.

만약 진화론자들을 찾아가서 물으면 검정색 줄무늬를 가진 돌연변이 얼룩말이 우연히 생겨났고, 그 얼룩말이 체체파리를 막는데 효과적이어서 줄무늬가 없는 얼룩말보다 생존에 유리하여 검정색 줄무늬가 있는 방향으로 진화된 것이라는 대답을 들을 수 있을 것이다.

> 먼 옛날 새가 나는 법을 배우기 훨씬 전인 조류의 조상 시절에도 새는 깃털을 가지고 있었다. 그러나 나는 기능을 발휘한 것은 한참 후대에 와서 가능해졌다. 깃털은 어떻게 생겨난 것일까? 공룡의 양옆에 깃털이 생긴 것은 비행하기 위해서는 결코 아니었다.[5]

'깃털은 어떻게 생겨난 것일까?'라고 해놓고는 '비행을 하기 위해서는 결코 아니었다.'라는 답을 달아 놓았다. 이 대답은 '어떻게' 생겨난 것이 아니라 '왜' 생겨난 것일까에 어울리는 대답이다. 나는 깃털이 어떻게, 어떤 방법으로 생겨났는지가 궁금하다.

> 새의 활동 능력은 에너지 소모와 관계가 있다. 따라서 깃털 형성은 보온이 필요한가에 상관없이 물질대사가 빨라지면서 시작된다고 보는 것이 옳다. 그리고 당장에는 깃털이 아무 쓸모가 없을지라도 깃털이 나는 순간부터 물질대사의 유용한 기능, 즉 지나치게 축적된 유독 물질을 아무 탈 없이 배출하는 기능을 수행하므로, 깃털은 다른 측면에서 조류에게 꼭 필요하다. 피막이나 솜털은 날거나 체온을 유지하기보다는 몸에서 쓰레기를 방출하는 데에 더 유용하게 쓰인다.[6]

'배출'이라는 깃털의 역할을 발견한 것은 대단한 일이지만, 여전히 깃털의 진화 방법은 어디에도 없다. 이것이 진화론자들이 부리는 마술이다. 진화된다고 주장하지만, 진화의 방법은 전혀 언급하지 않았다. 만약 진화론자들에게 깃털이 생기게 된 구체적인 방법을 물으면 또 우연히 깃털을 가진 돌연변이가 생겨났고, 생겨난 깃털이 생존에 유리하여 깃털을 가진 개체가 유전자 풀(gene pool)에서 많이 살아남았기 때문이라는 원론적인 대답만을 들을 수 있을 것이다. 그들에게 진화는 어떻게든 발생할 것이라는 '신념'이다.

우주로 진출하는 것을 제외한다면, 물을 떠나 마른 뭍으로 나오는 것만큼 대담하게 생명을 뒤흔드는 이행은 또 없었을 것이다. 두 생활 영역은 많은 면에서 너무나 달라서, 한쪽에서 다른 쪽으로 이동하려면 몸의 거의 모든 부분이 극단적으로 달라져야 한다. 물에서 산소를 추출할 때 유용했던 아가미는 공기 중에서 전혀 쓸모가 없고, 폐는 물에서 쓸모가 없다. 물에서 빠르고, 우아하고, 효율적으로 이동할 수 있게 해주었던 추진 기법은 땅에서는 위험천만하고 서툴 뿐이며, 그 역도 마찬가지다.[7]

우리의 물고기 선조가 공기를 마시기 시작했을 때, 아가미를 변형시켜서 폐를 만든 것이 아니었다. 대신 그들은 장을 주머니처럼 변형시켰다. 그리고 후대에 경골어류는 폐를 변형시켜서 호흡과는 아무 상관이 없는 다른 필수 기관을 만들었다. 그것이 부레다.[8]

자, 이 글에서 진화의 방법을 찾을 수 있는가? 어류(물고기)와 양서류의 차이점을 이야기했을 뿐, 기관이 진화된 구체적인 방법에 대해서는 알 수가 없다. 이들에게 다리나 폐는 우연히 발생할 수 있는 기관이다. 이것은 진화라는 신념으로 쓴 소설이다.

최초에 하나의 수정란 세포가 분열하여 두 개의 세포가 된다. 두 세포가 분열하여 네 개가 된다. 이 과정이 반복되어 세포의 수가 급격히 배가되고 또 배가된다. 이 단계에는 성장도, 팽창도 없다. 마치 케이크를 자르듯이, 수정란의 원래 부피가 잘게 나뉘기만 한다. 그 결과로 원래의 수정란과 같은 크기인 세포들의 구가 생겨나는데, 이것은 단단한 공이 아니라 속이 빈 공이다. 이것을 포배라고 한다. 낭배 형성은 대개 속이 빈 공과 같은 포배에 움푹 구멍이 파이면서 진행되므로, 바깥으로 열린 입구가 있는 이중의 공 모양이 된다. 이 낭배의 바깥층을 외배엽이라 하고, 안쪽을 내배엽이라고 하며, 외배엽과 내배엽 사이의 공간에 던져진 세포들을 중배엽이라고 한다. 이 근원적인 세 층에서 결국, 몸의 주요 부분이 다 생겨난다. 가령 피부와 신경계는 외배엽에서 나오고, 장과 기타 내장기관들은 내배엽에서 나오며, 중배엽은 근육과 뼈를 제공한다.[9]

동그랗게 말려 관이 된 외배엽은 '지퍼가 채워지는' 쪽에서 꼬집히듯 떨어져 나온다. 따라서 이제 바깥쪽 배엽과 척삭 사이에 낀 채 몸을 따라 난 관이 되었다. 이 관이 몸의 중추 신경축인 척수가 될 운명이다. 관 앞쪽 끝은 부풀어 올라서 뇌가 된다. 다른 신경들도 모두 이 원시적인 관이 향후 세포분열을 함으로써 만들어진다.[10]

진화론자들은 이런 방법으로 눈이나 심장, 뇌 같은 기관이 만들어졌다고 한다. 오늘날 이런 식의 가설은 단지 하나의 가설이 아니라 과학이 되어 있다. 그러나 세포가 분열하여 삼차원의 모양을 이루어 눈이나 심장이 된 것이라는 해석은 막대 풍선으로 만든 강아지가 오랜 세월이 지나면 짖을 것이라는 맹목적인 신념과 크게 다를 것이 없다.

우선 초기 육식 공룡들의 앞다리와 손이 길어지기 시작했다. 아마도 먹이를 잡고 다루는 데 도움이 되어서였을 것이다. 움켜잡는 행동을 자꾸 하다 보니 근육이 진화하여, 앞다리를 재빨리 펼쳤다가 안쪽으로 굽힐 수 있게 되었을 것이다. 이것은 새가 날 때 아래쪽으로 날개 치기 하는 것과 같은 동작이다.[11]

특정 부위를 반복 운동하면 그 부위가 진화될까? 어떤 과학자도 이런 방식으로 진화가 이루어지는 것을 관찰한 사례는 없다. 운동선수가 특정 운동을 반복한다고 해서 그 부위가 진화되지는 않는다. 그저 강화될 뿐이다. 강화된 부위가 과연 다음 세대로 유전될까? 그렇지 않다. 만약 이런 식의 진화가 일어난다면, 던지기 선수의 팔은 눈에 띄게 길어져야 하고 그의 자녀는 상대적으로 긴 팔을 가지고 태어나야 한다. 그러나 일반적으로는 그렇게 성장하지도, 태어나지도 않는다. 사고로 한쪽 팔을 잃은 사람의 자녀가 팔이 없는 채로 태어나지는 않듯이 반복 운동으로 생명체가 진화된다는 생각은 사실과는 다르다.

자연과학분야 최장기 베스트셀러이자 한국과학기술원 선정 추천도서인 '데스몬드 모리스(Desmond Morris)'의 『털 없는 원숭이』는 이런 진화 소설의 종결판이다. 그가 정리한 식충류에서 인간으로의 진화는 한편의 소설에 불과하다. 그럼에도 불구하고 추천도서로 선정되기에 손색이 없었다는 사실이 그저 놀랍기만 하다.

우리 털 없는 원숭이(사람)가 속해 있는 영장류는 원래 원시적인 식충류에서 생겨났다. 이 초기의 포유류는 안전한 숲 속을 성급하게 뛰어다니는 조그맣고 하찮은 동물이었고…(중략)…곤충을 잡아먹는 이 작은 동물들은 위험을 무릅쓰고 새로운 영토로 과감하게 진출하기 시작했다. 그들은 그곳에 널리 흩어져 수많은 이상한 모양으로 진화했다. 일부는 초식동물이 되어, 몸을 지키기 위해 땅 밑에 굴을 파거나 적으로부터 재빨리 도망칠 수 있도록 기다란 다리를 갖게 되었다…(중략)…곤충만 먹던 식충류는 먹이의 범위를 넓히기 시작하여 과일과 견과류, 딸기류, 식물의 싹과 나뭇잎을 소화하는 문제를 조금씩 해결해 나갔다. 가장 열등한 형태의 영장류로 진화하자, 눈이 얼굴 앞쪽으로 나오면서 시력이 좋아졌고, 두 손은 먹이를 잡는 도구로 발전했다. 3차원적인 시야와 마음대로 조종할 수 있는 팔다리를 갖게 된 이 동물은 두뇌가 서서히 커지면서 차츰 숲 속의 세계를 지배하게 되었다.[12]

식충류는 단 한 페이지 분량의 소설로 원숭이가 되었고, 몇 페이지만 지나면 사람이 된다. 물론 이 과정에서 아무런 방법론적인 설명은 없다. 이런 책이 스테디셀러라는 사실이 놀라울 따름이다.

나는 할 말을 잃었다. 이들은 자신이 믿고 있는 진화가 어떻게 작동되는지 모르는, 알려고 하지도 않는 진화론 맹신도이다.

지금부터는 진화론이 무엇인지, 그리고 '생물의 변화'라는 하나의 현상을 두고 발생하는 창조와 진화론, 양 진영의 생각 차이에 대해 구체적으로 살펴보자.

② 진화론의 흐름

'찰스 다윈'이 1859년에 『종의 기원』을 출간하면서 진화론은 당시 세계의 중심이었던 영국으로부터 전 세계로 전파되었다. 진화의 사전적 의미는 '생물이 점진적으로 변해가는 현상'이다. 다윈이 출간을 통해 유행시킨 '진화'라는 생각은 당시에는 혁명적인 생각이었다. 왜냐하면 19세기의 영국에서는 생물이 신에 의해서 창조되었다는 생각이 공적이고 지배적인 생각이었기 때문이다.[13]

합리주의 철학이 유행하면서 신에 의한 창조라는 사실에 의문을 가진 학자들이 자신들의 생각을 외부로 자유롭게 드러내기 시작했는데, 대표적인 인물이 다윈이었다.

오늘날 진화론은 하나의 철학으로 군림하고 있지만 19세기의 진화론은 생물이 스스로 생겨났고, 모든 생물은 하나의 생물 종에서 진화된 것이라는 '생물학적인' 생각이었다.

그렇다면 누가 처음으로 이렇게 독특한 생각을 한 것일까? 진화라는 생각이 다윈에 의해서 시작된 것으로 알려져 있지만, 다윈 이전에도 진화라는 생각은 있었다.

진화라는 생각은 고대로부터 이어진 것이다. 고대 그리스의 자연철학자들은 기원전 6세기부터 사람의 기원을 신이 아닌 물질에서 찾았고 '아리스토텔레스'는 자연은 간단하고 불완전한 것으로부터 복잡하고 완전한 것으로 변하려고 애쓴다며 생물은 점차 진화하는 것이라고 했다.[14]

다윈의 할아버지인 영국의 '에라스무스 다윈', 독일의 시인이며 정치가이자 식물학자였던 '괴테' 등은 비슷한 시대에 살면서 생물의 진화를 인정하고 진화의 방법에 대한 나름의 이론을 제시했었다.[15]

프랑스의 박물학자였던 '장 라마르크'는 『동물 철학(1809)』에서 '생물은 하등한 것에서부터 고등한 것으로 진화한다'고 했고,[16] 마침내 1859년 영국의 박물학자였던 다윈이 자연의 데이터를 동원한 진화론의 대표격인 책, 『종의 기원』을 발표하여 진화론을 전 세계로 유행시킨다.[17]

『종의 기원』은 '생물은 변화한다.'는 내용으로 시작된다.[18] 당시에는 다윈이 주장한 '생물의 변화' 그 자체만으로도 하나님에 의한 창조를 부정할 수 있는 증거가 될 수 있었다. 왜냐하면 생물이 변하지 않는다는 생각이 교회의 지지를 받고 있었기 때문이었다.

당시 교회의 지도자들은 전능하신 하나님에 의해 만들어진 생물은 완전하여 변할 수 있는 것이 아니라는 생각을 가지고 있었다. 게다가 분류학의 아버지라 불리는, 저명한 학자이면서 독실한 기독교인이었던 스웨덴의 '칼 폰 린네(Carl von Linne)'가 『식물철학(1751)』에서 생물학자가 발견하는 종의 수는 신에 의해 최초로 창조된 종의 수와 같다고 말하면서 생물이 변화하지 않는다는 교회 지도자들의 생각을 더욱 굳게 만들었다.

　생물은 천동설처럼 성경적이라는 권위로 '불변성'에 묶여 있었다. 그래서 당시에는 생물의 불변성에 의문을 제기하는 것이 성경을 부정하려는 것으로 간주되었다.[19] 만약, 다윈이 갈릴레오가 살았던 17세기에 살았더라면 종교재판에 회부되었을 것이다.

　『종의 기원』은 영국에서 출간당일 1,250부 전체가 매진될 정도로 큰 인기를 끌었다.[461] 당시는 산업혁명에 성공한 영국이 최고의 전성기를 누리던 빅토리아시대였다. 산업혁명은 과학과 기술의 발달로 이루어졌고, 덕분에 영국사회는 막대한 부를 축적할 수 있었다. 그러나 역기능으로 물질만능주의와 과학만능주의가 만연했었다. 그런 사회적 분위기 덕분에 무신론적인 진화론이 쉽게 유행할 수 있었다. 역사학자 '로버트 영'은 빅토리아시대의 사조와 다윈의 진화론이 너무나 닮았다며 다윈의 진화론은 영국 사회에서나 나올 수 있는 이론이라고 분석했고,[20] 마르크스가 『자본론(1867)』을 출간한 것도 이 무렵이다.

　누가 나에게 현대사상에 가장 큰 영향력을 끼치고 있는 사상가를 뽑으라면 나는 주저 없이 '다윈'이라고 말하겠다. 혹자는 다윈은 사상가가 아니라 과학자라고 나에게 핀잔을 줄지도 모른다. 그러나 오늘날 진화론은 생물학에 국한된 하나의 이론이 아니라 세상을 이해하는 하나의 '사상'이다. 오늘날 진화론자들은 진화로 설명하지 못할 것은 아무것도 없다고 공공연하게 이야기한다.

1809년 영국에서 태어난 다윈은 성경보다는 과학(당시에는 박물학이라 불림)에 더 관심이 많았던 신학생이었다. 동물들을 좋아했던 그는 생물은 진화된 것이라는 생각을 늘 가지고 있었고, 신학교를 졸업한 후 아버지의 뜻을 따라 시골의 교구 목사가 되려고 했다가 남아메리카 해안을 탐사하러 떠나는 군함, 비글호에 연구 협력자로 탑승할 기회를 얻게 된다.

다윈은 비글호를 타고 5년 동안 세계 여러 지역을 탐사했고, 탐사를 통해 수집하고 연구한 것을 정리하여 1859년에 『종의 기원』을 출간했다.

다윈이 탐사에서 중점적으로 관찰했던 것은 '생물의 유사성'이다. 진화론자들은 모든 생물 종이 하나의 생물 종으로부터 진화된 것이기 때문에 생물이 유사성을 지니고 있는 것으로 보았고, 다윈은 관찰된 생물의 유사성으로 자신이 가지고 있던 '진화'라는 생각을 확신하게 되었다. 그러나 생물의 유사성으로 진화를 확증한 것은 다윈의 업적은 아니다.

진화론자로서 다윈의 업적은 다윈 이전의 진화론자들이 발견하지 못했던, 진화의 메커니즘으로 주장되는 '자연선택'을 발견한 것이다.

▼ 비글호

❸ 진화를 유발한다는 두 메커니즘, 자연변화와 자연선택

'자연변화'와 '자연선택'은 진화를 일으키는 두 메커니즘이다. 다윈에게 자연이란, 그 이름처럼 신이 없어도 스스로 발생하고 변화할 수 있는 것이며(자연변화), 생존을 위한 경쟁의 장이다 (자연선택). 이 경쟁의 장 안에서 조금이라도 유리한 형질을 가진 개체는 그렇지 않은 개체에 비해 자손을 많이 남기게 되면서 개체를 생존경쟁에서 이기게 했던 형질이 다음 세대로 전달되는 방식으로 생물이 진화하는 것으로 생물의 존재와 다양성을 해석했다.

다윈은 이 메커니즘을 자연선택이라고 했고, 자연변화와 자연선택으로 생물은 '진화'된다고 했다. 자연변화와 자연선택을 기린에 적용한 사례를 살펴보면, 우리가 기린이라고 부르는 동물은 과거에는 오늘날의 기린들처럼 목이 길지는 않았지만 상대적으로 목이 길었던 기린이 목이 짧았던 기린에 비해 높은 곳에 달린 먹이를 먹기에 유리하고 더 많은 자손을 남길 수 있어서 목이 길어지는 방향으로 진화된 것이라고 한다.

다윈은 이런 진화의 과정을 '적자생존'에 의한 '자연선택'이라고 했다. 자연이 직접 선택하진 않았지만, 기린의 긴 목은 자연에 의해 선택된 것처럼 보인다. 자연에 의해 선택을 받은 생존에 유리한 형질을 가진 개체가 '적(適, 맞을 적)자'인 것이다.

진화론자들은 이런 식의 적자생존식 자연선택의 방법으로 오늘날 적게는 천만 종에서 많게는 일억 종으로 추정하는 다양한 생물 종이 생겨난 것으로 본다. 그 생물들 중 하나가 사람이다.

그렇다면 다윈이 '자연선택'이라는 아이디어를 스스로 생각한 것일까? 대부분의 이론이 그렇듯이 자연선택이라는 아이디어도 다윈 스스로 생각한 것은 아니다. 다윈에게 자연선택이라는 힌트를 주었던 대표적인 두 권의 책이 있다. 그 책은 바로, '토머스 맬서스'의 『인구론』과 지질학의 아버지라 불리는 '찰스 라이엘'의 『지질학 원리』이다.

▲ 기린 진화 상상도

'맬서스'는『인구론』에서 인구가 식량 공급보다 빠른 속도로 증가하기 때문에 생존 경쟁이 생기고 환경에 맞게 잘 적응한 자만이 살아남는다고 했다.[21] 다윈은 이 사회학적 생각을 자연계에 적용했고, 맬서스의 사회학적 생각은 자연계에도 그대로 적용되는 듯 보였다. 다윈이 맬서스의 생각으로 본 자연계는 먹을 것과 안전, 번식을 두고 벌이는 경쟁의 장이었다.

다윈에게 자연선택이라는 힌트를 준 두 번째 책인『지질학 원리』에서 '라이엘'은 현재 지표면에 일어나는 지질현상들은 매우 느리게 일어날 뿐만 아니라 끊임없이 반복되어 일어난 결과라고 했다.[22] 이것은 당대에는 매우 놀라운 생각이었다. 그 이유는 라이엘이『지질학 원리』를 발표할 당시, 대부분의 지식인들은 지구의 나이를 약 6천 년으로 알고 있었기 때문이다.

지구의 나이가 6천 년이라는 사실은 구약성경의 창세기에 기록되어 있는 족보를 계산하여 추정한 것인데, 신학자였던 다윈도 당시 대부분의 과학자들이 그랬던 것처럼 지구의 나이가 6천 년인 것으로 알고 있었을 것이다. 그리고 자신이 세운 자연선택이라는 가설이 6천 년 안에서 이루어지기에는 불가능하다는 것도 알고 있었을 것이다.

시간적 제약으로 불가능해 보였던 다윈의 자연선택이라는 가설에 가능성을 열어준 책이 바로 라이엘의『지질학 원리』였다. 물론『지질학 원리』이전에도 지구의 나이가 많을 수 있다는 생각은 있었지만, 이 책으로 사람들은 지구가 6천 년이 아니라 몇백만 년에서 수십 억 년 전부터 있었을 것으로 보기 시작했다.

진화라는 거대한 메커니즘이 작동되기 위해서 더 많은 메커니즘이 필요할 것 같지만, 다윈 진화론의 핵심은 '자연변화'와 '자연선택', 단 두 메커니즘뿐이다. 이후에 이루어진 연구들은 이 두 메커니즘에서 크게 벗어나지 않는다.

　다윈 이후의 진화론은 많은 저명한 학자들에 의해 이어져오고 있다. 자연변화와 자연선택이라는 메커니즘에 다윈 이후에 정리된 '돌연변이'라는 메커니즘을 장착한 진화론은 '신다윈주의(Neo-Darwinism)'라는 이름으로 점점 더 일반화되어가고 있다.

　『종의 기원』이 출간된 지 150년이 지났고, 많은 사람들이 다윈의 진화론을 긍정적 또는 부정적으로 연구하고 있지만 다윈이 말한 '자연변화'와 '자연선택'을 부정하기는 쉽지 않아 보인다. 진화론자들은 다윈의 진화론이 그만큼 완벽하기 때문이라고 생각하겠지만, 그것 또한 착각이다. 이 두 메커니즘을 부정하기 어려운 이유는 자연변화와 자연선택은 그저 자연에서 관찰되는 일반적인 모습이기 때문이다.

　19세기의 진화론자들에게 생물은 당시 교회의 생각처럼 창조 이후로 고정되어 있는 것이 아니라 스스로 변할 수 있고 생존을 두고 경쟁을 벌이는 진화의 과정에 있는 존재였다. 이런 해석은 보편적으로는 관찰 불가능한 성경이라는 텍스트에 근거한 해석보다는 훨씬 더 합리적인 것으로 보였을 것이다.

❹ 21세기의 진화론

그렇다면 다윈의 진화라는 생각이 19세기를 지나 오늘날의 첨단과학시대에도 인정되는 이론일까? 이 궁금증을 해결하기 위해 '리처드 도킨스(Richard Dawkins)'라는 진화론자를 소개한다.

▲ 리처드 도킨스

인문학이나 과학에 관심이 있는 사람은 한 번쯤 이름을 들어 보았을 영국의 진화생물학자인 '리처드 도킨스(이하 도킨스)'는 현재 세계에서 가장 영향력 있는 진화론자이며 과학 저술가 중 한 사람이다.

다윈이 자신의 가설을 공론화하는데 늘 신중했던데 비해 도킨스는 자기 생각을 공격적으로 표현한다. 왕성한 저술과 강연을 통해 신에 의한 창조를 믿는 유신론을 거침없이 비판하는 그에게는 '전투적 무신론자'라는 별칭도 붙어 있다.

그의 무시무시한 저서들로는 첫 저서인『이기적 유전자(1976)』를 비롯하여『확장된 표현형(1982)』,『눈 먼 시계공(1986)』,『만들어진 신(2006)』,『지상 최대의 쇼(2009)』등이 있는데 대부분 출간과 동시에 베스트셀러가 되었으며, 이슈가 됨과 동시에 많은 논란을 불러일으켰다.

'또다시 전 세계를 거대한 충격 속에 빠뜨린 리처드 도킨스의 최신 화제작', '다윈 이후 가장 위대한 생물학자 도킨스의 소름 끼치면서 번뜩이는 독설과 통찰력을 다시 만난다.'는 책의 서평 대로 그의 최근작 『지상 최대의 쇼』는 나에게 충격적이었다.

하나님을 '멍청이'라고 공공연하게 표현한 것도 충격적이었지만,[23] 그보다 더 충격적이었던 것은 이 책에서 진화론은 그저 하나의 이론이 아니라 과학적 사실이 되어있었기 때문이다.

『지상 최대의 쇼』를 읽고 나서, 나는 한동안 혼란에 빠져 있었다. 멍청한 생각이라고 여겼던 진화론은 『지상 최대의 쇼』에서 과학적인 현상이 되어 있었고, 성경은 하나의 신화가 되어 있었기 때문이다.

성경의 사실성에 대한 믿음이 이 한 권의 책으로 흔들리고 있다는 사실이 너무나 두려웠다. 그러나 두려움이 사라지는 데는 그리 많은 시간이 필요하지는 않았다.

나는 진화론과 창조에 관련된 책들을 읽기 시작했고, 다양한 책들을 통해 두 진영의 싸움이 그저 패러다임의 싸움일 뿐이라는 것을 발견했다. 그리고 내가 알게 된 사실을 공유하고자 이렇게 책을 쓰고 있는 중이다.

우리는 왜
이기지 못하는가? 2

2. 우리는 왜
이기지 못하는가?

'우리는 왜 이기지 못하는가?'는 이 글의 원제목이었다. 나는 2년여 동안을 '우리는 왜 이기지 못하는가?'라는 제목으로 글을 써오다가 제목이 다소 패배적이라는 지인들의 생각을 받아들여 '종교가 되어버린 진화라는 상상'으로 글의 제목을 바꾸었다.

이 책의 원제목이었던 '우리는 왜 이기지 못하는가?'는 '우리는 왜 이기지 못하는 것처럼 보이는가?'라는 의미가 담겨져 있다. 이 의문은 내가 글 전체를 풀어 나가는 열쇠이다. 여기서 '우리'란 구체적으로 나처럼 하나님의 말씀, 성경을 오류가 없는 진리로 받아들이는 기독교인들을 말한다.

성경은 진리다. 그렇기 때문에 어떤 방식으로 접근한다 해도 사실성이 부정되어져서는 안 될 것이다. 그러나 17세기 이후, 성경의 사실성 부수기는 여러 분야에서 유행처럼 번져나갔다.

성경이 일부 학자들의 주장처럼 고대인들의 신앙소설일까? 성경이 고대인들의 신앙소설이라면 거기에 우리의 삶을 건다는 것은 바른 믿음이 아닐 것이다. 왜냐하면 바른 믿음은 믿을만한 대상을 믿는 것이기 때문이다. 그렇기 때문에 성경은 철저히 사실적이어야 한다. 그러나, 오늘날 역사적으로나 고고학적, 과학적으로 성경의 사실성을 부정하는 생각들을 쉽게 발견할 수 있다.

성경의 사실성은 왜 부정될까? 그 이유는 아주 간단하다. 그것은 성경의 기록이 틀렸기 때문이 아니라 반대론자들이 성경을 진리가 아닌 것으로 접근하기 때문이다. 진리가 반대론자들의 '틀린 것이라는 생각'에 의해 진리가 아닌 것으로 오해되고 있는 것이다. 그렇기 때문에, 하나님의 말씀이 세상을 이기지 못하는 것이 아니라, 이기지 못하는 것처럼 보일 뿐이었다. 단지 그렇게 보일 뿐이다.

이 글의 결론은 '우리는 이길 수 있다'이다. 나는 이 책의 제일 마지막 부분을 '우리는 넉넉히 이길 수 있다.'로 끝낼 것이다. 거듭 이야기하지만, 우리가 이기지 못하는 것이 아니라 우리가 이기지 못하는 것처럼 보일 뿐이다. 나는 우리가 이기지 못하는 것처럼 보이게 만드는 근본적인 원인을 세 가지로 정리해 보았다.

우리가 이기지 못하는 것처럼 보이게 만드는 첫 번째 원인은, '생각 틀'의 차이 때문이다. 이 '생각 틀'의 차이 때문에 동일한 현상을 동일한 장소에서 동일한 시간에 동일한 방법으로 관찰한다 해도 관찰하는 사람에 따라 해석은 달라질 수 있다.

사람들은 자신의 생각은 주관이 전혀 개입되지 않은 객관적인 생각이라고 주장하지만 객관적인 생각은 없다. 오직 주관만 있을 뿐이다. 빨간 렌즈로 세상을 보면 세상이 빨갛게, 파란 렌즈로 세상을 보면 파랗게 보이는 것처럼 우리는 각자의 안경, 즉 각자가 가지고 있는 '생각 틀'에 따라 현상을 인식할 뿐이다.

이 생각 틀의 차이 때문에 동일한 현상이 다르게 해석되어질 수 있다. 그래서 진리가 반대론자들의 생각 틀에 의해 다르게 해석되어질 수 있는 것이다.

하나님이 없다는 생각의 틀로 세상을 관찰하면 하나님을 발견하기 어렵다. 반면, 하나님의 존재에 대한 믿음을 가지고 있다면 하나님의 역사를 쉽게 발견할 수 있다.

우리가 이기지 못하는 것처럼 보이게 만드는 두 번째는 원인은 관련 지식의 부족 때문이다. 우리는 성경을 이기는 것처럼 보이는 '과학'이라는 논리의 부실함에 대해서 잘 모른다. 이것이 내가 이 글을 쓰게 된 또 다른 이유이기도 하다.

오늘날 과학적 결과는 객관적 사실로 군림하고 있고 진화는 과학으로 포장되어 있다. 사람들은 과학자들을 무한 신뢰하고 그들이 내어놓은 데이터와 해석을 여과 없이 수용할 뿐, 데이터와 해석을 산출한 과정에 대해서는 그다지 관심을 갖지 않는다. 그저 그들이 내어놓은 데이터와 해석을 암기하는데 급급하다.

대부분의 사람들은 '진화'가 정확히 어떻게 이루어지는지 잘 모른다. 그럼에도 불구하고 오늘날 진화라는 현상은 사실화되어 있다. 우리는 '진화'라는 반성경적이고 비과학적인 생각에 속수무책으로 당하고 있는데, 그 이유는 우리가 이 가설이 가진 부실함을 잘 모르기 때문이고 알려고도 하지 않기 때문이다.

우리가 이기지 못하는 것처럼 보이게 만드는 세 번째 원인은, 성경대로 살아가지 않는 우리 자신들 때문이다. 우리는 성경을 진리라고 고백하지만, 이 고백과 우리의 삶은 일치하지 않는 부분이 많다.

『완전한 진리』에서 '낸시 피어시'는 오늘날 사람들은 '가치'와 '사실'을 분리한다고 말했다.[24] 사람들은 역사, 과학은 '공적으로 검증 가능한 진리'인 '사실'로 보고 도덕, 철학, 종교는 '사회적으로 구성된 의미'인 '가치'로 본다.[25] 종교, 기독교가 사회적 필요에 의해 만들어진 것으로 인식되어 있는 것이다.

안타깝게도 이런 생각을 비종교인들만 가지고 있는 것이 아니라 기독교인들도 가지고 있다는 것이다. 개인의 취향이 되어버린 기독교는 삶의 전부가 아니라 그저 현세의 평안이나 물질 또는 권력을 얻기 위한 일종의 보험처럼 취급되고 있다. 우리 스스로가 이렇게 생각하고 있다면 우리는 결코 세상을 이길 수 없다.

지금부터는 우리가 이기지 못하는 것처럼 보이게 만들 수 있는 생각의 틀에 대해서 구체적으로 살펴보려고 한다.

① 눈으로 보는가,
마음으로 보는가

우리는 마음으로 본다. 마음은 각자가 가진 생각의 틀이며 다른 말로는 '관점', '세계관(Worldview)'이라고도 한다.

우리는 외부의 정보를 감각 기관을 통해서 받아들이고, 받아들인 정보를 해석과 함께 저장한다. 우리가 가진 이런 시스템 때문에 생각의 차이가 발생하는 것이다.

> A: 왜 던져요?
> B: 내가 언제 던졌다고 그래요?
> A: 방금 이렇게 책상 위에 던졌잖아요?
> B: 내가 언제 던졌어요? 놓았지!

동일한 상황에서 A와 B는 서로 다른 해석을 보인다. 생각의 차이를 보이고 있는 것이다. 던졌다고 주장하는 A와 놓았다고 주장하는 B. 둘 중 누구의 말이 진실인지는 알기 어렵지만, 한 가지 알 수 있는 사실은 A와 B의 생각이 다르다는 것이다. 각자는 자신의 생각 틀로 상황을 인식한다. 이 둘의 상반된 주장은 이들의 마음이 변하지 않는 한 타협점을 찾기 어렵다.

두 팀이 야구 경기를 하고 있다. 당신이 좋아하는 팀의 선수가 공을 쳤고, 상대편 선수가 재빨리 공을 잡아 2루로 던졌다. 1루에 있던 주자의 발과 송구된 공이 거의 동시에 2루에 도착했다. 세이프인가? 아웃인가?

세이프다. 이것은 명백한 세이프다. 억지를 부리는 것이 아니라 당신의 눈에는 그렇게 보일 것이다. 그렇지만 상대편에게는 반대의 상황으로 보일 것이다.

동일한 장면을 동일한 위치에서 보았다 하더라도 한쪽에게는 세이프로 다른 한쪽에게는 아웃으로 보이는 현상. 이런 현상이 발생하는 이유는 우리가 눈으로 보는 것이 아니라 마음으로 보기 때문이다.

▼ 판정

우리의 머릿속에 저장된 정보는 의미가 부여되지 않고 영상만 저장되는 경우도 있고 영상과 의미가 합쳐진 형태로 저장되는 경우도 있다. 여기서 의미를 부여하는 주체는 관찰자가 가진 생각 틀이다.

감각을 통해 받아들인 정보는 '예쁘다', '빠르다', '길다' 등의 형용사나 '던진다', '놓는다', '간다', '온다' 등의 동사와 함께 저장되는데, '이 꽃은 참 예쁘다.', '머리카락이 긴 여학생', '굉장히 빠른 자동차'에 사용된 '예쁘다', '긴', '굉장히 빠른'이라는 해석은 관찰자에 따라 달라질 수 있다.

예쁘다는 것이 정확히 무엇인지, 몇 센티미터의 머리카락을 길다고 해야 하는지, 자동차가 빠르다는 것은 어느 정도의 속력인지는 수치로 규정되어있지 않다. 또 그 꽃이 예쁘게 보이는 조건들을 파악하거나 여학생의 머리카락 길이를 측정해보지도 않고도 자신이 가지고 있는 생각 틀에 의해 해석은 단번에 내려진다.

어떤 이에게는 예쁘게 보이는 것이 다른 이에게는 예쁘게 보이지 않을 수도 있고, 머리카락이 긴 사람들 사이에서 생활했던 사람들은 내가 길다고 해석한 여학생의 머리카락을 짧다고 해석할 수도 있다. 이렇듯 어떤 현상에 대한 해석은 지극히 주관적이어서 관찰자가 가지고 있는 생각 틀에 의해서 달라질 수 있다.

② 감각은
객관적인 도구인가

　우리는 시각, 청각, 미각, 후각, 촉각의 다섯 가지 감각 즉, 오감을 통하여 정보를 받아들인다. 오감 중에서 정보를 수집하는데 가장 많이 사용하는 감각은 시각이다. 우리는 '네가 봤어?' 또는 '보여주면 믿겠다.'라며 주로 시각을 통해서 정보들을 검증한다.

　진실 여부를 파악하기 위해 주로 사용하는 시각, 시각은 과연 객관적이고 정확한 도구일까? 굽은 듯 보이지만 나란한 직선들, 움직이는 것처럼 보이지만 그저 평면에 그려져 있는 선들, 한번쯤 착시현상을 유발하는 그림을 본 적이 있을 것이다. 사람은 평면에 그려진 선들을 그려진 대로 인식하지 못한다.

▲ 착시현상

우리의 시각은 초등학생의 마술 동작에도 쉽게 속을 만큼 취약한 도구이다. 눈이 마술사의 한쪽 손동작에 고정되어 버리면 다른 손에서 일어나는 속임수를 알아채지 못한다. 그러나 그 마술의 비법을 알게 되면, 비법을 알기 전에는 보지 못했던 것들이 보이기 시작한다.

마술의 결과만을 놓고 보면, 보이는 것이 반드시 믿을 수 있는 것은 아니다. 아무것도 없던 주머니에서 비둘기가 나온다 해도 그 비법이 신기할 뿐이지 실제로 주머니에서 비둘기가 나왔다고 생각하지는 않을 것이다.

사람들은 늘 관찰된 것만을 진실인 것으로 인정하려고 하지만 관찰된다고 해서 반드시 진실인 것은 아니다.

존재하지만 눈에 보이지 않는 것도 많다. 공기, 향기, 적외선, 자외선, 전파, 마음, 생명, 이것들은 직접 관찰할 수 없지만 아무도 존재하지 않는다고 말하지 않는다.

지구나 우주처럼 커서 전체를 볼 수 없는 것도 있고, 세균처럼 너무나 작아서 볼 수 없는 것도 많다. 그러나 아무도 그것들이 존재하지 않는다고 생각하지는 않는다.

남의 떡은 내 떡보다 더 커 보인다. 사랑하는 사람은 유독 눈에 잘 띄고, 뜨겁게 사랑할 때 상대가 더 멋지고 예쁘게 보인다. 이것은 우리의 시각이 객관적이고 정확한 도구가 아니기에 일어나는 일이다.

『지상 최대의 쇼』에서 진화론자인 도킨스는 '눈을 만든 설계자가 있다면 그는 멍청이'라며 눈의 비합리적인 기능을 조롱했다.[26] 또 독일의 과학자 '헤르만 폰 헬름홀츠(Hermann von Helmholtz)'는 '안경사가 나에게 이 모든 단점을 지닌 도구(눈)를 팔겠다고 하면, 나는 단호한 말로 떳떳하게 그의 부주의함을 나무라고 그 도구를 도로 돌려보낼 것이다.[27]'라며 눈의 기능을 평가 절하했다. 디지털카메라는 화면에 비치는 영상을 바로 포착할 수 있도록 화면 앞쪽에 광전셀이 배치되어 있지만 눈은 광전셀이 뒤를 향하고 있어서 상이 좁은 구멍을 통과해야 하는 불합리해 보이는 구조로 되어있다.[28]

그런데 진화론자인 도킨스 스스로도 불합리한 도구라고 말한 눈을 이용한 '관찰'은 오늘날 가장 일반적이고 과학적인 방법으로 사용되고 있다. 도킨스는 불합리해 보이는 도구인 눈이 뇌와 연결이 되면서 괜찮은 도구로 진화되었다고 했지만,[29] 이 불합리한 도구를 사용하는 관찰은 절대로 신뢰할 수 없다고 말했다.[30]

시각, 관찰이 객관적이지 않고 정확하지도 않다는 면에서는 도킨스의 생각과 내 생각이 일치하는 듯 했지만, 그가 관찰 대신 '추론'이라는 방법을 신뢰한다고 선언하면서 나는 다시 도킨스의 생각과 멀어질 수밖에 없었다.

> 실제로는 세심한 추론이 '실제 관찰'보다 훨씬 믿음직할 수 있다.[31]

추론의 사전적인 의미는 알려진 사실로부터 새로운 사실을 알아가는 과정이다. 그렇다면 사전적 의미에서와 같이 추론을 하기 위해서는 어떤 사실이 필요하고, 사실을 구성하기 위해서는 또다시 관찰의 도움을 받을 수밖에 없다. 결국, 추론도 신뢰할만한 객관성을 가질 수는 없는 것이다.

추론은 관찰된 사실로부터 새로운 사실을 추출해 나가는 과정인 동시에 관찰 가능한 현상을 이용한 관찰 불가능한 현상들에 대한 '있을법한 상상'이다. 여기에 대해서는 나중에 더 이야기하기로 하고 일단 나도, 도킨스도 객관적이고 정확하지 않다고 말한 관찰에 대해 더 알기 위해 이제 인지심리학으로 접근해 보자.

일리노이 대학의 '대니얼 사이먼스(Daniel J. Simons)' 교수는 피실험자들에게 25초 분량의 동영상을 보게 하고 동영상 시청

후에 특정한 질문을 하는 형식의 실험을 했다.[32]

동영상을 시청하기 전에 피실험자들에게는 '농구공이 몇 번 전달되는지를 세어 보세요!'라는 질문을 던진 다음 동영상을 재생한다.

동영상을 재생하면 학생 몇 명이 원을 만들어 농구공을 주고받는 영상이 25초간 상영된다. 동영상이 끝나면, 실험자는 피실험자들에게 농구공이 몇 번 전달되었는지를 물어보지 않고 '동영상 속에서 고릴라를 본 사람이 있습니까?'라는 엉뚱한 질문을 한다. 피실험자들은 의아해 할 것이다.

동영상을 다시재생하면, 놀랍게도 고릴라의 탈을 쓴 사람이 태연하게 화면에 등장해서 9초가량, 전체 영상의 3분의 1이 넘는 시간을 보내고는 유유히 사라지는 장면을 확인할 수 있다.

신기하게도 대다수의 피실험자는 고릴라를 보지 못했다고 한다.[33] 나도 초등학생들을 대상으로 이 실험을 해 본 적이 있었는데, 역시 대다수의 학생들은 고릴라를 보지 못했다.(인터넷으로 '지각심리학'을 검색하면 동영상을 찾을 수 있다.)

그렇다면 어떻게 대다수의 사람들은 고릴라를 보지 못한 것일까? 우리의 생각이 농구공을 주고받는 것에만 집중되어 있어서 시각 안으로 고릴라가 들어왔음에도 불구하고 인식하지 못한 것이다. 나도 가끔 어떤 일에 집중하고 있을 때, 주변에서 일어난 일을 인식하지 못할 때가 있다. 이처럼 우리의 시각이 반드시 객관적이고 정확한 도구라고는 할 수 없다.

3 무엇으로
보는가

『생각의 오류』는 미국 매사추세츠 대학의 교수인 '토머스 키다 (Thomas E. Kida)'가 쓴 책이다. '토마스 키다'는 『생각의 오류』에서 사람은 '소망'으로 본다고 했다. 그가 제시한 '폴 매카트니 사망설'로 키다의 생각을 살펴보자.

1960년대에 활동한 영국의 세계적인 4인조 밴드 '비틀즈'의 멤버 중 한 명인 '폴 매카트니(James P. McCartney)'는 당시 활동을 하고 있었음에도 불구하고 죽은 사람이라는 소문이 돌았다.

이 소문이 돌자 '폴'이 죽은 사람이라는 것을 입증하는 단서가 곳곳에서 나오기 시작했다.[34] 한 앨범 재킷 사진에서 네 명의 멤버 중 유일하게 맨발로 나온다는 사실과 음반을 뒤로 돌리면 '폴은 죽은 사람이다.'라는 가사가 들린다는 둥, 그렇지만, 그런 사실속에서도 당시 폴은 음악 활동을 계속하고 있었다.(지금도 하고 있고, 내한 공연을 준비 중이다.)

▲ 비틀즈의 애비로드

토마스 키다는 이 해프닝을 근거로 '많은 자료를 주무르다 보면 어떤 문제에 대해서도 원하는 증거를 찾아낼 수 있다'고 했다.[35] 왜냐하면, 우리는 눈으로 보는 것이 아니라 기대, 소망으로 보기 때문이다.

우리는 세계를 있는 그대로 인식한다고 믿고 있다. 그러나 실은 우리의 오감에 속아 넘어가는 것인지도 모른다. 실제로 존재하지 않는 것을 보거나 들을 수도 있다는 말이다. 엉뚱한 소리처럼 들릴 수도 있지만 심리학자와 신경생물학자는 인간의 인식작용을 제대로 이해하려면 우리가 보는 이미지가 실제와 똑같다는 생각을 포기해야 한다고 주장한다. 인식은 단지 두뇌에서 이미지를 복사하는 것이 아니라, 두뇌의 판단행위가 필요하기 때문이다.[36]

토마스 키다는 우리가 세계를 인식하는 방식에 깊은 영향을 미치는 두 요인을 '기대'와 '바람'이라고 했다.[37] 특별한 기대나 보고자 하는 열망이 존재하지 않는 무언가를 보게 만들기도 한다는 말이다.

책에 소개된 예를 하나 더 소개하면, 유럽의 어느 동물원에서 판다가 도망을 쳤다는 소식이 보도되자, 유럽 전역에서 그 판다를 보았다는 전화가 걸려왔다고 한다. 이 판다가 기차에 치여 죽기 전에 움직인 거리는 동물원에서 불과 몇 킬로미터밖에 되지 않았는데 말이다.[38]

그렇다면 전화를 건 사람들이 장난전화를 건 것일까? 그것이 아니라 판다와 비슷하게 생긴 것들이 그들의 눈에 판다로 보인

66

것이다. 이렇듯 시각은 우리의 기대와 바람, 마음과 연결되어 있다.

> 기대는 우리의 인식에 영향을 미친다. 그리고 그보다 더욱 강력한 영향을 미치는 것은 우리의 욕망이다. 왜 그럴까? 우리는 믿음을 견고하게 유지하기 위해서 보고 싶은 것만 보려는 강력한 욕구가 있다. 세계가 우리의 믿음에 들어맞는다는 것을 확인할수록, 우리 믿음이 진실이라는 생각도 더욱 강해지기 때문이다.[39]

『생각의 오류』에서 본 시각은 절대적이고 객관적인 것이 아니라 우리의 기대, 바람, 욕망, 욕구로 조절되는 유연성 있는 감각에 불과했다. 시각은 객관적인 도구가 될 수 없다. 시각과 마찬가지로 다른 감각들도 기대, 바람, 욕망, 소망에 의해 조절된다. 감각은 객관적인 도구라기보다는 '소망적인 도구'다.

④ 사실은 반드시 진실인가

우리는 많은 사실을 접한다. 사실 중에는 내가 직접 수집한 것도 있지만, 대부분의 사실은 나에게 전달된 것이다. 이렇게 전달된 사실들, 이것은 일단 '진실'이 아닐 수도 있다. '사실'은 늘 '진실'인 양 나에게 전달되지만, 그것은 진실일 수도 있고 진실이 아닐 수도 있다.

여기서 우리는 '사실'이라는 단어의 어원에 대해서 알 필요가 있다. 영어로 '사실(fact)'이란 단어는 라틴어의 '파케레(facere)'에서 파생되었는데 '파케레(facere)'는 '만들다'라는 의미가 있다. 이 어원을 깊이 생각해보면 우리가 알고 있는 '사실'은 진실일 수도 있지만 사람들에 의해 만들어진 것일 수도 있다는 의미가 된다.

우리는 특정한 '사실'을 개인에게서 전달받을 수도 있고 매체를 통해서 전달받을 수도 있다. TV나 신문, 책에 나오는 사실은 모두가 진실일 것이라는 생각을 가지고 있다면 그것은 잘못된 인식 태도이다. 다시 말하지만, 사실이 반드시 진실인 것은 아니다.

우리는 동일한 사건이 반대 성향의 매스컴에 의해서 전혀 다르게 해석되는 경우를 자주 본다. 인터넷에서는 하나의 사실에 대한 상반된 해석을 가진 두 진영의 논쟁이 끊임없이 벌어진다. 지금도 많은 사건이 벌어지고 있고, 매스컴의 성향에 따라 논쟁이 벌어지고 있지만, 실제 그 사건에 직접 개입된 사람은 극소수에 불과하고, 사건에 직접 개입되어 있다 해도 당사자가 가진 성향, 생각 틀에 따라 사건에 대한 해석은 완전히 달라지고 만다.

책도 저자의 생각이다. 이 글 또한 내 생각임을 부인하지 않는다.

교과서도 교과서를 집필한 사람에 의해 사실이 첨가되거나 변형될 수 있다. 최근에 '역사 교과서' 내용에 관한 논쟁이 벌어진 이유도 역사를 누가, 어떤 성향의 사람이 기술했느냐에 따라 의미가 완전히 달라지기 때문이다. 과거의 역사가 현재에 어떻게 달라지나 싶겠지만 삭제나 첨가, 곡해, 강조, 해석 등의 방법을 사용하면 거짓을 사용하지 않고도 의미를 다르게 할 수 있다.

⑤ 과학적 사실은
진실인가

　그렇다면 과학적 사실은 어떨까? 과학적 사실에도 생각 틀이 작용할 수 있을까? 우리는 과학적 사실은 외부의 생각과는 철저히 차단된 객관적인 영역이라 배웠고 또 그런 줄 알고 있지만, 절대 그렇지 않다.

　일단 과학은 사람이 한다. 과학실험은 사람이 가설을 세우고, 계획을 세우고, 실험을 하고, 결론을 짓는 순서로 진행된다. 그러다 보니 생각 틀은 모든 부분에서 작용할 수 있다.

　가설설정단계에서 이미 결론은 정해져 있는 경우가 많다. 물론 모든 실험이 그렇다는 것은 아니지만 미리 정해진 결론에 따라서 실험계획이 세워지는데, 당연히 그 계획은 자신이 세운 가설을 입증하기에 유리하게끔 세워진다.

과학자들은 자신의 가설을 잘 증명할 수 있는 실험 방법을 동원하여 자신이 세운 가설에 맞게 결론에 도달하려는 경향이 있다. 혹자는 그렇지 않다며 반박 하겠지만, 앞으로 소개될 많은 실험이 그렇게 이루어지고 있음을 발견할 수 있을 것이다.

나는 그들이 잘못된 방법들을 사용한다고는 보지 않는다. 잘못된 방법이 아니라 '유리한 방법'을 사용하는 것이다.

왜 그럴까? 그것은 자신의 생각을 '진실'로 만들고자 하는 강력한 목적 때문이다. 강한 목적 아래에서는 결과가 그렇게 나올 수밖에 없다. 『생각의 오류』에서는 그것을 '소망'이라고 했다.

지금까지 내린 생각을 정리하자면 다음과 같다. 여기에 동의해야 이어질 내용에 대한 이해도가 높아질 것이다.

1. 눈은 정확한 도구가 아니다.
2. 우리는 마음으로 본다.
3. 모든 사실이 진실인 것은 아니다. 만들어진 것일 수도 있다.
4. 과학도 하나의 사실이다.

객관적으로 세상을 보는 방법은 없을까? 일단 우리의 인식 구조는 그렇게 구성되어 있지 않다. 우리의 감각 기관이 뇌와 연결된 구조인 이상, 우리는 현상을 있는 그대로 정확하게 인식할 수 없다.

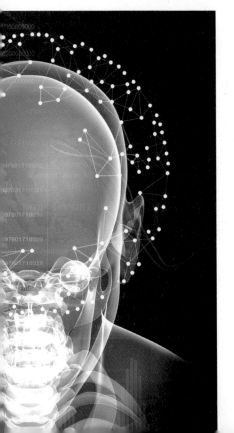

고도로 발달된 측정도구가 있다고 해도 마찬가지이다. 아무리 객관성이 높은 측정 결과를 얻어낸다 해도 측정 결과를 '해석'하는 단계에서 또 생각 틀이 작용하기 때문이다.

이처럼 과학은 정확하고 객관적인 것처럼 군림하고 있지만 절대 그렇지 않다. 이 이야기를 하려고 여기까지 달려왔다. 과학도 하나의 사실이다.

단 하나의 현상에 대한 상반된 해석

3

3. 단 하나의 현상에 대한 상반된 해석

창조와 진화론을 공부하면서 재미있는 사실을 하나 발견했다. 그 사실은 진화론자들이 제시하는 진화론의 증거와 창조론자들이 제시하는 창조의 증거 중에 동일한 증거물이나 현상이 있다는 것이다. 동일한 사물이나 현상이 진화론자들에 의해서는 진화론의 증거로 소개되고 창조론자들은 창조의 증거로 소개하고 있다.

이렇게 동일한 사물이나 현상이 창조의 증거가·되기도 하고 진화론의 증거가 되기도 하는 이유는 그 대상 자체가 특정 이론을 지지하는 것이 아니고, 특정 이론을 지지하는 것으로 '해석'하기 때문이다. 이것이 이 글을 풀어가는 열쇠이다.

진화론자들은 '진화되었다는 신념'을 가지고 세상을 본다. '진화'라는 신념은 모든 현상을 진화된 것으로 해석하게 만든다.

진화되었다는 강력한 신념을 가진 사람들에게는 어떠한 명백한 창조의 증거를 제시한다 해도 창조를 사실로 인정하지 않을 것이다. 창조론자들도 똑같다고? 당신이 진화론자이고 지금 막 창조론자들도 똑같다는 생각을 했다면, 나는 소기의 목적을 이미 달성한 것이다. 적어도 진화론이 보편적으로 알려져 있는 것과는 달리, 하나의 신념일 뿐이라는 것을 인정하는 것이기 때문이다.

그렇지만 여기서 만족하지는 않는다. 나는 지금부터 '진화론'이 '과학적 사실'이 아니라 일종의 '종교'라는 사실을 구체적으로 보여 줄 것이다.

① 생물의 변화

다윈이 『종의 기원』을 출간한 19세기 당시, '생물의 변화'라는 현상은 생물이 변화한다는 그 자체만으로도 진화의 증거가 될 수 있었다고 했다. 그렇다면 현대 과학으로도 생물의 변화를 관찰할 수 있을까?

생물이 변하지 않는다고 했던 당시 교회의 주장과는 달리 오늘날 생물의 변화는 관찰 가능한 현상이다. 그렇다면 창조론이 부정되는 것일까? 아니다. 생물의 변화 현상은 성경적인 창조론을 전혀 부정하지 못한다.

19세기 창조론자들과는 달리, 21세기를 살아가는 나와 대다수의 창조과학자들은 생물이 변화한다는 사실을 인정한다.(우리는 과학 부인주의자들이 아니다.)

그렇다면 오늘날 창조과학자들이 진화론을 인정하는 것인가? 생물의 변화를 인정한다고 해서 진화론을 인정하는 것은 아니다. 단지 생물의 변화라는 현상에 대한 다른 해석을 가지고 있을 뿐이다.

진화론자들은 생물의 변화 현상을 단 하나의 생물에서 사람을 포함한 모든 생물을 유래시킨 '진화 시스템'으로 해석하지만, 창조론자들은 생물의 변화를 종류 안에서만 이루어지는 '환경적응 시스템'으로 본다. 생물의 변화라는 단 하나의 관찰 가능한 현상을 다르게 해석하는 것이다.

일단 생물이 변화하는 현상에 대한 진화론자들의 해석을 먼저 살펴보자.

_ 다윈이 발견한 생물 스스로의 변화, 자연변화와 인위선택

다윈에게 생물은 무생물과는 달리 환경에 의해 스스로 변할 수 있는 시스템을 가지고 있는 존재였고, 그 시스템에 따라 생물은 스스로 변화하고 있었다. 다윈은 그 변화를 진화라고 했다.

사람들은 수천 년 전부터 생물을 인위적으로 교배시켜 '노새' 등의 잡종을 만들었다. 영국에서 18세기부터 시작된 품종개량은 다윈이 살았던 19세기에 크게 유행했는데,[41] 당시 육종가들은 소를 인위적으로 교배시켜 마가린을 얻을 목적으로 기르는 소와 고기를 얻을 목적으로 기르는 소를 다르게 생산할 수 있었다.

▼ 다양한 개

영국 애견협회가 인정하는 개의 독자적 종은 200여 종이다.[42] 이 200여 종의 대부분은 최근 몇백 년 안에 만들어진 종이다.

또 인간은 식물에서 선택 육종으로 많은 종류의 식물을 만들어냈다. 원예학자들은 수백 가지의 변종 장미를 만들어 냈고, 양배추로 고작 몇 세기 만에 브로콜리, 콜라비, 케일, 방울 양배추, 스프링 그린 등 다양한 채소종을 만들어냈다.[43]

오늘날 선택적 교배와 육종, 유전자 조작 등의 방법으로 생물의 생김새나 특성을 변화시킬 수 있다. 이런 식의 강제적인 방법으로 잡종을 만들어내는 것을 '인위선택'이라고 하는데, 인위선택은 말 그대로 사람에 의한 생물의 변화이다.

그런데 인위선택을 유발한 '사람'을 '자연'으로 바꾼다면 어떻게 될까? 자연도 생물을 변화시킬 수 있을까?

사람의 유목적인 조작으로 생물의 변화가 일어났듯이 일반적이지 않은 방식의 교배나 수정이 사람에 의하지 않고 자연 상태에서 이루어지기도 한다. 진화론자들은 인위선택이 자연에 의해 우연히 이루어질 수도 있다고 했고, 이런 식으로 생물이 오늘날과 같은 다양성을 이룬 것으로 보았다.

성경적이라는 권위로 불변성에 묶여있던 생물의 자연변화와 인위선택 사례가 등장하면서 생물의 불변성은 부정되어졌고, 생물의 불변성을 주장했던 19세기의 창조론이 부정되기 시작하면서 성경의 권위 또한 추락하고 말았다. 그렇다면 이 19세기의 해석이 21세기에도 인정이 될까?

19세기의 진화론이 다윈의 해석으로 세워진 것이라면 21세기의 진화론은 진화론을 데이터와 실험을 통해 과학으로 포장한 진화된 진화론이다.

진화론을 과학으로 가장 잘 포장한 사람이 앞에서 소개했던 '리처드 도킨스'다. 도킨스의 진화론을 좀 더 자세히 살펴보기 위해서 지금부터 잠시 진화론자가 되려고 한다. 내가 창조라는 생각 틀로 이야기를 이어나간다면 독자들은 단편적인 사실만을 전달받게 될 가능성이 높을 것이라 판단하기 때문이다. 사실 많은 창조론 측의 책이 그런 식으로 진화론을 소개 하고 있다. 물론 그렇게 소개하는 것이 잘못되었다는 것이 아니라, 자칫 창조론자들만의 리그가 되어 진화론이 가지고 있는 본래의 의미를 정확하게 전달하지 못하리라는 우려 때문이다.

나는 독자들이 스스로 판단하기를 원한다. 내가 이 부분에서 최대한 진화론 측의 입장을 취할 때, 독자들은 진화론에 대해서 좀 더 잘 이해할 수 있을 것이다. 그리고 진화론에 대해서 제대로 알게 되면 진화론이 가진 모순을 정확하게 발견하게 되고 창조를 이해하는데 더 도움이 될 것이다.

_ 도킨스가 소개한 관찰 가능한 생물의 변화

민물 관상어인 거피의 수컷은 화려한 회색·노란색·흰색 바탕에 푸른색·붉은색·녹색·검은색 반점 무늬를 가지고 있다.

'존 엔들러(John Endler)'는 커다란 온실에 열 개의 연못을 만들어 다섯 개의 연못에는 굵은 자갈을 깔고, 나머지 다섯 개의 연못에는 잔자갈을 깐 다음 거피들을 무작위로 넣고 6개월 동안 자유롭게 번식하게 했다.[44]

자유 번식 6개월 후, 네 개의 연못에는 거피를 잡아먹는 포식자 물고기를 넣고, 다른 네 개의 연못에는 거피들에게 큰 위협이 되지 않는 물고기를 넣었으며, 나머지 두 개의 연못에는 다른 물고기를 넣지 않은 채 다시 5개월 동안 번식하게 했다.[45]

실험 결과, 자유롭게 번식한 6개월 동안은 모든 연못에서 거피들의 반점 수는 처음의 반점 수보다 크게 늘어났다. 진화론에서는 이런 경우에 반점 수가 늘어나는 쪽으로 진화적 경향을 보인다고 표현한다.

책에 기록되어 있는 실험 결과를 그대로 수용하면, 거피들의 평균 반점 수는 실험 초기보다 늘어났다.[46]

도킨스는 거피들의 반점 수가 늘어난 이유로 암컷 거피들이 반점 수가 많은 수컷 거피들을 선호하여 반점 수가 많은 수컷 거피들과의 교미가 상대적으로 더 많아져서 거피의 무늬는 반점 수가 많은 쪽으로 진화된 것이라고 했다.

그러나 포식자를 넣고 난 뒤 5개월 후에는, 강한 포식자를 넣은 네 개의 연못에서는 반점의 숫자가 줄어들기 시작했으며, 거피들의 반점 무늬는 굵은 자갈의 연못에서는 상대적으로 커졌고, 잔자갈의 연못에서는 상대적으로 작아졌으며,[47] 약한 포식자가 등장한 네 개의 연못과 포식자를 넣지 않은 두 개의 연못에서는 자유번식 때와 마찬가지로 반점의 수는 증가하다가 어느 시점에 이르자 증가하지 않은 채 안정기에 접어들었다.[48]

강한 포식자가 등장한 연못에서 반점의 숫자가 줄어드는 경향을 보인 이유는, 서식환경(자갈)과 비슷한 무늬를 가진 거피의 생존 확률이 높아졌기 때문이라고 한다. 서식환경과 비슷한 무늬를 가진 거피들은 포식자의 눈에 쉽게 띄지 않아 생존에 유리했고, 반면 서식환경과 비슷하지 않은 무늬를 가진 거피들은 포식자의 눈에 쉽게 띄어 생존에 불리했다는 것이다.

생존에 유리했던 반점 무늬를 가진 거피들끼리의 교미가 늘어났고, 그 결과 자식세대의 거피는 부모세대가 가진 반점 무늬를 닮아 연못에 사는 거피의 반점 무늬는 점차 서식환경과 비슷하게 변화된 것으로 해석했다.[49]

거피의 반점 무늬는 암컷의 선호도와 포식자, 자갈이라는 환경에 의해서 변화되었다. 실험을 통해 관찰한 것처럼 거피의 무늬는 환경에 의해서 변화될 수 있었다. 도킨스는 무늬의 변화 같은 작은 변화들이 쌓이면 다른 종류로의 변화, 진화도 가능하다고 했다.

우간다 사냥부가 발표한 1925년에서 1958년 사이 코끼리의 평균 엄니(상아) 무게는 매년 감소했다. 도킨스의 생각에 따르면 코끼리의 평균 엄니 무게가 감소한 까닭은 사람들의 사냥 행위가 증가하면서, 엄니가 큰 코끼리들을 사냥꾼이 더 선호하게 되어 작은 엄니를 가진 코끼리가 큰 엄니를 가진 코끼리에 비해 생존할 확률이 높아졌기 때문이다. 작은 엄니를 가진 코끼리들끼리의 교배로 태어난 코끼리들의 엄니는 작아지는 쪽으로 진화적 경향을 보이게 된 것이다.[50]

크로아티아 해상에는 '포드 코피슈테'와 '포드 므르차라'라는 작은 섬이 있다. 1971년에 확인했을 때, '포드 코피슈테'섬에는 주로 곤충을 먹고 사는 도마뱀 '포다르치스 시쿨라'가 있었지만, '포드 므르차라'섬에는 이 도마뱀이 한 마리도 없었다.[52] 그래서 연구자들이 연구를 목적으로 도마뱀 다섯 쌍을 '포드 코피슈테' 섬에서 '포드 므르차라' 섬으로 옮겨 놓았다.

2008년 다른 연구진이 '포드 므르차라' 섬을 방문해 상황을 확인하니 도마뱀이 한 마리도 없던 그 섬에 도마뱀이 살고 있었는데, 섬에 살고 있는 도마뱀은 '포드 코피슈테' 섬에서 옮겨질 당시의 도마뱀들과는 다르게 머리가 상당히 컸다. 머리가 큰 것은 초식동물에서 발견되는 전형적인 특징으로, 진화론적으로 추론하면 초식을 해야만 하는 섬의 환경에 의해서 도마뱀이 초식형으로 진화된 것이다.[53]

게다가 이 도마뱀들에게 선조 개체 (포드 코피슈테 섬에 서식하는 도마뱀)에는 없던 맹판(cecal valve)이 있었다. 진화론자들의 해석에 따르면 초식이라는 환경에 의해 도마뱀 개체군의 생김새가 달라졌고 새로운 신체 기관이 생겨난 것이다.[54]

▲ 포다르치스 시쿨라

미시간 주립대학의 박테리아 학자 '리처드 렌스키(Richard Lenski)'와 동료들은 짧은 시간에 복제하기 쉬운 대장균 개체군 하나를 같은 모양의 플라스크 12개에 나누어 담고, 각각의 플라스크에 대장균의 식량인 글루코스가 들어있는 배양액을 넣었다.

그런 다음, 매일 100분의 1에 해당하는 양을 추출해 다른 플라스크로 옮기는 작업을 20년 이상 지속했다.[55]

▼ 렌스키 실험

20년에 걸친 실험 결과 12개의 모든 플라스크에서 다양한 형태의 변화가 일어났다. 후속 플라스크로 갈수록 개체군이 더 빨리 자랐고, 박테리아의 평균 크기도 커졌다. 개체의 크기 증가 방법은 플라스크마다 다양했다. 각각의 플라스크에서 박테리아들이 생존에 유리한 방향으로 변화된 것이다.[56]

도킨스는 렌스키의 연구가 우리 눈앞에서 펼쳐지는 진화를 실험을 통해 보여 줌으로 자연선택에 의한 진화론의 핵심 요소들을 확인시켜 주었다고 했다.[57]

> 렌스키의 연구진은 이 일상적인 작업을 자그마치 20년 이상 지속했다. '플라스크 세대'로 7천 세대, 박테리아 세대로 4만 5천 세대였다. 하루에 예닐곱 세대쯤 진행되기 때문이다. 이것이 어느 정도인지 감을 잡기 위해서 사람의 세대로 4만 5천 세대를 거슬러 올라가 보면, 대강 100만 년 전, 호모 에렉투스의 시대다. 그러니 인간의 100만 년에 해당하는 세월에 렌스키가 박테리아들에게 일으킨 진화적 변화가 어느 정도든, 가령 1억 년의 포유류 진화 역사에서는 얼마나 큰 변화가 가능했겠는가 상상해 보라.[58]

도킨스는 렌스키의 연구에 큰 의미를 두고 있다. 100만 년 동안 평균 2배 이상의 크기 변화를 보인다면, 진화론자들이 유인원에서 현생인류로의 진화를 약 500만 년으로 보니, 이 기간이면 2의 5승배에 해당하는 32배의 변화가 가능하다는 생각을 했을 것이다.

거피들의 반점 무늬가 환경에 의해서 변했고, 우간다의 코끼리 엄니도 환경에 의해서 변화했다. 환경에 의해 기관이 생겨나기도 했고 박테리아의 변화를 관찰 할 수도 있었다.

나는 이들의 실험 자체에 대해서 논하지는 않겠다. 몇몇 창조
론자들이 렌스키의 실험을 직접 확인하려 했으나, 렌스키는 창
조론자들의 확인 작업을 허락하지 않고,[59] 창조론자가 다시
실험했을 때, 정반대의 결과를 낸 실험도 있다.

그러나 실험 결과를 그대로 받아들여도 이것들은 진화론의
증거가 될 수 없고 창조를 부정할 수도 없다. 그 이유를 미리 이
야기하면 재미가 반감이 되기 때문에 잠시 후에 모아서 이야기
하도록 하겠다.

_ 생물 진화를 증거 한다는 생물의 유사성

진화론자들이 생물 변화의 증거로 내세우는 가장 대표적인 증
거는 생물의 유사성이다. 그들은 진화를 오랜 시간동안 점진적
으로 일어나는 것으로 보기 때문에 진화가 진행되는 과정을 관
찰하기는 어렵다. 그래서 '유사성'을 보이는 결과물로 진화를 추
론하는 것이다.

다윈 이전의 진화론자들이 진화라는 힌트를 얻은 것도 생물의
유사성 덕분이다. 진화론자들은 A와 B가 비슷하다는 것을 A는
B에서, 또는 B는 A에서 유래한 것으로 본다.

다윈도 갈라파고스 군도에 사는 생물들의 유사성을 통해 자신
이 가지고 있던 진화라는 생각이 사실임을 확신했다.

다윈은 『종의 기원』을 출간하기 전에 영국의 군함 '비글호'를
타고 5년간 탐사를 한 적이 있었는데, 그때 방문했던 곳 중 한 곳
이 '갈라파고스 군도'이다.

갈라파고스 군도

남아메리카 대륙에서 서쪽으로 약 1,000 km 거리의 태평양에 위치한 섬들인 갈라파고스 군도에는 전 세계 어느 지역에도 살고 있지 않고 오직 그 섬에만 사는 '고유종' 생물이 많이 서식하고 있다.[60] 그런데 이 고유종들은 인근 남아메리카 대륙의 생물과 비슷하게 생겼고, 서식하는 섬에 따라서도 조금씩 다르게 생긴 것이었다.

다윈은 섬의 주민들이 거북의 등껍질만으로도 어느 섬의 거북인지를 구분할 수 있다는 것을 알게 되었고, 갈라파고스 군도에 서식하는 비슷하면서도 조금씩 다른 생물들의 분포를 통해서 생물이 진화된 것임을 확신했다.

다윈의 생각에 따르면 갈라파고스 군도의 고유종들은 인근 남아메리카 대륙에서 건너온 생물들이 군도를 이루는 각 섬의 다양한 환경에 따라 다양하게 변화, 진화되었기 때문에 오직 그 섬에만 살고 있으면서 인근 지역의 생물과 유사성을 가지고 있는 것이다.

진화론자들은 '성경에서와 같이 대홍수 후 노아의 방주에서 생물이 흩어졌다면 왜 특정한 지역에만 그 동물이 사는가?[61]'라며 고유종의 존재로 성경의 사실성을 부정했다.

▲ 갈라파고스 거북

전능한 창조주는 세심하게 조각해 낸 종들을 하필이면 왜 이런 분포로 섬과 대륙에 심었을까? 현재의 분포를 보면 종이 한 지점에서 진화하고 퍼졌다는 해석을 도저히 거부할 수가 없지 않은가? 왜 창조주는 마다가스카르에만 여우원숭이들을 두고 다른 곳에는 두지 않았을까? 왜 신세계원숭이들은 남아메리카에만 두고 구세계원숭이들은 아프리카와 아시아에만 두었을까? 왜 뉴질랜드에는 날아서 그곳까지 갈 수 있었을 박쥐를 제외하고는 포유류가 하나도 없을까? 왜 군도의 동물들은 이웃 섬들끼리 굉장히 많이 닮았으며, 다음으로 가까운 대륙이나 섬과도 거의 항상 닮았을까? 왜 창조주는 오스트레일리아에 유대류 포유류만 두었을까?[62]

생물의 변화를 진화의 증거로 단순화했던 것처럼 진화론자들에게 생물의 유사성은 곧 진화의 증거였다.

진화론자들은 고유종 외에도 포유류 골격의 유사성으로 포유류가 하나의 종으로부터 진화된 것임을 관찰할 수 있다고 한다.
사람의 뼈는, 전문용어는 아니지만 크게 머리뼈와 목뼈, 그리고
갈비뼈, 갈비뼈에서 양옆으로 두 부분의 팔뼈와 손뼈, 손가락뼈,
갈비뼈의 아래쪽으로는 엉덩이뼈와 역시 두 부분의 다리뼈와
발뼈, 그리고 발가락뼈로 구성되어 있다.

　　대부분 포유류는 사람의 뼈에 대응하는 28개의 뼈를 가지고
있다고 한다.(진화론자들은 포유류가 28개의 뼈를 가지고 있다
고 하는데, 사실 꼭 그런 것은 아니다.)

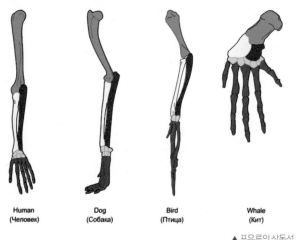

| Human
(Человек) | Dog
(Собака) | Bird
(Птица) | Whale
(Кит) |

▲ 포유류의 상동성

　　박쥐의 골격도 머리뼈와 목뼈, 그리고 갈비뼈, 두 부분의 팔뼈
와 손뼈, 손가락뼈, 엉덩이뼈와 역시 두 부분의 다리뼈와 발뼈,
그리고 발가락뼈로 구성되어있고, 사람과는 외관이 많이 다르
게 생긴 익수룡도 사람의 뼈에 대응하는 뼈를 가지고 있다고
한다.

포유류들이 유사한 골격을 가지고 있지만 겉모습이 다르게 보이는 이유는 골격의 비율이 다르기 때문인데, 박쥐는 긴 앞발가락뼈가 날개가 되어있는 형태로 보고, 익수룡은 사람의 새끼손가락뼈에 대응하는 뼈가 길어져 날개를 구성하고 있는 형태로 본다. 날도마뱀은 긴 갈비뼈가 날개를 구성한 형태로, 날원숭이들은 다른 포유류에 비해 꼬리뼈가 길어져 손처럼 사용하는 형태로 본다.

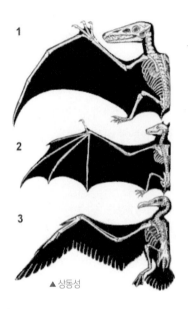

▲ 상동성

이런 식의 유사성을 '상동성'이라고 하는데, 진화론자들은 이 상동성을 진화의 증거로 보고, 모든 포유류를 하나의 포유류에서 진화된 것으로 해석했다.

_ 관찰 가능한 진화의 증거, 중간단계 화석

진화론자들이 늘 명확한 기준을 가지고 있는 것처럼 그것들을 쉽게 구분하지만 그들에게도 명확한 기준은 없다. 생물학에서는 스무 가지가 넘는 분류법이 있고, 그 중에서 '린네(Carl von Linne)'가 정리한 형태학적 분류법을 주로 사용한다.

분류학의 대가로 불리는 린네는 1735년에 '종'이란 '다른 집단의 구성원들보다 같은 집단의 구성원들을 많이 닮은 개체들의 집단'이라는 생각을 가지고 생물의 생김새를 이용하여 형태학적으로 동물을 분류했다.[63] 그러나 생물을 생김새로 분류하다보니 수컷과 암컷의 생김새가 다른 동물이 서로 다른 종으로 분류되어 버리는 등의 문제점이 있었다.[64]

1942년 '에른스트 마이어'는 '종'이란 상호 교배하는 자연 개체 군들의 집단으로서 다른 집단들과는 생식적으로 격리된 것이라며 교배 여부에 따라 종을 분류했다.[65] 린네의 종에 대한 정의가 '형태학적 종개념'이라면 마이어의 종에 대한 정의는 '생물학적 종개념'이다.

진화론자인 '제리 코인(Jerry A. Coyne)'은 『지울 수 없는 흔적』에서 형태학적 종개념이나 생물학적 종개념도 완벽한 것은 아니라고 말했다.[67] 현대 분류학에서 스무 가지가 넘는 분류법이 있다는 사실 만으로도 생물을 명확하게 구분하기 어렵다는 것을 알 수 있을 것이다.

생물학자들은 나름의 기준을 사용하여 생물들에게 다양한 이름을 붙였다. 진화론자들은 생물 스스로 변화를 통해서 이 기준을 넘을 수 있다고 보고 모든 생물을 하나의 생물 종, '공통조상'에서 유래된 것이라 했다. 이것이 진화론자들이 말하는 '진화'이다.

결론부터 이야기하면 진화론자들은 작은 '관찰된 생물의 변화로 비교적 큰 변화인 '진화'를 추론한 것이다. 그렇다면 변화의 크고 작음은 어떻게 구분하는가? 변화와 진화의 차이를 쉽게 이해하기 위해 일단, 우리가 자주 접하는 '류(class)'라는 단위 안에서 살펴보자.

변화와 진화의 차이를 쉽게 설명하기 위해 '변화'는 '류'라는 분류단위 안에서 이루어지는 생물의 변화로, '진화'는 '류'를 넘어서는 변화로 가정하면 어류 안에서의 변화나 양서류 안에서 변화는 그냥 '변화'이고, 어류가 양서류가 되는 비교적 큰 변화는 '진화'가 되는 것이다. 실제로 생물학이나 창조과학에서 변화와 진화를 이렇게 이해하는 것은 아니지만, 변화와 진화의 차이를 설명하기 위해 이렇게 설정해 본 것이니 오해 없길 바란다.

그렇다면 비교적 큰 변화인 진화를 관찰할 수 있을까?

일단 현대 생물학에서도 종류(kind)를 넘어서는 진화는 관찰된 적이 없다. 그러나 진화론자들은 진화는 오랜 시간동안 이루어지는 점진적인 현상이라 관찰하기 어렵지만 화석을 통해서 추론할 수 있다고 주장한다.

오늘날 현존하지는 않고, 화석으로만 만날 수 있는 25만 종이나 되는 생물이 있고,[68] 생물이 진화되는 과정에서 다양한 중간형태의 생물이 존재했을 것이기 때문에 현존하는 생물에서나 멸종한 생물이더라도 화석으로 중간형태의 생물이 발견될 수도 있을 것이라고 했다.

진화론자들은 박쥐가 쥐에서 진화된 것으로 본다. 그래서 과거에 쥐와 박쥐를 조금씩 닮은, 박쥐보다 덜 발달된 날개를 가진 쥐가 있었고, 이것들이 현존하지는 않지만 화석으로는 발견될 수도 있을 것이라 했다. 그리고 이런 중간단계 생물의 화석이 발견된다면 이는 진화가 사실임을 나타내는 명백한 증거라고 했다.

생물학에서 시작한 생물의 유사성은 화석학으로 확장된다. 진화론자들에게 중간단계 생물 화석의 발견은 곧 진화가 사실임을 증거 하는 것으로 단순화 되어있다.

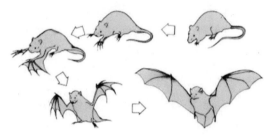

▲ 박쥐의 진화 상상도

진화론자들은 왼쪽에서 오른쪽으로 나아가는 반직선의 가장 왼쪽에 생명의 탄생이라고 적은 다음, 현존하는 생물들을 린네의 분류법에 따라 형태를 기준으로 하등생물에서 고등생물의 순으로 배열하고 형태상 중간단계에 속하는 생물들과 화석들을 끼워 넣는 퍼즐 맞추기 작업을 진행 중이다.

이때 종과 종 사이를 이어주는 것으로 해석된 화석을 '중간단계 화석' 또는 '잃어버린 고리(missing link)'라 한다. 중간단계 화석으로 주장되는 예로, 파충류의 특징과 조류의 특징을 모두 가지고 있다고 해석된 '시조새'라 불리는 화석은 파충류에서 조류로의 중간단계 화석으로 해석되었고, 유인원의 특징을 가지고 있으면서 유인원보다는 사람에 가까운 형태로 해석된 화석에는 '오스트랄로피테쿠스', '호모 에렉투스' 등의 이름을 붙여 유인원에서 사람으로의 중간단계 화석으로 해석하였다. 이들에게 '시조새' 화석과 '오스트랄로피테쿠스', '호모 에렉투스'는 존재 자체만으로도 진화의 증거가 된다.

　지금부터는 진화론자들이 제시한 중간단계 화석을 진화론관련 책들을 통해 살펴보려고 한다. 여기서도 가능한 내 생각들을 억제하고 진화론자들의 생각을 따르려고 한다. 내 생각을 억제하지 않으면 이야기 전개가 어려울 것 같기 때문이다.

▲ 시조새 화석

어류   양서류

   1881년 캐나다의 화석 수집품에서 발견된 화석 '유스테노프테론(Eustenopteron)'은 어류임에도 불구하고 머리뼈, 이빨, 지느러미 등이 해부학적으로 양서류와 닮은 데가 많아 보여서 어류에서 양서류로의 중간단계 화석으로 해석되었다.

▲ 유스테노프테론

   진화론자들은 양서류의 발과 다리가 어류의 지느러미로부터 진화된 것으로 생각한다. 그래서 진화론자들은 유스테노프테론을 생명이 탄생한 이후 오랜 기간 거주했던 물속에서 땅 위로 진출한 혁명적인 사건을 이끌어낸 중요한 중간단계 화석으로 해석하였다.

어류　　유스테노프테론　　양서류

'익티오스테가(Ichthyostega: 오랜 연대설적으로 3억 7천만 년
전인 데본기 후기에 최
초로 나타난 것으로
주장되고 있는 양서
류)'는 양서류 쪽에 가
까운 중간단계 화석으
로 해석되었다.

익티오스테가는 어
류의 특징을 보여주면서 커다란 도롱뇽처럼 생겼고, 양서류의
특징인 납작한 머리와 일곱 개의 발가락을 가지고 있다.[69] 그래
서 '익티오스테가'는 유스테노프테론과 양서류 사이에 위치한다.

어류　　유스테노프테론　　익티오스테가　　양서류

긴 이야기가 필요 없을 것 같아서 이만 줄인다. 진화론자들은
어류와 유스테노프테론 사이를 이어줄 '잃어버린 고리', 유스테
노프테론과 익티오스테가를 이어줄 '잃어버린 고리', 익티오스테
가와 양서류를 이어줄 '잃어버린 고리'를 찾기 위해 애쓰고 있고,
어쩌면 이미 찾아 놓았는지도 모른다.

더 많은 내용을 알고 싶으면 『지상 최대의 쇼』의 6장 '잃어버린
고리? 뭘 잃어버렸단 말인가' 부분을 보기 바란다.

진화론자들은 화석들로 퍼즐조각을 맞추듯이 어류에서 양서류로의 진화과정을 보여주려고 애를 쓰고 있다.

▲ 어류에서 양서류로의 진화 상상도

▶ 살아있는 화석 실러캔스

진화론자들에 의해 어류에서 양서류로의 잃어버린 고리로 해석된 '실러캔스(Coelacanth)', 그런데 왜 실러캔스를 '살아있는 화석'이라 부르는 걸까? 그 이유는 실러캔스가 특이하게도 화석으로 먼저 알려졌었기 때문이다.

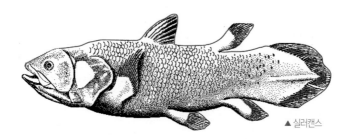

▲ 실러캔스

이 물고기가 생물 진화론에서 중요한 위치를 갖게 된 이유는 진화론자들이 실러캔스 화석의 지느러미를 포유류의 다리를 닮은 것으로 '해석'했기 때문이다.(사실, 아무리 들여다보아도 전혀 닮지 않았는데…) 분류학자들은 실러캔스와 폐어처럼 지느러미가 포유류의 다리를 닮은 것으로 해석한 어류를 '엽상족 어류'로 분류한다.

화석으로는 이미 알려져 있었고, 오랜 연대설적으로 7천만 년 전에 멸종한 것으로 해석한 실러캔스가 놀랍게도 1938년 남아프리카에서 살아있는 채로 잡혔다.[70] 그래서 실러캔스가 살아 있는 화석으로 불리게 된 것이다.

진화론자들이 화석 실러캔스를 관찰하여 내린 해석들과 살아 있는 실러캔스의 생태는 같았을까? 이것도 잠시 후에 공개하도록 하겠다.

양서류의 특징과 파충류의 특징을 모두 가지고 있는 것으로 해석된 '세이모리아'와 '디닥테스' 화석은 양서류에서 파충류로 진화의 잃어버린 고리로 해석되었고, 앞에서 소개한 파충류의 특징과 조류의 특징을 가지고 있는 것으로 해석된 '시조새'는 파충류에서 조류로의 잃어버린 고리로 해석되었다.

중간단계 화석의 하이라이트는 유인원과 사람을 이어준다는 고리이다.

▶ 유인원에서 사람으로

사람이란 무엇일까? 저명한 철학자들이 수천 년 전부터 이 질문에 매달렸지만, 아직 대다수의 동의를 이끌어낼 만한 답을 내리는데 성공하지는 못했다.

그렇다면 생물학에서는 어떨까? 현대 생물학이나 진화론 안에서도 특정 종의 특징을 타당한 기준으로 구분하지 못한다. 그저 자신의 생각을 나타내기에 유리한 기준을 사용할 뿐이다. 그래서 분류하는 학자에 따라 소속이 달라지는 생물도 있다.

사람이라는 종에 대한 명확한 기준은 없지만, 진화론자들이 말하는 사람으로의 진화 계통도만을 따로 떼어서 그려보면 아래와 같은 반직선 형태의 모형이 된다.

생명의 탄생   어류   양서류   파충류   포유류   유인원   사람

진화론자들조차도 진화가 이 모형처럼 반직선 형태로 이루어진 것이라고 착각하는 사람이 있다. 이는 다윈의 진화론을 오해하고 있는 것이다.

진화는 반직선의 형태로 이루어지는 것이 아니라, 분지 형태로 이루어지는 것으로 주장되고 있다.

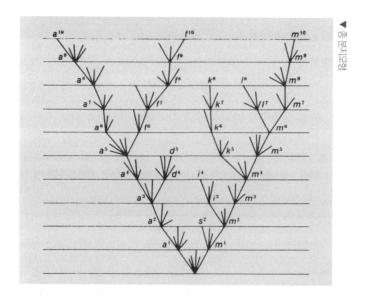

종 분지모형에서 맨 아래의 뾰족한 부분을 생명의 탄생으로 보았을 때, 자연변화와 자연선택, 돌연변이에 의해서 진화의 가지는 점점 분화되어 나갔고, 오랜 연대설적 진화론자들이 생물의 역사로 보는 35억 년이라는 방대한 시간 동안 이 가지들은 엄청나게 많아졌다고 본다. 진화론자들에게 '사람'은 그 가지들 중 하나에 불과하다.

다윈은 유인원에서 사람으로의 중간단계 종은 아프리카에서 살았을 것이라고 했다. 그러나 초기 진화론자들은 – 도킨스의 표현을 그대로 빌려 – 다윈의 충고를 무시한 채 아프리카 지역보다는 아시아지역에서 인간의 조상들을 찾아 나섰다.[71]

초기 진화론자들이 아시아에서 발견한 중간단계 화석들은 발견된 장소의 지명을 따서 '자바 원인(Java man)'과 '베이징 원인(북경 원인, Peking man)' 등으로 불렸다.

▲ 자바 원인

자바 원인은 1891년 네덜란드 인류학자 '유진 드보아(Eugene Dubois)'에 의해 발견되었다.[72] 자바 원인과 베이징 원인은 학명으로 사람과 함께 '호모' 속으로 분류되었으며, 종명은 '에렉투스'를 부여받았다. 그래서 그들의 학명은 '호모 에렉투스'가 된다.[73]

'호모 에렉투스'의 위치는 아래 표처럼 원숭이와 사람의 중간에 위치한 포유류인 유인원과 사람(학명: 호모 사피엔스 사피엔스) 사이가 된다. 자바 원인과 베이징 원인은 오랜 연대설적으로 본 생물 진화의 역사 35억 년에 비해서는 엄청나게 최근에 해당하는 백만 년도 안된 젊은 화석으로 해석되었다.

호모 에렉투스와 사람 사이에는 10만 년 전의 화석으로 해석된, 사람과 같은 종으로 분류되는 고인류인 '호모 사피엔스(Homo Sapiens)'가 위치한다.

아프리카가 아닌 지역에서 발견된 중간단계 화석 중에 가장 오래된 것은 중앙아시아의 그루지야에서 발견된 '그루지야 원인'이다. 두개골의 연대를 측정한 결과 약 180만 년 전의 것으로 해석되었다.[74]

초기에 아프리카에서 이동한 원인은 모두 호모 에렉투스로 분류되고 있는데, 그루지야 원인은 이들에 비해 더 원시적인 것으로 해석되었기 때문에 '호모 에렉투스

▼ 호모 제오르지쿠스

제오르지쿠스(Homo erectus georgicus)'라는 학명이 붙었고, 유인원 쪽으로 배열되었다.[75]

유인원 　 호모 제오르지쿠스 　 호모 에렉투스 　 호모 사피엔스 　 사람

여기서 잠깐, 학자들은 어떤 기준으로 화석의 순서를 정한 것일까? 학자들이 화석의 생성 연대를 측정하여 화석의 순서를 정한 것만은 아니다. 그렇다면 어떤 기준으로 화석의 순서를 정할까? 『기원 과학』을 통해서 순서를 정하는 방법을 알아보면, 사람과 동물 사이에서 볼 수 있는 형태학적 차이점을 직립보행의 여부에 두고 직립보행 여부로 순서를 정하기도 하고,[76] 치아의 배열형태, 두개골 용적, 안면 경사각 등을 이용하기도 한다.

이 특징들로 화석의 연대를 알 수 있을까? 이 답도 잠시 후에 이야기 하겠다.

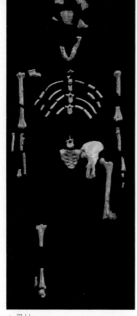
▲ 루시

다시 반직선 형태의 모형으로 돌아가자. 사람과 침팬지의 공통조상은 분자생물학적으로 약 6백만 년 전이나 그보다 더 전에 살았던 것으로 해석한다.

차이를 반으로 나누어 3백만 년 전쯤의 화석을 살펴보면, 이 연대에서 중간단계 화석으로 가장 유명한 화석은 에티오피아에서 발견된 '루시(Lucy)'다. 발견자인 '도널드 요한슨(Donald C. Johanson)'은 그 뼈에 '오스트랄로피테쿠스 아파렌시스(Australopithecus Afarensis)'라는 학명을 붙였고 골격을 재구성하여 똑바로 걸어 다녔을 것으로 해석했다.[77]

유인원　　오스트랄로피테쿠스　　호모　　　　호모　　　　호모　　　　사람
　　　　　　아파렌시스　　　　제오르지쿠스　에렉투스　　사피엔스

진화론자들이 유인원과 구별된 최초의 사람이라고 해석한 화석은 '남쪽 원숭이'라는 뜻을 가진 '오스트랄로피테쿠스'다. 두개골의 크기는 원숭이와 비슷했지만 모양이 완전히 같지는 않았고 용적은 500 cc 내외로 성장한 고릴라와 같았다.[78]

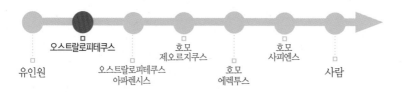

　　　　　　　오스트랄로피테쿠스　　　　　　호모　　　　　　　　호모
　　　　　　　　　　　　　　　　　제오르지쿠스　　　　사피엔스
유인원　　　　오스트랄로피테쿠스　　　　　　　　호모　　　　　사람
　　　　　　　　아파렌시스　　　　　　　　에렉투스

106

이제, 유인원에서 사람으로의 고리로 불리는 화석들을 나열하는 일도 여기서 접으려고 한다. 『지상 최대의 쇼』 7장의 '잃어버린 사람들? 다시 찾은 사람들'을 보면 더 많은 고리들이 등장한다. 도킨스는 자신 있는 어조로 이렇게 이야기한다.

> 이제 우리는 호모 에르카스테르/에렉투스의 화석 표본을 많이 갖고 있다. 이들은 오늘날의 호모 사피엔스와 2백만 년 전의 호모 하빌리스를 잇는 설득력 있는 중간 고리이다. 더는 잃어버린 고리가 아니다. 호모 하빌리스는 또 3백만 년 전의 오스트랄로피테쿠스와 우리를 이어주는 아름다운 연결고리이고, 앞서 보았듯이 오스트랄로피테쿠스는 또 직립한 침팬지라고 묘사할 만한 생물이었다. 얼마나 더 많은 고리를 보아야 더는 '잃어버린 고리'가 없다는데 동의하겠는가?[79]

과연 이들이 우리의 조상일까?

_ 진화를 유발하는 또 다른 메커니즘, 돌연변이

다윈은 부모세대가 가진 유리한 형질이 자식세대에 전달된다는 생각을 하고 있었지만, 구체적인 전달 메커니즘에 대해서는 모르고 있었다.

진화에서 생존에 유리한 형질이 생겨나고 전달되는 메커니즘은 매우 중요하다. 왜냐하면 자연선택이 이루어지기 위해서는 먼저 생존에 유리한 변이를 가진 개체가 있어야 하고, 경쟁에서 이기게 만든 유리한 형질이 다음 세대로 유전될 수 있어야 하기 때문이었다.

다윈은 부모세대의 정보가 혼합되어 자식세대에 나타나는 것으로 형질의 유전을 이해했다. 그런데 '멘델(Gregor J. Mendel)'의 유전법칙이 알려지면서 유전은 다윈이 말한 혼합유전(blending inheritance) 방식으로 일어나지 않는다는 사실이 알려졌다.

멘델의 유전법칙에 따르면 부계에서 온 정보와 모계에서 온 정보가 절충되어 전달되는 것이 아니라 부계 또는 모계에서 온 정보가 섞이는 방식으로 전달이 된다. 물감으로 단순화시켜 예를 들면, 다윈은 부계로부터 온 파란색 물감과 모계로부터 온 빨간색 물감이 섞여서 보라색으로 전달된다고 했으나, 멘델에 의해서 부계로부터 온 파란색 물감과 모계로부터 온 빨간색 물감 중 한 물감이 선택되는 방식으로 유전되는 것으로 밝혀졌다.

▲ 멘델의 유전법칙

다윈의 혼합유전이라는 가설이 멘델에 의해 사실이 아닌 것으로 드러났지만 진화론은 결코 부정되지 않았다.

1901년 '휴고 드 브리스(Hugo Marie de Vries)'가 야생 달맞이

꽃의 연구를 통해 '돌연변이(mutation)'가 유전되는 크고 갑작스러운 변이를 유발할 수 있다는 사실을 발견하면서 진화론은 다시 사실인 것으로 선전되었다.

진화론은 자연변화와 자연선택설에 돌연변이설을 장착하여 '신다윈주의(Neo-Darwinism)'라는 이름으로 재탄생되어 '유전적 돌연변이에 의한 자연선택'이라는 막강한 시스템을 구축하게 된다. 이후 미국의 '토마스 모건(Thomas H. Morgan)'을 중심으로 한 유전학자들은 X선을 쬐거나 화학약품으로 초파리의 유전자를 변형시켜 실험실에서 인위적으로 돌연변이 초파리들을 만들어 냈다.

▲ 돌연변이 초파리

19세기 진화론자들이 진화의 증거라고 주장했던 생물의 변화 현상은 21세기에도 여전히 진화의 증거로 소개되고 있다. 21세기의 과학자들도 관찰 가능한 생물의 변화를 소개하고, 관찰 가능한 생물들의 작은 변화가 쌓여서 더 큰 변화, 진화가 일어날 것이라고 주장한다. 결국, 하나의 단세포에서 시작한 생물이 변화와 경쟁을 통해서 오늘날과 같은 다양성을 이루게 되었다는 것이다.

항생제가 처음 도입되었을 때, 사람들은 마침내 감염성 질병을 정복하게 되는 줄 알았다. 그러나 이내 박테리아가 스스로 약물에 대한 내성을 갖추게 되면서 효능은 감퇴하고 말았다. 진화론자들의 해석에 따르면 박테리아가 약물에 적응하는 형태로 진화된 것이다.

1940년 초에 도입되어 기적의 약으로 불렸던 페니실린은 당시 모든 포도상구균 균주를 없앨 수 있었으나 70년이 흐른 지금, 포도상구균 균주의 95% 이상이 페니실린에 내성이 생겼다.[40] 진화론자들의 해석에 따르면 이 역시 내성을 가지는 쪽으로 진화된 것이다.

생물의 발생과 변화에 19세기 이전의 보편적인 생각처럼 신이 필요한 것은 아니었다. 다윈에 의해 생물은 신이 없이도 발생하고 변할 수 있는 존재로 바뀌었다.

_ 변화는 진화의 증거가 아니다

생물은 다윈이 소개한 것처럼 스스로 변할 수 있고, 앞에서 살펴보았듯이 생물의 일반적이지 않은 교배나 수정은 급작스러운 변화를 일으킬 수 있으며 변화는 유전될 수 있었다.

도킨스가 소개한 실험에서 환경에 의해 거피의 반점 무늬는 변했고, 포드 므르차라 섬의 도마뱀은 초식을 해야 할 섬의 환경에 의해 생김새가 달라졌으며 새로운 기관이 생겨나기도 했다. 생물은 생김새나 기관의 유사성을 가지고 있고 특히나 고유종은 인근 생물과 비슷하면서 환경에 따라 조금씩 달랐다. 돌연변이는 이름처럼 갑자기 등장할 수 있고, 갑자기 등장한 돌연변이 형질은 다음 세대로 전달될 수 있었다.

자연변화, 자연선택 그리고 돌연변이, 이 세 가지가 진화 메커니즘의 전부이다. 진화론은 이 세 개의 시스템으로 세계를 설명하고 있다. 진화론자들의 표현을 빌리면, 이 세 개의 시스템으로 설명하지 못할 것이 하나도 없다고 한다. 과연 이들의 주장처럼 모든 생물이 하나의 생물 종에서 유래한 것일까?

지금부터는 진화론을 부정하는 창조론자들과, 창조론자는 아니면서 진화론을 부정하는 사람들이 어떤 이유로 진화론을 부정하는지에 대해서 살펴보자.

▶ 더는 자라지 않는 기린의 목

변하지 않는 것이라던 생물체가 변화하는 현상이 학자들에 의해 구체적으로 관찰되었고, 이 때문에 성경의 사실성이 부정되는 것 같은 착각을 불러일으켰다. 그렇다, 그것은 착각이다.

진화론자들은 작은 변화들이 쌓이다보면 더 큰 변화, 진화가 이루어진다고 했다. 결론을 미리 말하면, 변화는 발생하지만 진화는 발생하지 않는다. 그러면 구체적으로 '변화'는 무엇이고 '진화'는 무엇인가?

진화론자들에게 변화는 곧 진화다. 변화와 진화의 차이를 수치화 할 수는 없지만, 진화론자들은 작은 변화들이 쌓이다보면 한 '종'에서 다른 '종'으로의 변화가 이루어질 수 있고, 이런 변화들이 쌓이다보면 더 큰 변화, 진화를 이룰 수 있다고 봤다. 그러나 변화와 진화는 다르다.

성경은 하나님이 풀, 씨 맺는 채소, 씨 가진 열매 맺는 나무, 큰
바다 짐승, 물에서 번성하여 움직이는 모든 생물, 날개 있는 모든
새, 가축, 기는 것, 땅의 짐승으로 생물을 창조하셨다고 기록하고
있다. 그리고 생물은 각기 '종류'대로 창조되었다.

여기서 주목해야 할 것은 성경에서 사용된 생물 분류 단위는
현대 생물학에서 사용하는 '종(species)'이 아닌 '종류(kind)'라는
것이다.

하나님이 이르시되 땅은 풀과 씨 맺는 채소와 각기 종류대로 씨 가진 열
매 맺는 나무를 내라 하시니 그대로 되어 (1:11)
땅이 풀과 각기 종류대로 씨 맺는 채소와 각기 종류대로 씨 가진 열매
맺는 나무를 내니 하나님이 보시기에 좋았더라 (1:12)
하나님이 큰 바다 짐승들과 물에서 번성하여 움직이는 모든 생물을 그
종류대로, 날개 있는 모든 새를 그 종류대로 창조하시니 하나님이 보시
기에 좋았더라 (1:21)
하나님이 이르시되 땅은 생물을 그 종류대로 내되 가축과 기는 것과
땅의 짐승을 종류대로 내라 하시니 그대로 되니라 (1:24)
하나님이 땅의 짐승을 그 종류대로, 가축을 그 종류대로, 땅에 기는
모든 것을 그 종류대로 만드시니 하나님이 보시기에 좋았더라 (1:25)

'종류'는 히브리어 '민'을 번역한 것으로 '한계가 지어졌다'는 의
미를 가지고 있다.

성경은 분류학 책이 아니기에 '종류'라는 단위의 기준이 구체적으로 제시되어 있진 않지만, 종류의 범위를 넘어서는 생물의 변화는 불가능한 것으로 기록하고 있다.

그렇다면 종류(kind)는 오늘날 일반적인 생물분류체계인 종(species), 속(genus), 과(family), 목(order), 강(class), 문(pylum/division), 계(kingdom)의 어디에 해당이 되는 걸까?

피조종류학(baraminology)이라는 학문으로 종류가 오늘날의 생물 분류 체계에서 어디에 해당되는가에 대한 연구가 진행되고 있는데, 현재까지 연구된 바로 대체적으로 과(family) 또는 목(order)에 해당되는 것으로 보고되었다.

진화론자들이 관찰한 것은 생물의 변화이고, 진화라는 비교적 큰 변화는 관찰된 작은 변화를 확장한 진화론자들의 '추론'에 불과한 것이다. 저명한 진화론적 생물학자들이 진화의 증거라고 제시하는 생물이 변화하는 현상들은 그저 '종류' 안에서의 변화에 불과한 것이다.

오늘날 대부분의 창조론자들은 19세기의 창조론자들처럼 생물의 변화를 사실로 인정한다. 거듭 이야기하지만 생물의 불변성은 성경에 명시되어 있는 내용이 아니라 천동설처럼 당시 교회 지도자들의 추론에 의한 것이다. 따라서 생물이 변화하는 현상은 진화의 증거가 아니다.

하나님은 생물이 '종류' 안에서 환경에 따라 변화될 수 있도록 창조하셨다. 창조론자들은 생물이 변화하는 현상을 '변이' 또는 '환경적응'으로 본다. 생물의 변화는 생물의 '환경적응 시스템'이 작동한 것이다. 이 시스템 덕분에 생물은 다양한 환경에 적응하며 살 수 있다.

환경적응 시스템은 생물의 생김새를 변화시킬 수 있는데, 사람의 경우에도 더운 지역에 사는 사람과 추운 지역에 사는 사람의 평균적인 생김새는 다르다. 그것은 사람이 거주하는 환경에 따라 환경적응 시스템이 작동하여 생김새가 달라졌기 때문이다.

　오늘날 적게는 천만 종에서 많게는 일억 종으로 추정하는 생물 종의 다양성은 생물에 내재된 환경적응 시스템에 의해 생물이 다양한 환경에 적응된 결과다. 뒤에서 자세하게 이야기하겠지만, 환경적응 시스템으로 인한 생물의 변화는 과거 진화론자들의 주장처럼 점진적으로만 일어나는 것이 아니라 단 한 세대만에 급작스럽게 일어날 수도 있다. 그렇지만 한 종류가 다른 종류가 된 적은 없고, 관찰된 적도 없다.

　다윈에게 생물은 시간만 주어진다면 세대를 이어가며 스스로 변할 수 있는 존재였다. 기린의 긴 목이 높은 곳에 있는 잎을 먹기 유리한 방향으로 진화된 것이라면, 기린의 목은 얼마만큼 더 길어질 수 있을까? 진화론자들의 해석에 귀를 기울인 채 기린의 목에만 집중하고 있으면, 기린이 그 긴 목을 지탱할 다리와 긴 목을 지나 뇌까지 혈액을 뿜어내야 하는 강력한 심장을 가지고 있다는 사실에 대해서는 간과하기 쉽다.

기린은 육상동물 중에 가장 큰 심장을 가지고 있다. 긴 목을 지나 머리까지 피를 공급하기 위해서는 강력한 심장이 필요할 것이다.

기린이 물을 마시기 위해 고개를 앞으로 숙이면 목에 있던 피가 머리로 몰려 혈관이 파열될 수 있다. 그런데 기린이 물을 마시려고 고개를 숙여도 머리의 혈관은 파열되지 않는다. 그 이유는 기린의 목 상부에 과다한 피가 머리에 흐르는 것을 방지하는 혈관망(rate mirabile)이라고 불리는 혈압조절기관이 있기 때문이다.

기린은 어떻게 강력한 심장과 혈압조절기관을 가지게 되었을까? 진화론자에게 물으면 강력한 심장과 혈압조절기관을 가진 돌연변이 개체가 우연히 발생했고, 그 장치를 가진 개체가 장치를 가지지 않은 개체에 비해 생존에 유리하여 강력한 심장과 혈압조절기관을 가지는 쪽으로 진화된 것이라 이야기할 것이다.

기린의 진화는 관찰된 적이 없고 관찰될 수도 없다. 우리가 관찰할 수 있는 것은 그저 기린과, 진화론자들이 기린으로 진화되기 전 단계의 생물로 제시하는 오카피(okapi: 기린과의 포유류)나 기린을 닮은 생물들뿐이다. 이것은 과학이 아니라 진화되었을 것이라는 신념에 의한 시나리오에 불과하다.

▲ 오카피

혈압조절기관은 단독으로 작동하는 기관이 아니라 여러 기관과 협력해야만 작동될 수 있다. 아무리 간단한 기관이라도 우연히 발생할 수 없고, 설사 발생한다 치더라도 근육, 신경, 혈관 등이 개체와 협력하지 않는다면 사용할 수 없다. 신체에는 단 하나의 기관도 독립적으로 작동하는 기관은 없다.

자동차의 보닛을 열어보면 부속들이 서로 연결된 것을 볼 수 있다. 비교적 간단한 기관인 전조등도 자동차로부터 에너지를 공급받고 운전석에서 조작할 수 있도록 연결되어 있어야만 제대로 작동될 수 있다. 아무리 고성능의 전조등이 있다 해도 그것이 연결되지 않고 자동차에 실려만 있다면 아무 쓸모가 없다.

기관이 돌연변이라는 시스템에 의해 우연히 발생하였다는 것, 그리고 기린이라는 개체에 장착되어 작동된다는 것을 인정하는 데는 어마어마한 신념이 필요하다.

기린의 목이 지금보다 더 길어진다면 기린의 상대적으로 얇은 다리는 목을 지탱할 수 없다. 기린의 진화가 이루어지려면 다리의 진화도 같이 이루어져야 한다. 또 뇌까지 혈액을 안정적으로 공급할 수 있는 새로운 방법을 구축해야 한다. 이런 방법을 생물이 스스로 구축할 수 있을까?

기린의 목은 더는 길어질 수 없다. 기린의 목 길이는 한계에 도달해 있다. 그렇다고 해서 기린이 한계에 도달하기까지 진화되었다고 말하는 것은 절대 아니다. 기린의 목과 다리, 심장, 혈압조절 시스템은 현재 최적의 상태에 있다.

기린은 놀라운 비율의 최적체로 창조된 것이다. 상대적으로 키가 큰 기린이 있고 키가 작은 기린이 있다. 사람도 그렇다. 특수한 경우를 제외하고 사람이라는 종이 가진 키의 한계가 있다. 그 한계 안에서 어떤 사람의 키는 크고, 어떤 사람의 키는 작다.

키가 큰 사람들끼리의 결혼으로 키가 큰 자녀를, 팔이 긴 사람들끼리의 결혼을 통해 팔이 긴 자녀를 얻을 수는 있겠지만, 그런 자녀를 얻을 확률이 높은 것이지 그런 선택으로 키나 팔의 길이가 세대를 통해 계속 증가하는 것은 아니다. 종류가 가진 한계를 넘을 수는 없는 것이다. 진화론자들이 주장하는 작은 변화, 변이들이 모여서 이루어진 큰 변화인 진화는 발생할 수 없고, 관찰된 적도 없다.

생물은 다윈의 주장처럼 무한 변화를 일으키지 않는다. 생물은 종류에 따라 적응 한계를 가지고 있어서 적응 한계를 넘어서는 혹독한 환경에서는 적응하지 못하고 죽게 된다. 생물은 '설정된' 한계를 가지고 있는 존재이다.

프랑스가 유럽 국가들과 전쟁 중에 사탕수수의 수입이 봉쇄되어 설탕 수급이 어려움에 부딪쳤을 때, 화학자 '델레세르 벤저민(Delessert Benjamin)'은 사탕수수가 아닌 사탕무에서 설탕을 추출해 냈고, 이에 고무된 '나폴레옹'은 사탕무 공장을 프랑스 전역에 세우도록 했다.[80]

사탕무에서 설탕을 추출할 수 있는 시설이 갖추어지자 당분의 함량이 높은 사탕무 종을 육종해야 할 필요성이 생겼고, 이를 위해 나폴레옹은 유능한 식물학자들을 모아 많은 설탕을 뽑아낼 수 있는 신품종 사탕무를 만들 것을 지시했다.

식물학자들의 노력으로 평균 4%의 설탕을 함유했던 사탕무의 설탕 함유율은 15%까지 높아졌다. 그러나 평균 17%에서 더 이상 증가하지 않았고, 이 함유율은 현재까지도 증가하지 않고 있다.[81] 이것이 사탕무가 가진 설탕 함유율의 한계인 것이다. 이처럼 생물은 한계를 가지고 있다.

진화론자인 하버드대학의 '에른스트 마이어(Ernst W. Mayr)' 교수가 평균 36개의 털을 가진 두 그룹의 초파리들을 한 그룹은 털의 수를 늘리도록 설정하고 다른 그룹에서는 털의 수를 줄이도록 선택하여 육종하였더니 30세대까지는 털의 수를 늘리거나 줄이는 것이 가능했지만, 30세대가 넘어가자 대부분의 초파리가 불임이 되어 더는 털의 수를 늘리거나 줄일 수 없는 상태가 되었다.[82]

마이어는 한쪽으로 치우친 선택으로 빈번하게 교배를 시키면 전반적인 적응성이 떨어진다고 했고, 이 현상을 '유전적 항상성'이라고 정의했다.[83]

아무리 선택교배를 시켜도 양파로부터 장미꽃과 같이 완전히 다른 종류로 변화되는 사례는 없었다. 그 이유는 동식물의 형질은 생물 내에 기록된 정보인 유전자에 의해 조절되기 때문이다. 튤립의 유전자 풀(gene pool)에는 검정색을 내는 유전자가 없으며, 장미의 유전자 풀에는 파란색을 내는 유전자가 없다. 그래서 우리는 유전자를 조작하지 않는 한, 검정 튤립이나 파란 장미꽃을 얻을 수 없다.

성공적인 생존자가 반드시 가장 유능한 사냥꾼일 필요는 없다. 목이 긴 기린이 반드시 먹이를 가장 많이 먹는 것은 아니고 힘이 센 동물이 오래 살아남는 것도 아니다. 씨가 비옥한 땅에 떨어지느냐 아니냐의 문제와 살아남는 문제에 있어, 살아남는 것은 '적자'가 아니라 '행운이 있는 자'다.[85]

하버드 대학교의 '조지 심슨'은 붉은 머리카락을 가진 부모가 더 많은 자녀를 낳으면 붉은 머리카락 쪽으로 진화된 것처럼 보이게 된다고 말했다.[86] 진화론자들은 붉은 머리카락이 선호된 결과라고 말하겠지만, 그것은 진화가 아니라 단지 붉은 머리카락을 가진 사람이 자녀를 많이 낳은 것뿐이다. 따라서 자연선택은 진화의 증거가 아니라 피조계의 모습일 뿐이다. 생존경쟁은 어떤 생물은 살아남아 번성하는 반면에, 어떤 생물은 사라진다는 것을 다르게 표현한 것이다.[87]

진화론자들은 진화가 일어나기 위해서는 오랜 시간이 필요하기 때문에 관찰하기가 어렵다고 공공연하게 말한다. 그리고 그들이 제시하는 데이터는 항상 미미하다. 진화론적인 생각 틀로 보면 너무도 당연한 말이다. 거듭 이야기하지만, 진화론자가 관찰한 변화는 미미한 데이터고, 그 미미한 데이터가 쌓여서 이루어진다는 '진화'는 관찰에 의한 것이 아니라 미미한 데이터를 이용한 그들의 '진화론적 시나리오'이다.

나는 앞에서 기린의 목이 길어지는 것처럼 진화가 한 방향으로만 진행될 수 없고, 수치가 마냥 늘어날 수 없다는 것을 이야기했었다. 그럼에도 불구하고 진화될 수 있다고 생각한다면, 더 이상 해줄 이야기는 없다. 어떠한 명백한 증거를 제시한다 해도 '생각 틀'이 바뀌지 않는다면 결코 무엇도 받아들일 수 없을 것이기 때문이다.

우리는 앞에서 도킨스가 소개한 '눈앞에서 펼쳐지는 진화의 세계'를 살펴보았다. 변화된 거피들의 반점 무늬, 우간다의 코끼리 상아와 도마뱀의 맹판, 렌스키의 박테리아들. 그리고 유인원과 인간 사이의 중간 형태들로 해석된 뼈들.

이것들은 생물 '종류'가 환경에 적응한 사례들이다. 거피들의 반점 무늬는 유전정보 내에서 나타난 현상이다. 그것은 선호도 나 다른 원인에 의해서 반점 무늬의 수가 변하거나 특정 개체의 수가 증가하거나 감소하는 지극히 자연적인 현상일 뿐이다. 아무리 반점 무늬의 크기나 수가 달라진다 해도 그것들은 변함없이 거피일 뿐이다.

진화론자들은 사냥꾼들에 의해서 엄니 무게가 감소하는 방향으로 진화된 것처럼 소개했지만, 코끼리가 작은 상아를 가지는 방향으로 진화된 것이 아니라 사냥꾼이 큰 상아를 가진 코끼리들을 잡아갔기 때문에 상아의 평균 무게가 줄어든 것뿐이다. 사냥꾼이 사라지면 상아의 평균 무게는 곧 회복될 것이다.

초식으로 말미암아 나타난 도마뱀의 맹판도 설정된 환경적응 시스템을 보여주고 있다. 뒤에 DNA 부분에서 자세히 이야기하겠지만, DNA 안에는 많은 정보가 들어있고, 각 세포는 모든 정보를 사용하는 것이 아니라 특정 부분의 정보만을 사용하여 특정 단백질을 생산하게 되어 있다.

후성유전학에 따르면 외부의 환경 신호는 유전자의 활성을 조절할 수 있고, 활성화된 유전자 정보만을 사용하여 세포는 특정 단백질을 생산할 수 있으며 생산된 단백질에 의해 새로운 기관은 생겨날 수 있다. 단, 그 형태나 기능에 대한 정보가 반드시 DNA 안에 기록되어 있어야만 사용할 수 있다.

만약 사람의 DNA에 날개를 만들 수 있는 정보가 기록되어 있고, 특수한 환경 신호가 이 정보를 활성 시켜 날개를 만드는 단백질을 생산해 낸다면, 사람도 날개를 가질 수 있다. 도킨스의 책에서처럼 맹판이 없던 도마뱀에 맹판이 나타난 것도 내재된 환경 적응 시스템이 작동하여 변화된 '도마뱀'일 뿐이다.

박테리아의 적응성은 박테리아가 가진 특성이다. 박테리아의 이런 적응성은 생태계 유지에 중요한 역할을 한다. 박테리아는 환경에 적응하여 변화된 것이지 박테리아가 아닌 다른 종류로 진화된 것은 아니다. 그것들은 여전히 박테리아일 뿐이다. 언론을 통해서 신종박테리아를 발견했다는 소식을 종종 듣는데, 그 것들도 다른 생물 종류가 아닌 그저 다른 박테리아일 뿐이다.

생물의 변이는 기존에 읽혔던 정보와는 다른 부분의 정보가 읽혀지거나, 유전자의 활성여부가 바뀌거나, 정보를 잃어버리거나, 정보가 섞이는 등의 방식으로 나타난다. 물론 DNA에 바이러스 등에 의해 다른 정보가 삽입되거나 돌연변이가 생기는 경우도 있다. 그러나 그런 변이들이 기존에는 없었던 새로운 정보를 만드는 것은 아니다.

드물게 발생하지만 정보의 삽입이나 변이도 기존의 정보에 의해서 이루어지는 것이고 새로운 DNA 정보가 생겨난 경우는 진화론자들에게도 전혀 관찰된 적이 없다.

▶ 시조새는 그냥 새

진화론의 아이콘이라 불리는 시조새 화석은 앞에서 소개했던 것처럼 파충류에서 조류로의 진화를 보여주는, 진화론자들이 아주 중요하게 생각하는 중간단계 화석이다. 시조새 화석이 중간단계 화석으로 해석된 이유는 시조새가 파충류의 특징과 조류의 특징을 함께 가지고 있기 때문이다.

그러나 진화론자들의 해석과는 달리 오랜 연대설적으로 시조새 화석이 발견된 퇴적층보다 6천만 년이나 오래되었다는 퇴적층에서 완전한 새의 화석이 발견되었다.[462] '시조'라는 이름을 가진 중간단계라는 새보다 더 오래된 완전한 새가 존재하는 것이다.

진화론자들은 시조새의 깃털이 파충류의 비늘에서 진화된 것이라고 했다. 그러나 시조새의 깃털은 다른 새들과 마찬가지로 완전히 발달된 형태이다.

덜 발달된 깃털을 가진 새가 있을까? 창조론자들은 없다고 하고 진화론자들은 발견되지 않았을 뿐이라고 한다.

파충류가 깃털을 가지기 위해서는 얼마나 많은 돌연변이가 필요할까? 깃털이 달린 날개를 가진 돌연변이가 갑자기 생겨난 것일까? 사실 진화론자들 중에는 이런 변화가 갑자기 생겨난다고 보는 저명한 진화론자도 있다. 그러나 이런 생각은 실험이나 관찰에 의한 결과가 아니라 점진적으로 진화될 수 없음을 알고 그저 책상에 앉아서 만든 대안에 불과하다.

진화론자들의 주장대로 점진적으로 깃털을 가지게 된 것이라면 완전한 깃털을 갖추기 위해서는 오랜 시간동안 미완의 날개를 대물림하며 살았어야 한다. 그렇다면 생물들이 어떻게 세대를 거듭하며 미완의 날개를 유지할 수 있었을까? '날개'를 후손들에게 장착해주기 위한 강력한 목적을 가지고 있었을까?

날개가 완성되기 전까지는 오히려 미완의 날개 때문에 활동하기에 불편했을 것이고, 당장에는 쓸모없는 기관 때문에 더 많은 에너지가 필요하여 생존에 그다지 유리하지 않았을 텐데 말이다.

시조새를 파충류와 조류사이의 중간형태로 채택한 것은 객관적인 증거에 의한 것이라고 볼 수 없다.[89] 북캐롤라이나 대학의 명예교수이며 조류화석 분야의 세계적인 권위자 '페두시아(Alan Feduccia)'는 『사이언스』에서 '고생물학자들이 시조새를 날개 가진 공룡으로 해석해 왔지만 시조새는 그냥 새'라고 말했다.

1982년에 있었던 시조새에 대한 국제회의에서도 시조새는 완전한 새로 결론이 났다.[90] 진화론자들도 이제는 시조새 화석을 진화의 증거에서 제외시키고 있다. 그런데 새에 대한 권위자도, 저명한 진화론자들도 인정하지 않는 자료가 아직도 우리나라의 교과서에는 진화의 증거로 등장하고 있다.

▶ 말, 고래, 오리너구리, 그리고 실러캔스의 비공개 자료

말의 진화 상상도도 시조새 화석과 함께 진화론자들이 즐겨 사용하는 진화론의 증거 중 하나이다. 진화론자들은 골격의 크기가 커지는 순으로 사냥개만 한 에오히푸스에서 메소히푸스, 메리키푸스, 플리오히푸스, 현대의 말처럼 안면이 긴 에쿠스로 진화된 것이라 했다.

그러나 형태가 커지는 것 자체가 진화의 증거가 될 수는 없다. 왜냐하면, 에오히푸스에서 에쿠스로의 배열은 말과 비슷한 생물 화석들을 크기순으로 나열한 것에 불과하기 때문이다. 이것들은 한 지역이 아닌 다양한 지역에서 발견되었고 화석이 발굴된 지층의 연대는 무시한 채, 그저 생김새의 유사성으로 화석을

나열한 것뿐이다.

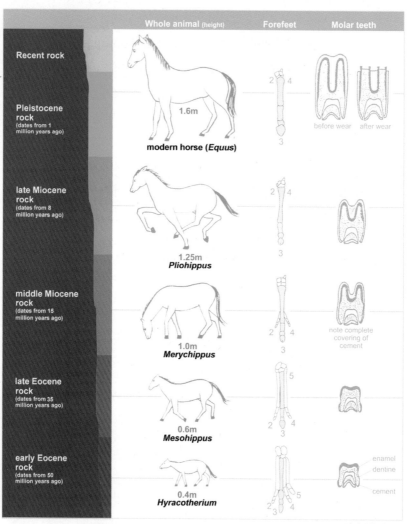

	Whole animal (height)	Forefeet	Molar teeth

Recent rock

Pleistocene rock
(dates from 1 million years ago)

modern horse (*Equus*)
1.6m
2 4
3
before wear   after wear

late Miocene rock
(dates from 8 million years ago)

Pliohippus
1.25m
2 4
3

middle Miocene rock
(dates from 15 million years ago)

Merychippus
1.0m
2   4
3
note complete covering of cement

late Eocene rock
(dates from 35 million years ago)

Mesohippus
0.6m
5
2   4
3

early Eocene rock
(dates from 50 million years ago)

Hyracotherium
0.4m
5
2   4
3
enamel
dentine
cement

▲ 말의 진화 상상도

재미있는 것은 팔라벨라(Falabella)라는 애완용 말은 다 자라도 어깨까지의 평균적인 높이가 약 70~90 cm 정도로 작다. 그렇다면 팔라벨라는 아직도 진화가 덜된 말인가?

진화론자들은 골격의 크기와 말굽의 숫자만을 소개하고 있다. 진화론자들이 배열한 순서로 보면 발굽의 수는 5개에서 4개, 3개, 2개, 1개로 감소하지만, 갈비뼈의 수와 허리뼈의 수는 전혀 경향성을 보여주지 않는다. 게다가 에오히푸스 화석과 에쿠스 화석은 같은 지층에서 발견되기도 했다.[92]

▲ 팔라벨라

말의 진화도 결국 진화되었다는 신념에 의한 조작일 뿐이다. 진화론자들이 이 사실을 모를 리 없다. 단지 말하지 않고 있을 뿐이다.

고래의 기원도 진화의 증거가 되지 못한다. 진화론자들은 지금까지 고래화석이 많이 발견되었고, 고래를 닮아 고래의 조상으로 해석되고 있는 육지 포유류 화석도 발견되었다고 하는데, 거기에 대한 아무런 과학적인 설명이 없다. 게다가 이것들을 연결해줄 만한 중간형태의 화석은 발견된 적이 없다.[93]

진화론자가 우제류(artiodactyla)에서 갈라진 고래의 조상이라고 주장하는 화석들은 그저, 진화론적 신념을 따라 순서를 정해

놓은 것뿐이고, 고래는 처음부터 고래 종류였다.

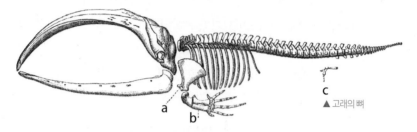

▲ 고래의 뼈

　실제로, 그들이 제시하는 앞발을 닮았다는 고래의 지느러미뼈 (그림의 b)는 고래 박물관에 가서 확인한 결과, 끝이 뾰족하고 관절이 굽혀지지 않는 앞발과 비슷하게 생긴 지느러미뼈에 불과했다. 이것이 앞발로 보인다면 당신의 진화론적 신념은 상당히 강한 것이다.

　진화론자들이 고래의 진화를 이야기할 때 가장 많이 언급하는 고래의 몸 안에 퇴화되어 있는 다리의 흔적기관(그림의 c)은 쓸모없는 기관이 아니라 새끼를 낳기 위한 아주 중요한 기관임이 밝혀졌다.[463] 진화론자들에게 이 사실을 알려주면 퇴화된 다리가 다른 기능으로 진화된 것이라고 말할 것이다.

　진화론자들이 고래의 조상으로 해석하는 화석들을 비교해 보면 해부학적으로 엄청나게 커다란 차이를 보일 뿐 아니라, 크기에서도 10배 이상이나 차이가 난다. 그러나 진화론자들이 그린 고래의 진화 계통도에는 이들이 모두 비슷한 크기로 그려져 있어 사람들을 교묘하게 속이고 있다. 이는 일종의 사기극이다.

　오리너구리는 파충류에서 포유류로의 중간단계 생물로 해석되어 있다. 왜냐하면 대부분의 포유동물은 새끼를 낳는데, 오리너구리는 알을 낳기 때문이다.

　오리너구리는 독특하게 알을 낳는 시스템과 새끼를 낳는 시스템을 모두 가지고 있다. 그러나 오리너구리의 알을 낳는 시스템과 새끼를 낳는 시스템은 두 시스템의 중간단계인 과도기적 구조가 아니라 둘 다 완전하게 발달해 있다.[94] 두 시스템을 가진 것은 오리너구리가 가진 생물학적 특성인 것이다.

　만약 오리너구리를 파충류에서 포유류로의 중간단계로 본다면, 오리너구리 화석이 포유류의 화석보다 아래 지층에서 발견되어야 하나 오히려 포유류의 화석보다 위 지층에서 발견되었으며, 발견된 화석도 오늘날의 오리너구리와 조금도 다르지 않았다. 오리너구리는 처음부터 오리너구리였다.[95]

▲ 오리너구리

　물의 바닥을 기어 다녔을 것이라고 해석했던 실러캔스는 또 어떤가! 도킨스는 『지상 최대의 쇼』에서 실러캔스의 발견을 기뻐하고 있지만,[96] 그렇게 기뻐할 일은 아니었다고 본다. 왜냐하면, 화석 실러캔스에 대한 진화론자들의 진화론적 추론이 사실과는 완전히 달랐기 때문이다.

진화론자들이 실러캔스의 화석을 바탕으로 그렸던 발을 닮았다던 지느러미는 엑스레이 촬영 결과 그들이 그렸던 그림과는 완전히 달랐고, 또 물 바닥을 지느러미로 기어 다녔을 것이라던 실러캔스는 수중촬영 결과 물 바닥을 기어 다니지 않는 것으로 확인되었다.[97]

왜 오랜 연대설적으로 7천만 년이라는 긴 시간동안 실러캔스는 조금도 진화되지 않았을까? 진화론자들은 진화가 필요한 환경이 아니었다고 쉽게 말하겠지만, 사실 그들의 입장에서 보자면 실러캔스는 발견되지 말았어야 했다.

진화론자들은 하늘을 나는 동물이 곤충, 새, 포유류, 파충류에서 각각 독립적으로 진화된 것이라 주장했다. 그러나 땅 위 동물이 나는 동물이 되기까지 오랜 연대설적으로 수백에서 수천만 년 이상의 세월이 흐른 것으로 주장되는 지층에서, 중간형태의 화석은 전혀 발견되지 않았다. 또 이야기하지만, 진화론자들은 단지 발견되지 않았을 뿐이라고 주장할 것이다.

진화론자인 '올손(E. C. Olson)'은 중간단계 생물의 흔적은 없다고 했고,[98] 옥스퍼드 대학의 동물학과 교수였던 '리들리(Mark Ridley)'는 화석이 진화를 지지하지 않는다고 말했다.[99] 다윈도 화석이 진화를 완벽하게 지지하지 않음을 고심했었다.

진화의 증거라던 화석은 진화되었음을 보여주지 못한다.

▶ 필트다운인 사기극

　화석의 구성에 관련된 희대의 사기극이 있다. 그것은 기원과학 분야에서 굉장히 유명한 사기극인 '필트다운인(Piltdown Man) 사기극'이다. 도킨스는 『지상 최대의 쇼』에서 이 사기극에 대해서 자세히 설명하면서, 이 사건을 명백한 사기극으로 인정했다.

　진화론자인 도킨스가 왜 자신들의 치부를 드러냈을까? 그 이유는 '필트다운인'만 조작된 것이고 다른 화석 자료들은 진짜라고 말하기 위해서였다.

　도킨스의 이야기로 사기극의 전말을 소개하면, 1912년 12월 18일, 변호사이자 아마추어 고생물학자인 '도슨(Charles Dawson)'과 대영박물관 고생물학자 '우드워드(Arthur Smith Woodward)'는 사람의 조상이라고 할 수 있는 뼈를 영국 런던 시내에서 남쪽으로 60 km 정도 떨어진 작은 마을 '필트다운(Piltdown)'에서 발견했다고 주장했다.

　50만 년 전의 것이라고 발표된 이 화석을 보고 전문가들은 초기에 사기극이라고 주장했다. 그러나 일부 학자는 이 뼈들의 두개골 윗부분이 사람에 가깝고 아래턱뼈는 원숭이에 가까운 것처럼 보인다는 이유로 필트다운인을 사람의 진화 과정을 보여 주는 중간단계라고 대대적으로 선전했다.[100]

▲ 필트다운인

　필트다운인은 1938년 12월, 『사이언스』의 표지 기사로까지 등장하였고, 권위 있는 『대영백과사전』에 인류 진화의 중간단계로 수록되었다.[101]

그런데 1953년, '오클리(Kenneth P. Oakley)', '위너(Joseph Weiner)', '클라크(Wilfred Le Gros Clark)' 등의 연구로 필트다운 인의 뼈가 조작된 것임이 밝혀졌다.[102]

그동안 공개하지 않던 뼈를 직접 연구한 결과, 이 뼈들은 1348년에서 1349년 사이에 일어난 이 지역의 전염병으로 인해 집단으로 매장되었던 뼈라는 것이 밝혀졌고, 오래된 것으로 보이게 하려고 암갈색으로 색을 칠한 것이라는 사실이 연이어 드러났으며, 턱뼈를 두개골과 맞추기 위해 일부를 부순 것과 아래턱뼈에는 위턱뼈의 치아와 맞추기 위해 줄로 간 자국이 선명하게 드러나 있었다.[103]

그들은 왜 이런 사기극을 만들었을까? 그것은 영국을 역사의 중심에 올려놓기 위한 국가적인 소망과 학자로서의 위상을 높이기 위한 인간적인 욕심에서 비롯되었다고 본다.

필트다운인 사기극과 관련하여 적어도 12명이 사기극 연출 혐의를 받았다.[104] 이 가짜 화석, 필트다운인에 관련된 박사학위 논문만도 500편에 달한다.[105]

도킨스는 이 사건만 가짜이고 나머지는 진짜라고 이야기하고 있지만, 유인원에서 사람으로의 진화를 보여준다는 중간단계 화석들은 진화론적 신념에 따른 해석에 불과하다.

▶ 유인원과 사람 사이,
  그 잃어버린 고리들에 대한 상반된 생각

지금부터, 진화된 것이라는 신념으로 보면 우리의 선조가 되고 창조된 것으로 보면 유인원의 한 종류이거나 사람의 유골이 되는, 진화론자들에 의해 유인원에서 사람으로의 진화를 이어주는 것으로 해석되고 있는 중간단계 화석들을 두고 벌어지는 생각의 차이를 두 생각 틀로 다루어 본다.

1960년대 이전까지 진화론자들이 인류와 비슷한 특징을 가졌다고 생각한 첫 유인원인 '라마피테쿠스(Ramapithecus)'는, 1934년 예일대학의 대학원생이었던 '루이스(Edward Lewis)'가 인도 서북부에 있는 시왈리크 언덕(Siwalik Hills)을 탐사하면서 발굴한 이빨 몇 개와 턱뼈 조각으로 구성한 것이다. 그리고 그 뼛조각들의 연대를 1천4백만 년 전에서 8백만 년 전 사이의 것으로 추정하였다.[106]

▲ 라마피테쿠스

'질만(Adrienne L. Zihlman)'과 '뢰벤스타인(Jerold M. Loewenstein)'은 라마피테쿠스를 오랜 연대설적으로 마이오세라는 지질시대에 살았던 턱뼈와 이빨이 발달된 원숭이의 한 종류로 해석했다.[107] 그냥 원숭이라는 이야기다.

프랑스 쁘와띠에 대학교의 고생물학자인 '브뤼네(Michel Brunet)'와 '비뇨(Patrick Vignaud)'가 이끄는 연구팀은 『네이처』에 기고한 논문에서 아프리카 중부 차드 공화국에서 가장 오래된 것으로 해석된 원인의 두개골과 아래턱뼈, 이빨을 발굴했다고 밝혔다. 다국적 연구팀은 이 뼈에 현지어로 '삶의 희망'이라는 뜻의 '투마이(Toumai)'라는 별명을 붙였다. 이 원인의 두개골 용적은 320 ㎤에서 380 ㎤ 정도로 현생 침팬지와 비슷하고, 직립보행을 한 것으로 해석하였다.[108]

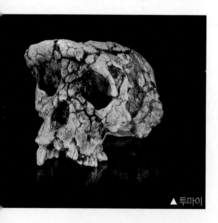
▲ 투마이

그러나 이 역시 여러 조각으로 발견된 것을 재구성한 것이다. 우리는 이것들이 살았던 당시의 사진이나 영상을 가지고 있지 않기 때문에 안면 경사나 직립 여부는 구성하는 사람이 어떻게 구성하느냐에 따라 달라질 수 있다.

대퇴골이나 골반, 척추 등과 같은 뼈도 없이 두개골과 아래턱의 일부, 이빨 몇 개로 어떻게 이 뼈들의 직립보행 여부를 알 수 있을까?

1924년 해부학자 '다트(Raymond A. Dart)'가 최초로 발견하였으며 '오스트랄로피테쿠스 아프리카누스'라고 이름이 붙여진 '오스트랄로피테쿠스(Australopithecus)'는 원숭이와 두개골의 크기가 비슷했지만, 모양이 같지는 않았고 일부 이빨이 원숭이보다는 사람에 가까운 것으로 해석되었다. 그리고 골반과 팔다리, 발의 뼛조각 일부로 직립한 것으로 해석되었다. 2백만 년 전에서 1백만 년 전 사이의 것으로 추정된 이 화석은 발견된 곳이 채석 작업으로 파괴되어서 더 구체적인 연구는 이루어질 수 없었다.[109]

15년 이상 사람, 꼬리 있는 원숭이, 꼬리 없는 원숭이 및 오스트랄로피테쿠스에 속하는 화석들의 해부학적 특징들을 연구한 '쥬커만'이 이끄는 연구팀은 오스트랄로피테쿠스는 원

숭이에 불과하다고 말했고, '옥스나드'는 사람이나 원숭이와는 아주 다른 종으로 결론지었다. 그리고 '기쉬'는 오스트랄로피테쿠스의 작은 앞니, 넓고 큰 어금니, 큰 턱뼈와 이빨의 수, 얼굴 모양 및 두개골의 용적으로 볼 때 현존하는 비비와 매우 유사하다고 했다.[110]

오늘날 오스트랄로피테쿠스는 최초의 사람으로 소개되지만, 앞에서 이야기했듯이 오스트랄로피테쿠스라는 이름도 '남쪽 원숭이'라는 뜻이다.

▲호모 하빌리스

1959년 탄자니아 올두바이 계곡에서 '리키 부부(Louis and Mary Leakey)'에 의해 발견된 '호모 하빌리스'는 석기가 함께 발견되었기 때문에 도구를 만들었을 것이라고 해석되었다.[111] 하지만 몇 년 후, 다트가 발견한 오스트랄로피테쿠스와 별다른 것이 없음이 밝혀졌고, 발견자인 리키 자신도 그렇게 시인했다.[112]

네덜란드의 해부학자이자 의사인 '듀보아(Eugene Dubois)'가 인도네시아의 자바 섬에서 발굴한 '자바 원인(Java man)'은 발굴 시작 1년 뒤인 1890년에 발견한 아래턱뼈와 그다음 해에 주변에서 어금니 하나, 다음 달에 1 m 떨어진 곳에서 발견한 두개골 윗부분, 1892년에 발견한 대퇴골, 두 달 후에 발견한 세 개의 어금니와 1898년에 발견한 앞어금니를 모아서 구성한 것이다. 진화론자들은 이 뼈들의 연대를 50만 년 정도로 추정했다.[113]

발견 위치가 다른 뼈가 어떻게 같은 개체에 속하는 것이라고 확신할 수 있을까? 이 화석은 발굴 과정에서 문제점이 상당히 많다.[114]

자바 원인과 더불어 직립 원인의 하나라고 하는 베이징 원인 (peking man)은 1920년대와 1930년대에 중국 베이징에서 서남쪽으로 약 50 ㎞ 가량 떨어진 주구점의 석회암 동굴에서 발견 되었다. 이때 발견된 것은 두개골 30개, 아래턱뼈 11개, 치아 147개였다. 이것들은 약 40만 년 전에서 20만 년 전의 것으로 추정되었다.[115]

그러나 이 자료를 평가하는데 있어 가장 치명적인 사실은 치아두 개를 제외한 모든 자료가 분실되었다는 점이다. 그래서 베이징 원인에 대한 연구는 전적으로 그 당시에 연구한 사람들이 남겨 둔 기록과 모형 등에 의존하고 있다. 당시 연구에 참여했던 학자들은 모두 진화론자들이었기 때문에, 창조론자들은 베이징 원인에 대해서는 대응할 가치를 느끼지 못한다.[116]

1907년 독일 하이델베르크 근교에 있는 마우어 지방의 라인강 언저리 모래 구덩이에서 발견된 턱뼈 하나로 재구성한 하이델베르크 원인은 50-60만 년 전의 화석으로 해석되었고, 유사한 화석이 발견된 분포로 보아 아프리카와 아시아에 퍼져 살았던 직립 원인으로 해석하였다.[117]

그러나 하이델베르크 원인의 턱뼈와 비슷한 구조의 턱을 가진 종족이 오늘날에도 남태평양 뉴칼레도니아 근동에 살고 있으며, 턱뼈에 대응하는 두개골 형태는 오늘날 흑인이나 에스키모 중에서도 발견된다.[118] 즉, 하이델베르크 원인은 현생인류와 다를 것이 없다.

1856년 석회암이 많은 네안데르 계곡(Neander Valley)에서 석회암을 캐내던 인부가 두개골의 윗부분과 두 개의 대퇴골, 세 개의 오른팔 뼈들, 두 개의 왼팔 뼈들, 왼쪽 장골의 일부, 어깨뼈와 갈비뼈조각들을 모아 최초의 '네안데르탈인(Neanderthal man)'을 구성했다.[119] 오랜 연대설적으로 35만 년 전에 유럽에서 나타나 2만 4천 년 전까지 살았다는 네안데르탈인은 현대인보다 두 개골이 더 컸던 것으로 알려졌다.

그러나 네안데르탈인에 대해서는 진화론자들 사이에서도 많은 논란이 있다. 1872년 병리학의 아버지라고 불린 '피르호(Rudolf C. Virchow)'는 네안데르탈인은 곱추병이나 구루병 환자의 뼈라는 진단을 내렸다.[120]

1868년 프랑스의 도르도뉴에 있는 크로마뇽이란 저수지에서 다섯 개체의 골격이 발굴되었다. 그 후 스페인 등지에서도 크로

마뇽인(Cro-magnon man)의 화석이 발견되었다. 이 화석들은 오랜 연대설적으로 2만 7천 년 전 유럽의 홍적세 빙하기 후기의 것으로 추정되었으나,[121] 2011년 탄소 연대측정법을 사용하여 4만 3천 년 전의 것으로 주장되었다.

'오즈번(Henry F. Osborn)'은 진화론적 관점에서 볼 때, 크로마뇽인은 현생인류와 전혀 다를 바가 없다고 말했다.[122] 그냥 좀 다르게 생긴 사람의 뼈다.

『창조와 격변』 247쪽에서 300쪽까지, 50여 쪽에 달하는 분량의 내용을 몇 장의 내용으로 간추렸다. 간추리는 과정에서 각 뼈가 언제 어디에서 무엇이 얼마나 발견 되었는지와 그 특징을 기록하였고, 반론은 많이 기록하지 않았다. 반론을 많이 기록하지 않은 이유는 모든 것이 생각의 차이에서 발생하는 논쟁이기 때문이다. 그저 지루한 평행선이 이어질 뿐이다.

그런데 이 부분을 정리하면서 궁금한 점이 한 가지 생겼다. 과연 뼈의 연대는 어떻게 측정된 것일까?

뼈의 연대는 방사성 연대측정법을 이용하여 직접 측정하기도 하지만, 주로 DNA의 변이를 시간으로 환산하는 '분자시계(molecular)'를 이용하여 '추론'한 것이다.

과학자들은 DNA나 단백질 등의 분자가 일정한 속도로 변이를 일으키는 것으로 가정하고 변이의 정도를 측정하여 생물이 공통의 조상에서 갈라져 나온 '분기 연대'를 추정한다.

분자시계의 사용 초기에는 DNA 변이가 300세대에서 600세대마다 한 개씩 발생하는 것으로 알려져 있었고,[123] 이에 한 세대를 20년으로 계산하면 – 이 한 세대를 어떻게 계산하느냐에 따라 결과는 엄청나게 달라진다. – 한 개의 변이는 6천 년에서 1만 2천 년마다 발생한다. 이 데이터를 따라 변이가 평균 9천 년에 한 번 발생한다고 치면 10개의 변이는 9만 년, 100개의 변이는 9십만 년, 1,000개의 변이는 9백만 년을 나타내는 것이다.

이런 식의 계산으로 뼈는 연대를 부여받게 되는데, 헤모글로빈 알파 사슬의 아미노산 배열 변이로 사람과 침팬지가 공통조상에서 분기된 연대가 약 5백만 년 전으로 추정되었고,[124] 이 연대가 사람이라는 종의 기원 연대로 사용되고 있는 것이다.

학자들은 몇 개의 뼈로 하나의 연대표를 작성해 두었고, 연대를 측정하고자 하는 뼈의 형태를 그 연대표와 비교하는 방식으로 연대는 추정된다. 만약 당신이 어떤 두개골의 연대를 알고 싶어 이들에게 의뢰를 하면, 이들은 의뢰받은 두개골이 연대표의 샘플들과 얼마만큼 닮았는지를 살필 뿐이다.

당신이 의뢰한 두개골이 4백만 년 전의 샘플과 3백만 년 전의 샘플의 중간 정도에 해당하는 특징을 가지고 있다면 그 두개골은 3백 5십만 년 전의 것으로 추정된다. 이것이 과연 과학적인 방법인가? 이것은 과학적 방법이 아니라 진화론적 신념에 따른 순환논리일 뿐이다.

1997년 357명의 미토콘드리아(mitochondria)에 있는 DNA를 조사한 결과 300세대마다 발생하는 것으로 알려졌었던 돌연변이가 40세대마다 한 개씩 발생하는 것으로 확인되었다.[464] 그렇다면 분자유전학 초기에 계산한 연대들은 모두 엉터리가 된다.

버클리 대학의 생화학과 교수인 '윌슨(Allan C. Wilson)'은 세계 곳곳에 살고 있는 여성 147명의 미토콘드리아 DNA 변이를 분석하여 현생인류의 공통조상이 지금으로부터 20만 년 전 아프리카의 에티오피아에 살았던 한 여성이라고 주장했다. 미토콘드리아 이브설에 따르면 인류의 기원 연대가 500만 년에서 20만 년으로 엄청나게 줄어든다.

반갑게도 윌슨 박사의 연구 이후 사람의 기원 연대가 10만 년보다 훨씬 짧아 질 수 있다는 연구 결과들이 연이어 발표되었다.[125]

Y염색체로 추정한 인류의 기원 연대는 이전의 연구에 비해 더

욱 줄어든 5만 년 전이다. 2008년 창조론자 '카터' 등은 이전의 연구보다 훨씬 많은 800개 이상의 샘플들을 조사하여 현재 지구상 모든 여성들과 최초의 여성간의 미토콘드리아 DNA 정보 차이는 진화론자들의 생각보다 훨씬 적은 평균 21.6개에 불과하다고 발표했다.[126] 미토콘드리아 DNA의 정보 수는 16,569개로 알려져 있는데, 21.6개의 차이는 아주 미미한 수치로 볼 수 있다.[127] 이 데이터로 계산해보면 인류의 연대는 수천 년으로 줄어들고 만다. 이 결과는 성경의 기록과 일치한다.

오늘날 분자시계가 마치 첨단과학인 양 사용되지만, 살펴본 것처럼 그다지 합리적인 방법은 아니다. 먼저 분자시계라는 이름부터가 잘못된 것이다. 과연 DNA의 변이가 시계바늘이 움직이는 것처럼 일정하게 발생할까?

분자시계를 사용하기 위해서는 변이가 일정하게 일어난다는 '가정'이 반드시 필요하다. 변이가 일정하게 일어난다는 신념은 진화론자들이 가진 '동일과정설'이라는 철학에서 나온 것이다. 그러나 변이가 일정하게 일어난다는 근거는 없다.

분자의 변이 속도가 일정하다는 생각은 진화론과도 어울리지 않는다. 진화는 돌연변이에 의해서 시작되는데, 돌연변이는 그 이름처럼 '갑자기' 나타나는 것이기 때문에 빈도를 계산할 수 있는 것이 아니다.

진화론자들은 변이가 나타나는 평균을 구한 것이라고 이야기하지만, 우연적인 사건에 평균을 적용하는 것은 과학적이지 않다. 『뉴턴하일라이트시리즈: 생명과학의 기초 DNA』에서도 '분자의 진화 속도는 완전하게 일정한 것은 아니며, 다소의 오차가 있고, 단백질이나 유전자의 종류에 따라 속도는 달라진다[128]'고 솔직하게 이야기하고 있다.

뭐 눈에는 뭐만 보인다고, 진화론에 관심을 두게 된 이후로 언론을 통해서 '잃어버린 고리'를 발견했다는 기사를 자주 접하게 된다. 진화론자들은 35억 년 전 작고 따스한 연못에서 우연히 발생했다는 단세포 생물과 사람 사이를 연결하는 고리들을 채워가며 진화론을 사실인 것처럼 보이게 하려고 노력하고 있다. 그러나 글 서두에서 이야기했었던 것처럼 화석은 아무 말이 없다. 말없이 굳어 있는 화석을 진화의 증거가 되게 하는 것은 화석 자체가 가지고 있는 데이터가 아니라 그 화석을 바라보는 관찰자가 가진 진화된 것이라는 '신념'이다.

▶ 돌연변이, 진화론자들의 보루

돌연변이설도 진화론자들의 희망에 지나지 않는다. 수많은 돌연변이가 인위적으로 만들어졌지만, 지금까지 아무도 생존에 유리한 변화를 가져오는 자연 발생적이며 유전될 수 있는 돌연변이는 목격하지 못했다.[129]

> 돌연변이를 시도하여 크기, 모양, 색깔 등의 변화를 일으킬 수 있었지만, 초파리가 아닌 다른 무엇을 만들지는 못하였다.[130]

진화론자들은 돌연변이가 발생하다 보면 생존에 유익한 돌연변이도 발생한다고 말하지만, 단 한 번도 어떤 종류에서 다른 종류로 진화된 것이 관찰된 적은 없다.

진화론자인 프랑스의 생물학자 '자크 모노(Jacques L. Monod)'는 유전될 수 있는 돌연변이 비율이 1만 분의 1이라고 했고, 역시 진화론자인 '줄리언 헉슬리(Julian S. Huxley)'는 100만 분의 1이라고 했다. 진화론자들의 계산으로도 유전될 수 있는 돌연변이가 발생할 확률은 극히 낮다는 것을 알 수 있다. 이런 낮은 확률에도 불구하고 우리는 진보적인 돌연변이가 쉽게 발생할 수 있는 것인 양 학습되어 있다.

확인할 수 있었던 돌연변이는 치명적인 유전적 결함들뿐이었다.[131] '모건'파가 초파리들에게 X선을 쏟아 부었지만, 실험 결과로 탄생한 변종들은 대부분 생존력이 취약한 기형들뿐이었다.[132]

진화론자인 '뮐러(Hernann J. Muller)'는 대개의 돌연변이가 해롭다고 했고,[134] 역시 진화론자인 '도브잔스키(Theodosius Dobzansky)'도 돌연변이는 생존능력의 약화, 유전적 질병, 기형을 만들므로 그런 변화는 진화를 일으키는 요인이 될 수 없다고 말했다.[135]

지금까지 '생물의 변화'라는 현상을 보는 두 생각을 살펴보았다. 19세기 진화론자들은 생물의 변화 자체를 창조를 공격하는 무기로 삼으면서 진화의 시스템으로 보았고, 오늘날 창조론자들은 피조물들의 환경적응 시스템으로 본다. 단 하나의 현상을 두고, 양 진영은 전혀 다른 해석을 내린 것이다. 다음 장에서는 DNA를 두고 벌이는 두 생각에 대해 살펴보고자 한다.

❷ DNA

하나의 DNA를 두고 벌이는 창조와 진화론간의 논쟁은 귀에 걸면 귀걸이요 코에 걸면 코걸이 식의 논쟁이다. 지금부터 놀라운 DNA의 세계와 DNA를 두고 벌이는 생각의 차이에 대해서 살펴보고자 한다.

앞으로 소개하는 대부분의 내용은 창조론자가 쓴 책을 인용한 것이 아니다. 모두 진화론을 사실로 받아들이는 저자들이 쓴 책들을 인용한 것이다.

생물은 '세포'라는 단위로 이루어져 있다는 공통점이 있다. 비교적 구조가 간단한 생물인 박테리아를 비롯하여 파, 장미꽃 등과 같은 식물 및 개, 호랑이 등과 같은 동물도 모두 세포라는 단위로 이루어져 있다. 사람도 크기나 모양, 기능이 다양한 약 250종의 60조 개에서 100조 개의 세포로 이루어져 있다.

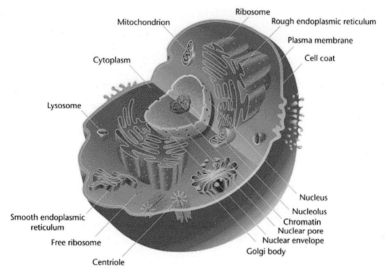

▲동물세포

    크기나 모양, 기능은 다양하지만, 세포는 막으로 덮여 있다는 공통점이 있고, 다음 세대로 형질을 대물림할 수 있는 유전정보를 가지고 있다는 공통점이 있다. 이 유전정보에 의해 부모세대의 특징이 자식세대로 전해져서 자식세대가 부모세대를 닮게 되는 것이다.

    하나의 개체를 이루는 모든 세포는 동일한 유전정보를 가지고 있다. 약 100조 개의 세포를 가지고 있는 사람은 100조 개의 동일한 유전정보를 가지고 있다고 해도 틀린 말은 아니다. 이 유전정보를 어떤 책에서는 '청사진'이라고도 하고 '설계도'라고도 한다.

    동일한 유전정보를 가지고 있지만 각 세포는 유전정보 중에서 특정 부분만을 이용하여 특정한 역할만을 수행한다. 한 조직의 모든 조직원에게 업무 분장표를 나누어 주고, 그 업무 분장표를 보고 자신이 해야 할 일만을 하는 것처럼 말이다.

지금까지 한 이야기는 진화론자나 창조론자도 모두 인정하고 있는 이야기이며 이어질 이야기도 그러하다.

세포의 크기는 종류에 따라 다르지만 대개 0.01 ㎜ 정도의 작은 크기이다. 이 작은 세포 안에 어떻게 정보가 들어가 있는 것일까?

각각의 세포는 두께가 1 ㎜ 의 10만 분의 1이 채 되지 않을 정도로 얇은 '세포막'이라 불리는 인지질의 기름막으로 싸여 있으며, 막 안에는 단백질과 핵산 분자를 녹인 수용액이 들어 있다. 이 세포막을 중심으로 세포 안과 세포 밖으로 구분된다.

세포 안에는 '세포소기관'이라고 부르는 작은 기관들이 있고, 그 기관들의 작용으로 작은 박테리아부터 길이가 30 m에 이르는 커다란 고래까지 모든 생명체가 생명을 유지하게 된다.

세포의 핵도 세포소기관들과 마찬가지로 세포 안에 있다. 핵이 없는 세포도 있는데, 핵의 유무에 따라 핵을 가지고 있는 '진핵세포'와 핵이 없는 '원핵세포'로 나뉜다.

핵을 가지고 있는 진핵세포의 핵 안에는 유전정보가 들어있다. 반면 핵을 가지고 있지 않은 원핵세포의 유전정보는 세포질 내에 존재한다.

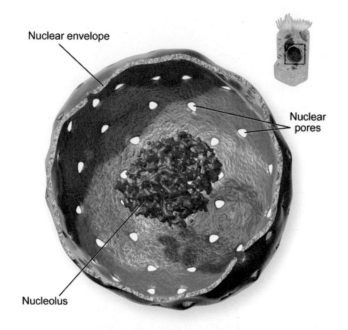

Nuclear envelope

Nuclear pores

Nucleolus

Nucleus ▲세포핵

핵 안에는 염기성 색소에 쉽게 염색이 되는 '염색체'가 있다. 염색체는 알파벳 X자를 털실로 감아놓은 것 같은 모양이다. 염색체의 수는 다양한 데, 푸른곰팡이는 2개의 염색체를 가지고 있고, 아메리카가재는 200개의 염색체를 가지고 있다.

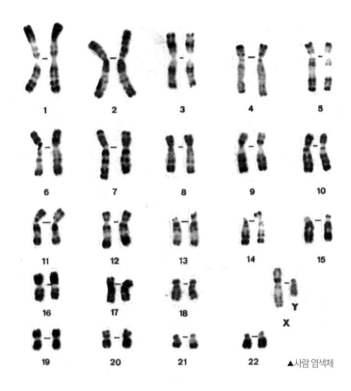

▲사람 염색체

　사람은 23쌍, 46개의 염색체를 가지고 있다. 염색체를 풀어 확대해 보면, 히스톤이라는 둥근 빵처럼 생긴 단백질에 감겨 있는 나선형으로 구불구불 꼬여있는 두 가닥의 실 같은 것이 보이는데, 이 가닥이 바로 DNA다.

　단 하나의 핵 안에 46개의 염색체 형태로 감겨있는 두 가닥의 DNA를 펴서 연결해 보면 약 30억 개의 뉴클레오타이드 분자가 연결된 두 가닥의 선이 되고, 그 길이는 무려 3 m 나 된다.[136]

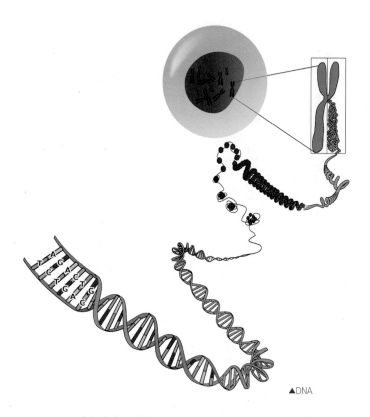

▲DNA

　DNA는 디옥시리보핵산(deoxyribonucleic acid)을 줄인 말이
다. DNA 사슬의 기본 구성단위는 염기, 당, 인산의 세 가지 요소
로 구성된 뉴클레오타이드(nucleotide)라는 이름의 분자이다.

> 아데닌을 염기로 가지고 있는 뉴클레오타이드를 아데닐산, 구아닌
> 을 가지고 있는 뉴클레오타이드를 구아닐산, 시토신을 가지고 있는
> 뉴클레오타이드를 시티딜산, 티민을 가지고 있는 뉴클레오타이드
> 를 티미딜산이라고 하는데, 이것들을 간단하게 줄여서 A, G, C, T
> 라고 한다.[137]

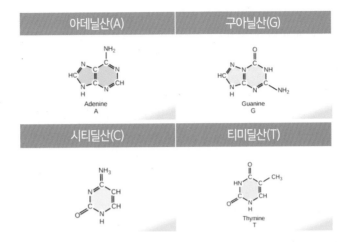

아데닐산(A)	구아닐산(G)
Adenine A	Guanine G
시티딜산(C)	티미딜산(T)
	Thymine T

　우리는 쉽게 A 또는 G, C, T로 뉴클레오타이드 정보를 지칭하지만, 우리가 지칭하는 각 정보는 하나의 분자로 이루어져 있는 것이 아니라 분자 구조의 얼굴, 대표를 부르고 있는 것이다.

　DNA는 아데닌(A), 구아닌(G), 시토신(C), 티민(T)이라는 염기를 얼굴로 가진 4종의 화학 물질이 이어진 분자이다. 그렇기 때문에 DNA 이미지에 보이는 뉴클레오타이드 정보는 이미지처럼 단순히 하나의 분자가 목걸이처럼 연결된 것이 아니라 분자 구조들이 순서대로 연결된 복잡한 분자 다발이다. 이 다발은 지름이 불과 2 nm(나노미터) 밖에 되지 않는다.[138]

　사람의 DNA에는 아데닌(A), 구아닌(G), 시토신(C), 티민(T)이라는 단 4종의 화학 물질 약 30억 개가 정보화되어 우리가 살아가는 데 필요한 온갖 단백질을 만드는 법, 그리고 그것이 만들어지는 시간 등이 결정된다.[139]

　그런데 DNA를 구성하고 있는 모든 뉴클레오타이드 정보가 단백질을 만드는데 사용되는 것은 아니다. 뉴클레오타이드 가운데서 단백질을 만드는 방법이나 시간을 지정하는 역할을 하는 뉴클레오타이드를 '유전자(gene)'라고 하는데, 유전자는 DNA 정보들 가운데 띄엄띄엄 흩어져 있다.

오늘날 사람은 약 25,000개의 유전자를 가지고 있는 것으로 알려져 있다. 약 30억 개의 뉴클레오타이드 정보 가운데 단백질을 만들기 위해서는 25,000개의 뉴클레오타이드 정보만이 사용되는 것이다.

_ DNA는 진화의 증거?

진화론자들은 모든 생물이 DNA라는 공통의 정보시스템을 가지고 있다는 것 자체가 생물이 진화된 증거라고 주장한다. 진화론자들은 최초의 DNA가 돌연변이와 자연선택의 과정을 겪으면서 오늘날과 같이 다양하게 진화되었다고 보는 것이다.

바이러스와 박테리아, 사람만을 놓고 보았을 때, 바이러스의 뉴클레오타이드 분자는 박테리아의 뉴클레오타이드 분자보다 적고, 박테리아의 뉴클레오타이드 분자는 사람의 분자보다는 적어서 마치 진화된 것처럼 보이기도 한다.

진화론자들은 최초의 단세포 생물에서 진화가 이루어졌다는 신념에 따라 하등생물에서 고등생물로 뉴클레오타이드의 개수가 늘어나고 변형되었을 것으로 본다. 이런 진화론적인 추론으로 '데이비드 페니(David Penny)'교수가 이끈 뉴질랜드 유전학팀은 열한 종의 포유류와 사람의 DNA를 서로 비교하여 다음과 같은 결과를 얻었다.[14]

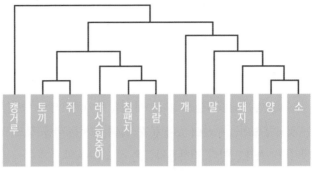

▲ 페니가 비교한 열한 종의 포유류와 사람의 계통수 [142]

페니 팀의 연구에 의하면 유전자를 비교한 열한 종의 포유류
와 사람 중에서 사람은 침팬지와 가장 가까운 것으로 나타났고
사람과 침팬지의 공통조상은 레서스원숭이와 가까운 것으로 나
타났다.

'데이비드 힐리스(David Hillis)'의 연구진들은 페니 팀이 연구
한 것보다 많은 3천 종의 유전자를 비교하여 분자생물학적 관계
를 원형으로 그렸
다.[143] 3천 종이나
되는 생물의 이름
을 자세히 들여다
보면, '당신의 위치'
라고 쓰인 곳을 찾
을 수 있는데, 거기
가 '사람'이라는 종
의 분자생물학적
위치라고 한다.

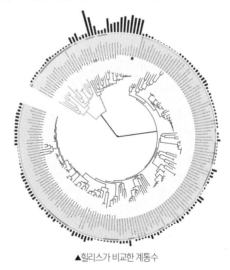

▲힐리스가 비교한 계통수

이런 결과들만을 보면 마치 하등생물에서 고등생물로 뉴클레오타이드 정보가 늘어나고 변형되는 방향으로 진행되어 현대 분자생물학이 생물진화를 증거하고 있는 것처럼 보이기도 한다.

DNA 안에는 단백질을 합성하는데 직접 관여하지 않아 쓸모없는 것처럼 보이는 부분이 있다. 분자생물학에서는 이를 '정크(쓰레기) DNA'라고 한다. 진화론자들은 정크 DNA의 존재 자체를 진화된 증거로 본다. 그들의 생각에 따르면 이것들은 진화의 과정에서 과거에는 사용했으나 현재에는 사용하지 않고 DNA 안에 남겨진 정보인데, 생물이 설계자에 의해서 설계된 것이라면 쓸모없는 정보가 존재할 아무런 이유가 없다고 했다.

유전자와 유사한 정보를 가지고 있는 DNA를 '유사유전자'라고 한다. 진화론자들은 DNA 안에 존재하는 '유사유전자'도 진화의 증거로 본다.

'제리 코인'은 『지울 수 없는 흔적』에서 비타민C를 합성하는 효소인 GLO를 소개하는데, 거의 모든 포유류가 비타민C를 스스로 합성할 수 있지만, 영장류와 사람은 비타민C를 스스로 합성할 수 없어서 음식으로 섭취해야만 한다.

그런데 영장류와 사람의 DNA를 분석해 보면 DNA 안에 비타민C를 합성할 수 있는 시스템을 구축할 수 있는 뉴클레오타이드 정보가 들어 있다고 한다.[144] DNA 안에 이 시스템을 만들 수 있는 정보가 들어있는데도 영장류와 사람이 이 시스템을 가질 수 없는 이유는, 비타민C를 합성하는 시스템을 만들 수 있는 뉴클레오타이드 정보 중에서 하나의 정보가 사라져 사용할 수 없는 유사유전자의 상태로 되어 있기 때문인데,[145] 유전학에서는 이런 상태를 '비활성화'되었다고 한다.

진화론자들은 이런 현상은 오직 진화로만 설명할 수 있다고 했다. 제리 코인은 이렇게 묻는다. 왜 창조주가 이들에게 비타민C 합성 경로를 부여한 뒤에 도로 비활성화 했단 말인가? 애초에 그 경로를 빼고 창조하는 것이 더 쉽지 않은가?[146]

DNA의 구조와 특성을 바탕으로 생명현상을 설명하려는 '분자생물학(molecular biology)'이 발달하면서 진화론자들의 관심은 생물학에서 분자생물학으로 옮겨갔다. 생물의 겉보기 특징인 표현형이 유전자형이라고 불리는 DNA와 밀접한 관련이 있음을 분자생물학을 통해서 알게 되었고, DNA의 돌연변이가 생물의 표현형을 변화시키는 방식으로 진화가 이루어질 수 있어 보였기 때문이다.

화석학에서 창조가 우세하였다면 분자생물학에서는 진화론의 공격이 매섭다. 다윈 시대의 진화론자들이 진화의 증거로 내세웠던 화석이 진화를 제대로 설명할 수 없음이 밝혀지면서 오늘날 진화론자들은 진화를 증거 하기 위해 화석학보다는 분자생물학에 매달리고 있다. 진화론자들은 DNA를 '분자화석'이라고 한다.

분자생물학이 마치 진화론을 뒷받침하는 것처럼 보이는 이유는 무엇일까? 그것은 이 분야의 연구가 아직 부족하므로 분자생물학에 대한 일반인들의 지식도 미미한 상황이어서 진화론자들이 부리는 마술 같은 진화론적 해석들에 현혹되기 쉽기 때문이다. 그러나 DNA의 실체를 알게 되면 진화론자들의 해석이 속임수라는 것을 쉽게 알 수 있을 것이다.

이제 창조론자들은 DNA를 어떻게 해석하는지 알아보자.

_ DNA는 창조의 증거

DNA가 진화의 증거라는 주장에 대한 창조론자들의 반론은 간단하다. 진화론자들이 DNA라는 생물 공통의 구조를 진화된 증거로 해석하지만 이는 한 창조주에 의해 설계되었음을 보여주는 것으로 해석한다.

진화론자들은 생물이 진화되면서 DNA라는 공통의 구조를 진화시켜 온 것으로 보기 때문에 DNA 정보는 하등생물에서 고등생물의 방향으로 증가한다고 했다. 그래서 유전정보의 증가를 진화의 증거로 소개했다. 그리고 '정크 DNA'와 '유사유전자'가 DNA 안에 있는 것도 생물이 진화되었음을 보여주는 증거라고 했다.

그러나 그들의 주장과는 달리 DNA 정보는 하등생물에서 고등생물의 방향으로 증가하는 경향성을 보여주지 않으며 쓸모없다고 해석되었던 정크 DNA와 유사유전자의 역할이 속속 밝혀지고 있다.

> 정크 DNA는 전혀 쓸모없는 부분이 아니며, 전문적이고 의미 있는 일을 수행한다. 그리고 많은 부분이, 암호화한 부분에 언제 어떻게 일하고 언제 침묵할 것인가를 가르쳐 주는 메시지를 생성해서 유전자의 활성을 조절하는 것으로 생각된다.[148]

또 이야기하지만, 이것은 창조론자가 한 이야기가 아니다. 유전자 부분에서 인용하는 『완전한 진리』를 제외한 대부분의 책은 진화론을 사실로 받아들이는 저자들의 책이다.

쓸모없다던 수천 개의 유사유전자도 RNA로 활발하게 전사되며 구체적으로 유전자의 활성을 조절하는 중요한 기능을 수행한다는 보고가 나오고 있다. 유사유전자가 쓸모없다며 유사유전자에게 '비기능성유전정보'라는 이름을 붙인 과학자들은 지금 어디서 무엇을 하고 있을까?

DNA에서 일어나는 돌연변이는 대부분 생존에 유리하지 않았다. 뮐러의 돌연변이 초파리 가운데 많은 수가 죽었고, 불임이 되었다. 사람을 비롯한 초파리보다 오래 사는 생물들이 라듐과 엑스선에 노출되면 유전자 손상으로 암에 걸리기 쉽다.[149]

진화론자들은 돌연변이가 발생하다보면 가끔 유리한 돌연변이도 발생한다고 했다. 진화론자들의 바람대로 유리한 돌연변이가 나온다 해도 결국은 초파리가 아닌 다른 생물이 되지 않았다. 눈의 색이 달라지고 날개의 수가 늘어나고 배가 뒤틀렸다 할지라도 그것들은 여전히 초파리일 뿐이다.

진화론자들은 이런 작은 변이들이 쌓이다보면 다른 종류로의 진화가 일어날 것이라 주장하지만, 이 주장은 관찰된 것이 아닌, 초파리의 변이 현상을 확대한, 진화된다는 신념에서 나온 상상일 뿐이다. 초파리가 다른 생물이 되는 것을 관찰한 사례는 없다.

창조론자들은 경이로운 DNA는 창조될 수밖에 없음을 이야기하고 있다. '낸시 피어시'는『완전한 진리』에서 DNA는 생물이 자연 진화된 것이 아니라 지적인 존재의 설계에 의해서만 이루어질 수 있다는 가장 강력한 증거라고 말했다.[150](앞에서 진화론자들이 DNA 자체가 진화의 증거라고 한 것을 떠올리기 바란다.)

창조론자들은 정보와 물질의 관계를 통해서 진화의 가능성을 부정한다. DNA라는 정보와 이 정보에 따라 만들어진 생물체, 그리고 정보에 따른 수많은 작용은 서로 연결되어 있다. 마치 버튼으로 조작하는 자동화 시스템들처럼 생물체는 DNA와 상호작용한다.

이런 정보를 생물체 스스로 만들어 낼 수 있을까? 생물체가 팔로 날개를 만들어 내는 일과 생물체가 날개를 만들어야 할 필요 때문에 DNA 정보를 변형하는 일 중 어느 것이 쉬워 보이는가?

진화를 일으키기 위해 DNA를 변형하는 방법이 더 쉬워 보일 수도 있지만, 우리는 스스로 자신의 DNA를 조작할 수 없다. 정보는 만들어지는 것이 아니라 주어진 것이라고 보는 것이 훨씬 더 합리적인 생각이다.

진화론자들이 소개하는 사람의 유전자와 침팬지의 유전자를 비교하여 얻은 98%의 유사성 - 어떤 책에서는 99% - 도 수치상으로는 사람이 침팬지에서 진화된 것처럼 보이지만, 유전자를 비교하는 방식 자체에 문제가 많다. 왜냐하면 침팬지의 DNA 길이가 사람의 DNA보다 15% 정도 더 길고,[151] 염색체의 개수나 유전자의 개수도 다르기 때문이다.

길이가 다른 두 정보를 비교하여 어떻게 98%라는 유사성을 얻은 것일까? 그것은 두 유전자에서 비슷한 부분의 뉴클레오타이드 정보만을 비교한 결과였다. 알고 보면, DNA 비교는 늘 이런 식의 비합리적인 방식으로 진행되므로 DNA를 비교하는 방식에 따라 결과는 상당히 달라지고 데이터를 어떻게 해석하느냐에 따라서도 결과는 엄청나게 달라진다.

사람과 침팬지의 유전자는 진화론자들이 주장하는 것처럼 그리 유사한 것이 아니다. 중요한 것은 이 내용도 철저한 진화론자인 '제리 코인(Jerry A. Coyne)'이 쓴 『지울 수 없는 흔적』에서 발췌한 내용이다.

『지울 수 없는 흔적』에 의하면, 사람과 침팬지의 유전적 차이가 1.5%(제리 코인은 차이를 1.5%로 봄)라는 말은 겉보기보다 실제 차이가 더 크다고 했다.

하나의 단백질은 보통 수백 개의 아미노산으로 구성되기 때문에 사람의 단백질 중 침팬지의 단백질과 아미노산이 적어도 하나 이상 다른 것의 개수는 1.5%가 훨씬 넘을 테니까 말이다. 아미노산이 하나만 달라져도 다른 단백질이 될 수 있는데, 그렇다면 두 종이 공유하는 단백질 중 80% 이상의 아미노산이 적어도 하나 이상은 달라진다. 이는 사소한 차이가 아니다.

분자 생물학자들은 사람과 침팬지가 유전자서열만이 아니라 유전자의 형태와 발현 여부도 다르다는 것을 밝혀냈다.[152] 제리 코인도 사람 유전자 중 6% 이상은 다른 어떤 형태로도 침팬지에게서 발견되지 않고, 또 사람의 유전자 약 25,000개 중에서 사람에게서는 발현되지만 침팬지에서는 발현되지 않는 유전자가 1,400개가 넘는다고 했으며, 사람과 침팬지가 공유하는 유전자

라도 사본의 개수가 다른 것이 많다고 했다.[153]

최근의 침팬지와 사람의 유전자 비교에서는 침팬지의 유전정보가 사람의 유전정보와 단지 70%만 유사한 것으로 밝혀졌다.[154]

침팬지와 사람의 유전적 유사성이라는 주장은 잘못된 데이터에 근거한 것이며, 그리 놀랄만한 것도 아니다. 최근에 발표된 인간 지놈 프로젝트(Human Genome Project) 결과에 의하면 인간 지놈(세포 내에 존재하는 모든 DNA)에는 3만 5천 개 내외의 유전자가 있는데, 이것은 과일파리보다는 2배, 원형질 벌레보다는 겨우 1만 개가 많을 뿐이다.

사람은 113개의 유전자를 박테리아와 공유하고 있으며 다른 생물에는 없는 300개의 고유한 유전자를 가지고 있다고 한다. 인종에 따른 유전자의 차이는 없으며, 사람끼리는 99.9%의 유전자를 공유한다고 한다. 거꾸로 보면 사람 간의 차이는 0.1%의 유전자 차이로 만들어진다.

진화론자들은 형태학적으로 하등생물에서 고등생물로의 진화를 주장하지만, 하등생물에서 고등생물로의 진화는, 그들의 주장과는 달리 분자생물학적 결과와 일치하지 않는다. 진화론자들의 주장대로라면 형태학적으로 하등생물의 유전자와 고등생물의 유전자를 비교하면 비교적 단순함에서 복잡함으로 연속성이 나타나야 하지만 전혀 연속적이지 않다. 만약, 진화를 주장하려면 형태학적이든 분자생물학적이든 어느 한쪽을 포기해야 한다.

가장 일반적인 유전자 비교 방법인 '사이토크롬 C'라는 단백질로 보면 세균이 가진 사이토크롬 C의 아미노산 배열 차이가 하등생물에서 고등생물로 갈수록 늘어나야 하지만, 결과는 그렇지 않다.

'덴턴'의 사이토크롬 C의 서열 차이를 분석해 내놓은 『단백질 구조와 기능에 대한 데이호프 지도』를 보면 이러한 중간단계가 전혀 없음을 확인할 수 있다.[155]

| | ◀━ 형태학적으로 하등 | | | | | | 형태학적으로 고등 ━▶ | | | | |
	빵효모	해바라기	누에나방	잉어	참다랑어	비둘기	오리	펭귄	캥거루	개	말
홍색세균	69	67	65	64	65	64	64	64	66	65	64
빵효모	0	43	44	42	43	44	41	41	42	41	42
해바라기	43	0	40	41	43	39	39	41	39	39	41

▲ 사이토크롬 C의 아미노산 배열 차이(%)를 나타내는 도표 [156]

사이토크롬 C의 아미노산 배열 차이를 나타내는 도표에서, 진화론자들의 주장대로라면 홍색세균과의 유전자 배열 차이가 비교적 하등한 빵효모에서 고등한 말의 방향으로 순차적으로 증가해야한다. 하지만 홍색세균과 개체의 거리는 형태상 하등생물이나 고등생물이나 항상 비슷하다는 것을 알 수 있다.

모든 진핵생물의 홍색세균과 아미노산 배열 차이는 비슷한데,[157] 빵효모로 비교를 하나, 해바라기로 비교를 하나 결과는 마찬가지임을 알 수 있다.

> 무엇보다도 가장 당혹스러운 사실은 외형상 비슷하고 행동 방식도 비슷한 동물 사이의 유전자 코드는 이렇게 현격한 차이가 나는 반면에, 오히려 외형과 행동이 전혀 다른 동물들 사이에서는 차이가 훨씬 작게 난다는 점이다. 개구리는 800종이 넘지만, 외형상으로는 모두 비슷하게 보인다. 그러나 그들 사이의 분자 구조 차이는 박쥐와 흰긴수염고래 사이보다도 더 크다.[158]

사이토크롬 C의 아미노산 배열 차이만 이런 결과를 나타낼까? 아니다. DNA나 RNA의 염기 서열을 비교해 보아도 결과는 마찬가지다.[159] 진화론자들이 쓴 책에서는 형태학적으로 하등생물에서 고등생물로 가면서 유전자가 더 복잡해지고 정크 DNA는 증가한다고 했지만, 그것은 진화론자들이 그렇게 보이는 자료만을 골라서 제시해 놓았기 때문이다.

유전자의 수에서도 형태학적인 서열 차이는 전혀 관찰할 수 없다. 사람의 유전자 수는 관상용 물고기인 제브라피시보다 조금 많고 생쥐보다 조금 적다.[160] 곡물은 사람보다 많은 6만 개의 유전자를 가지고 있다.[161] 유전자의 수를 기준으로 했을 때, 사람은 곡물보다 열등하다. 고로 개체의 생물학적인 복잡성과 유전자의 수는 연관성이 없다.[162]

엘리트 분자생물학자가 매년 모이는 콜드 스프링 하버 심포지엄(Cold spring harbor symposium)의 2000년 5월 주제는 '인간 게놈 서열 분석과 그것이 생물학 전체에 미치는 영향'이었다. 그 심포지엄에서 특히 전문가들의 골치를 아프게 만들었던 것은 'C

값의 역설'이라는 것이었는데, 여기서 C값은 DNA의 양을 말하고, C값의 역설이란 비교적 복잡한 형태의 생물이 단순한 생물보다 뉴클레오타이드 정보가 더 많아야 할 것 같은데, 꼭 그렇지는 않다는 것을 뜻한다.

염색체의 숫자도 하등생물에서 고등생물로 전혀 순차적으로 나타나지 않는다. 모기의 염색체는 6개, 생쥐는 40개, 토끼는 44개, 사람은 46개, 고릴라는 48개, 누에는 사람보다 많은 56개, 개는 78개, 게는 현재까지 밝혀진 바로 가장 많은 254개의 염색체를 가지고 있다.

진화론자들은 분자생물학을 내세우며 생물의 순서를 형태학적으로 하등생물에서 고등생물로 나열하고 있다. 하지만 그것은 진화론자들이 만든 눈속임에 불과하다. 진화론자들은 자신들의 생각, 진화된 것처럼 보이게 하는 방식으로 만들어진 사례와 데이터만을 골라 사용하거나, 필요에 따라 데이터 간격을 크게 보이거나 작게 보이게 하여 자신들의 생각을 포장해 놓았다. 우리의 시선이 마술사의 한쪽 손에 고정되어 있을 때, 마술사는 재빨리 다른 손으로 우리를 속인다. 이것이 바로 진화론자들이 부리는 마술이다.

_ DNA, 못다 한 이야기

세포는 어떻게 만들어질까? 우리 몸에 세포를 만드는 기관은 없다. 세포는 세포를 만드는 기관에 의해서 만들어지는 것이 아니라 오직 세포 자신의 분열로만 만들어진다. 즉 새 세포가 만들어지기 위해서는 기존의 세포가 분열되어야 한다. 그럼 기존의 세포는 어떻게 만들어졌을까? 세포는 오직 세포에 의해서만 만들어질 수 있다.

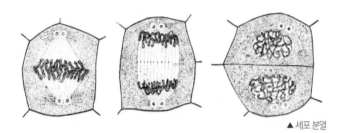

▲ 세포 분열

세포 속에 들어있는 DNA 정보 역시 다른 기관에 의해 만들어지는 것이 아니라 기존의 정보를 복제하는 방법으로 만들어진다.

혹자는 한 개의 뉴클레오타이드가 다양한 형태로 복제를 거듭하며 30억 개로 진화될 수 있지 않겠느냐고 이야기하지만, 이것은 말장난이다.

DNA 정보는 간단해 보이지만 정교한 구조로 이루어져 있다. 진화론자들은 DNA의 복제를 쉽게 다루지만 DNA의 복제는 매우 복잡한 과정이다.

정보는 정보를 읽어서 읽은 정보에 따라 단백질을 생산할 수 있는 장치가 없으면 아무 쓸모가 없다. 아무리 좋은 자동차가 있어도 연료가 없으면 사용할 수 없고, 아무리 좋은 연료가 있어도 연료를 이용할 장치가 없으면 아무런 쓸모가 없다. 고로 정보와 정보를 읽어 단백질을 생산하는 시스템은 각각 나타나서는 안

된다.

시스템 없는 정보와 정보 없는 시스템의 발생은 진화론적으로도 위배된다. 왜냐하면 진화는 생존에 유리한 방향으로 진행되어야하기 때문에 당장 사용할 수 없는 시스템이나 정보는 생존에 유리한 것이 아니다. 물론, 발달된 지능을 가진 개체에서는 그런 장기적인 진화가 가능하다면 가능할 수는 있겠지만, 세포 단계에서는 다음 세대에 정보를 이용하는 시스템을 물려주기 위한 목적으로 오랜 시간을 인내하지는 못할 것이다.

정보와 시스템은, 자동차가 사용할 연료를 미리 염두에 두고 제작 되듯이 상보적으로 설계되었다. 정보는 자신을 읽어 줄 시스템이 생겨나기를 기다리지 않고 시스템은 정보가 생겨나기를 기다리지 않는다. 둘은 반드시 동시에 출현해야 한다. 고로 정보와 정보를 읽는 시스템은 진화된 것이 아니라 설계자에 의해 설계, 즉 창조된 것이라고 보는 것이 합리적인 생각이다.

사람의 DNA는 약 30억 개의 뉴클레오타이드로 구성되어 있으며, 단 4개의 뉴클레오타이드 분자가 짝을 이루어 꿰어져 있는 목걸이 두 개를 나란히 풀어놓은 것과 비슷한 형태이다.

각각의 뉴클레오타이드는 특정한 뉴클레오타이드와만 짝을 이룰 수 있는데 A는 반드시 T와 짝을 이루고, C는 G와 짝을 이룬다.

$$A = T$$
$$C = G$$

그렇기 때문에 이중 나선인 DNA의 한쪽 사슬만 가지고 있으면 다른 한쪽 사슬을 구성할 수 있다. 예를 들어, 한 가닥 의 DNA가 'A-T-G-C'의 순서로 연결되어 있다면, 다른 가닥은 'T-A-C-G'로 연결될 것이고 한 가닥이 'C-G-T-A'의 순서로 연결 되어 있다면 다른 가닥은 'G-C-A-T'로 연결될 것이다.

```
A - T - G - C
‖   ‖   ‖   ‖
T - A - C - G
```

상보적인 두 가닥의 사슬 분자가 나선 모양으로 서로 얽혀서 DNA는 안정된 삼차원 구조를 이루고 있다. 이것이 1953년에 '제임스 왓슨'과 '프란시스 크릭'에 의해 밝혀진 'DNA의 이중나선 구조'이다.[164] 이중나선구조는 오늘날 상식처럼 되어 있지만 당시에는 놀라운 발견이었고, 그들은 이 발견으로 노벨상을 받았다.

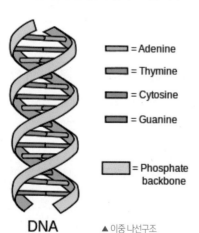

= Adenine
= Thymine
= Cytosine
= Guanine

= Phosphate backbone

DNA

▲ 이중 나선구조

DNA의 두 가지 큰 역할은 세포의 복제와 단백질의 생산이다. 정확히 말하면 DNA가 단백질을 직접 생산하는 것은 아니고, 여러 세포 소기관들이 DNA의 정보를 이용하여 단백질을 생산하는 것이다.

세포는 복제라는 놀라운 기능을 가지고 있다. 도킨스가 '진화는 세포가 자신을 복제하는 방법을 알아내고부터 시작되었다.'고 말했을 정도로 진화에서 복제는 중요하다.[165] 진화론자들은 이것이 우연히 일어났다고 했지만, 그 과정은 굉장히 정교하며 질서 정연하다.

사람 세포의 약 30억 개에 달하는 뉴클레오타이드 정보는 복제되어 새로운 세포의 정보가 된다. '하기하라 기요후미'가 쓴 『내 몸 안의 작은 우주: 분자 생물학』의 내용을 빌리면, DNA의 복제는 먼저 지퍼를 열듯이 두 가닥인 DNA가 한 가닥으로 분리되고, 분리된 가닥에 세포 안에 떠돌아다니던 뉴클레오타이드 분자가 상보관계에 따라 결합하여 새로운 DNA 구조가 만들어지게 된다.

이중 나선의 지퍼를 여는 역할을 하는 '헬리카제 단백질', 다시 채우는 역할을 하는 '폴리메라아제' 등의 효소가 이 과정을 돕게 된다.[166]

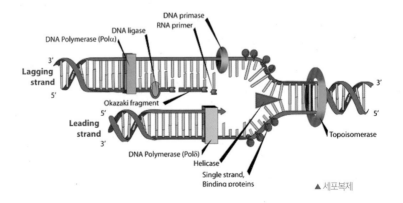

▲ 세포복제

설명은 간단해 보이지만 실행에 있어서는 결코 간단하지 않다. 세포 내의 다양한 소기관들이 각자의 역할을 오차 없이 수행해야 하기 때문이다. 이런 시스템이 과연 진화될 수 있을까? 이것이 진화되었다고 보는 데는 상당한 믿음이 필요하다. 이 부분에 대해서는 '세포' 부분에서 더 이야기하기로 하고 DNA의 두 번째 역할인 단백질의 생성에 대해 알아보자.

'가장 중요한' 이라는 뜻의 이름을 가진 단백질은 아미노산 분자를 하나로 연결한 끈 모양의 분자이다.[168]

DNA는 단 네 종류의 뉴클레오타이드 분자로 20종류의 아미노산을 만들 수 있는 정보를 제공하고, 이 정보에 따라 만들어진 아미노산이 다양하게 연결되어 우리 몸에 필요한 10만여 종류의 단백질이 만들어진다.

▲ 20가지 아미노산

DNA에서 3개의 연속된 뉴클레오타이드 문자 조합을 코돈 (codon) 이라고 부르는데, 뉴클레오타이드 분자 A, T, G로 이루어진 코돈 'ATG'는 단백질 합성을 시작하는 신호임과 동시에 메티오닌(methionine)이라는 아미노산을 불러오는 신호이고, 코돈 'CCC'는 프롤린(proline)이라는 아미노산을 불러와 연결하는 신호이다.[167]

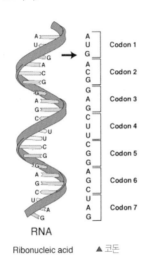

RNA

Ribonucleic acid ▲ 코돈

RNA는 단백질의 생산에 좀 더 직접 관여한다. RNA는 핵 안에 가득 들어있는 핵산 분자들인데, DNA 정보의 특정 부분만을 읽어서 복사하고(이를 전사라고 함), 복사한 정보에 해당하는 아미노산을 단백질을 만드는 곳까지 운반한다.

운반된 20가지의 아미노산은 아미노아실 tRNA 합성효소에 의해 각기 대응하는 tRNA에 거의 정확하게 결합된다. 이렇게 생산된 아미노산이 '리보솜 (ribosome)'이라는 세포 소기관에서 합성되어 단백질이 만들어진다.

▼ RNA

인터넷상에 올라와 있는 단백질합성에 대한 동영상을 보게 된다면 이 과정이 얼마나 정교하고 복잡한 시스템으로 잘 작동하고 있는지 확인할 수 있을 것이다.

하나의 세포는 개체가 필요한 모든 종류의 단백질을 생산하지 않는다. 세포들은 어떻게 10만 종류의 단백질을 생산할까? 사람의 세포가 가지고 있는 약 30억 개의 뉴클레오타이드 중에 약 25,000개의 뉴클레오타이드만으로 10만 종 이상의 단백질을 만들어 내는 것으로 보아 유전자의 전사, 번역의 비밀은 더욱 미궁에 빠진다. 일단, 하나의 세포가 어떻게 특정 부위만을 전사하는가에 대해서 알아본다.

DNA 안에는 단백질의 생산에 관여하지 않는 대다수의 뉴클레오타이드가 있고 단백질의 생산에 관여하는 뉴클레오타이드라 해도 모든 뉴클레오타이드를 사용하는 것은 아니다. DNA 정보는 기록된 정보이지 반드시 사용되는 정보는 아니다.

단백질의 생산에 관여하는 뉴클레오타이드인 '유전자' 중에서도 사용 가능한 상태에 있는 경우를 '온(on)' 상태에 있다고 하고, 반대로 사용금지 상태에 있는 경우에는 '오프(off)' 상태에 있다고 한다. 이처럼 유전자의 사용은 특정 부분의 스위치가 켜져 있는지 꺼져 있는지에 따라 사용되기도 하고 사용되지 않기도 한다.

유전자의 켬과 끔, on/off를 조절하는 분자는 '유전자 조절 단백질'이다. 유전자 조절 단백질은 유전자의 특정 부분을 사용 가능한 상태로 만들고, 어떤 유전자 조절 단백질은 사용 불가능한 상태로 만든다.

유전자의 활성과 비활성에 관해서는 연구가 한창 진행 중이어서 현재까지의 연구 결과들로 특정 사실을 속단하기에는 약간 무리수가 있지만,[169] 이야기는 이제 '후성유전학'으로 넘어간다.

분자생물학은 일반인들에게는 낯선 분야이고 『내 몸 안의 작은 우주: 분자 생물학』에서 '하기와라 기요후미'의 말처럼 연구가 한창 진행 중이기 때문에 어떤 현상에 대해 단정 지을 수는 없다. 일부 과학자들은 마치 유전자의 비밀을 모두 알아낸 것처럼 떠들어대지만 지금까지 밝혀진 것도 그리 많지는 않다.[170]

나는 이 분야에 대해서 더 정확히 알고자 DNA의 이중나선구조로 노벨 생리의학상을 수상한 미국의 분자 생물학자 '제임스 왓슨(James D. Watson)'의 『DNA: 생명의 비밀』과 뉴턴하이라이트 시리즈의 『생명과학의 기초 DNA: 생명을 지배하는 분자』와 일본 적십자사의료센터에서 알레르기, 고원병 진료를 담당하고 있는 의사 '하기와라 기요후미'의 『내 몸 안의 작은 우주: 분자 생물학』, 대중과학저술가인 '마크 핸더슨'의 『상식 밖의 유전자』, 신경생물학 박사이며 학술저널리스트인 '페터 슈포르크'의 『인간은 유전자를 어떻게 조종할 수 있을까?』 등을 읽었다.

거듭 이야기하지만, 이 책에서 인용하는 대부분의 지식, 특히 유전학에서는 창조론자가 아닌 진화론자와 진화론 지지자가 쓴 글들만을 인용한다는 것을 알아주기 바란다. 또한, 글을 인용하면서 내용상 가감은 없으며, 그저 성경적인 생각 틀로 엮어가고 있을 뿐이다.

　사실 이 부분을 기술하는 데 약간의 부담은 있다. 앞에서 이야기했던 것처럼 유전학의 역사가 그리 길지 않기 때문에 관련 지식이 뒤집힐 가능성이 크기 때문이다. 이 글을 쓰는 동안에도 어쩌면 유전자에 관한 지식이 바뀌어 있을지도 모른다. 그래서 글을 검토하는 과정에서 몇 번이나 이 부분을 삭제해 버릴까 망설였지만, 무리수를 두지 않는 범위에서 내용을 살리기로 했다.

　이 부분에서 이렇게 소극적인 자세를 취하는 이유는 어설픈 추론으로 하나님에 의한 창조 사건 전체가 사실이 아닌 것으로 매도당할까 두렵기 때문이다. 거듭 이야기하지만, 이 부분은 유전학에 관련된 과학서적과 그 내용에 대한 지극히 개인적인 생각을 쓴 것이다. 유전자가 이러저러하므로 이것은 창조된 증거라며 특정한 현상을 창조된 증거로 단순화시키지는 않는다. 과학을 다루고 있기에 관련 지식이 뒤집혀질 가능성을 열어두고 늘 조심스럽게, 그저 최신 유전학을 소개하는 것뿐이다.

　후성유전학은 환경으로부터 받은 신호가 어떻게 유전자의 활동을 선택하고 변화시키고 조절하는가를 연구하는 학문이다.[171] 진화론자들은 이 후성유전학을 진화의 시스템으로 연구하지만 후성유전학은 변이를 유발하는 생물의 구체적인 환경적응 시스템이다.

　후성유전학이 진화의 시스템이 아닌 것은 후성유전학에서 생물의 생김새나 특성의 변화는 DNA 정보의 변화에 의한 것이 아니라 가지고 있던 정보의 활성 여부에 의해 발생하는 것이기 때문이다.

정보의 사용 여부는 외부에서 오는 환경의 신호를 따른다. 후성유전학은 환경에 의한 생물의 변이 현상에 대한 유전학적 방법론이다.

후성유전학으로 성경에 기록된 내용을 추론하면, 이 시스템에 따라 창조기간에 각 종류대로 창조 되었던 생물들은 거주 지역의 환경에 따라 종류라는 범위 안에서 다양하게 변이를 이루었고, 창조 후 생물의 종류 안에서 발생한 다양한 변이들은 '종류의 대표'를 제외하고는 창세기 대홍수 기간에 죽게 되었고, 오늘날의 다양한 생물 종은 방주에 탑승했던 종류들의 대표들이 대홍수 후 수천 년 동안 환경에 따라 종류 내에서 이룬 변이들이다.

후성유전학은 생물의 변화가 정보의 진화로 이루어지는 것이 아님을 보여준다. DNA 정보는 진화된 것이 아니라 최초의 정보가 세대를 이어가며 섞이거나 변형되거나, 정보를 잃어버리거나, 활성 여부가 조절된 것뿐이다. 그리고 노아의 방주에 현존하는 동물, 적게는 수천 종에서 많게는 수억 종에 이르는 많은 수의 동물이 탈 필요가 없었다는 것과, 소수의 동물들이 어떻게 오늘날과 같은 다양성을 이루게 되었는지를 과학적으로 해결해 준다. 지금부터 놀라운 후성유전학의 세계로 더 들어가 본다.

유전자의 활성, 비활성을 연구하는 학문인 '후성유전학'은 '후생유전학'이라고도 하는데, 그와 관련된 책을 찾다가 재미있는 책 한 권을 발견했다. 그 책은 2006년 뉴욕 타임스가 선정한 과학 분야 최고의 책이었던 '브루스 립턴(Bruce H. Lipton)'이 쓴 『당신의 주인은 DNA가 아니다』이다.

'브루스 립턴'은 과학과 영성을 결합하는 분야에서 세계적인 권위자이다.[172] 그는 '신념'과 '환경', '세포의 단백질 생성'의 관계를 이야기하면서 세포의 단백질 생성은 '신념'과 '환경'에 의해 조절된다고 했다.[173] 그러니까 내가 궁금했던 유전자의 on/off, 즉 활성과 비활성이 '신념'과 '환경'에 관련되어 있다고 한 것이다. 립턴 역시 진화론 지지자이다.

립턴은 세포의 '세포막'에 주목한다. 그는 세포에서 뇌의 역할을 하는 것은 핵이 아니라 세포막이라고 했다. 그 이유는 핵을 제거해도 세포가 정상적으로 활동하기 때문이다. 핵을 제거한 세포는 단지 분열할 수 없다.[174] 고로 세포의 핵은, 사람으로 치면 뇌의 역할을 하는 것이 아니라 생식기관이다.
립턴은 세포의 활동은 외부 환경을 인식하고 반응하는 세포막에 의해서 이루어진다고 했다. 그의 생각에 따르면 영양공급, 스트레스, 감정 등이 DNA를 바꾸지 않고도 세포가 만들 단백질을 변화시킬 수 있다.[175]

거듭 이야기하지만 DNA 정보가 변하는 것이 아니라 환경이 정보의 활성 여부를 조절하는 것이다. 동일한 DNA 정보를 가지고 있다 하더라도 환경적 영향에 의해 다른 부분이 전사되어 이전에 생산했던 단백질과는 다른 단백질을 생산할 수 있고, 새롭게 만들어진 단백질에 의해 개체의 생김새나 특성이 변형될 수 있다.

『당신의 주인은 DNA가 아니다』의 내용을 빌리면 듀크 대학

연구팀은 털이 노란색이며 극도로 비만인 아구티유전자를 가진 쥐에게 엽산, 비타민 B12, 베타인, 콜린 등 메틸기(methyl group)가 많이 들어있는 첨가제를 넣은 음식을 먹였더니 첨가제를 넣은 음식을 먹은 쥐들은 자신들과는 다른 생김새를 가진 날씬하고 털이 밤색인 새끼들을 낳았다고 했다. 대조군 집단으로 첨가제를 넣지 않은 음식을 먹은 쥐들은 자신들과 같이 털이 노랗고 뚱뚱한 새끼들을 낳았다.[176]

▲ 아구티유전자를 가진 쥐 실험

두 쥐는 비슷한 유전자를 가지고 있지만 크기와 털색이 완전히 다르게 태어났다. 이는 음식으로 섭취한 메틸기가 유전자의 활성을 조절하여 특성을 변형시켰기 때문이다.[177]

여왕벌과 일벌도 동일한 유전정보를 가지고 있지만 '로열젤리' 섭취 여부에 따라 여왕벌과 일벌이라는 차이를 보인다. 음식이라는 환경에 의해서 동일한 DNA를 가진 생물의 생김새나 특성이 변화된 것이다.

종류 내에서 이루어지는 생물의 변화는 진화론자들의 일반적인 주장처럼 느린 속도로 점진적으로 일어나는 것이 아니라 단한 세대 만에도 일어날 수 있다. 문득 도킨스의 『지상 최대의 쇼』에서도 환경에 따른 변화 사례를 본 것 같아서 다시 『지상 최대의 쇼』로 가본다.

1950년대에 러시아 유전학자 '드미트리 벨랴예프(Dmitri

Belyaev)'는 털 때문에 가치가 높던 야생 여우를 사육했다. 사육한 여우 중에 유순한 야생 여우만을 선택적으로 교배시켜 30-35세대 후에 전체 실험군의 70-80%를 유순하게 만드는 데 성공했다.

그런데 유순함을 선택적으로 사육하다 보니 여우들의 행동만 개처럼 유순하게 된 것이 아니라 생김새도 개와 비슷해져 버렸다. 벨랴예프가 의도했던 털 대신 흑백 얼룩무늬 털을 가진, 개와 비슷한 여우가 되어버린 것이다.

벨랴예프의 연구결과에 따르면 짖는 소리마저도 개를 닮아버렸다고 한다.[178]

도킨스는 이것을 진화된 것으로 해석하고 있지만, 이 또한 같은 개과(canidae)에 속하는 여우가 환경에 적응한 사례일 뿐이다. 사육이라는 환경이 유전자의 활성을 조절하여 개체의 겉보기 특성인 표현형을 변형시킨 것이다. 그것은 진화가 아니다.

그러면 세포는 어떤 방식으로 외부의 신호를 이용하여 유전자의 스위치를 조절할까? 유전학자들은 유전자의 활성을 조절하기 위한 몇 가지 방식을 알아냈는데, 앞에서 듀크 대학 연구팀이 아구티유전자를 가진 쥐 실험에서 보았던 것처럼 메틸기가 DNA에 직접 달라붙어 유전자를 조절하는 방식과 DNA 사슬이 히스톤에 감겨 있는 강도에 따라 조절되는 방식, 또 이미 읽은 정보가 단백질로 번역되는 것을 방해하는 방식 등이 있다. 유전자의 활성을 조절하는 스위치 구조의 비밀도 조금씩 밝혀지고 있다.

오스트레일리아 연구팀은 메틸기 패턴을 조작하여 꿀벌 유충에서 로열젤리 없이도 여왕벌을 만들어내는 데 성공했다.[188] 후성유전학자들은 최소한 여섯 계급의 신체적 차이를 보이는 일개미가 어떤 계급에 속할지를 결정하는 것은 유전자가 아니라 환경이라고 했고,[189] 영국 리드 대학교의 '윌리엄 휴즈'는 다 큰 개미들이나 여왕개미가 발산하는 향기 물질, 개미집의 온도나 습도가 개미의 유전자 발현을 조절하는 유력한 후보라고 했다.[190]

파충류는 알 주변 온도가 암컷이 될지 수컷이 될지를 결정하고,[191] 사막메뚜기의 운명은 개체군의 밀도에 의해서 좌우되는데, 원래 무리 지어 다니지 않는 초록빛 메뚜기들이 개체수가 불어나면 짙은 갈색으로 변한다.[192]

천적이 분비하는 화학물질이 많으면 물벼룩의 돌기를 만드는 발현 스위치가 켜지고 줄어들면 다시 스위치가 꺼져서 돌기가 없는 물벼룩이 된다.[193] 일부 동물에서 아구티유전자가 다르게 활성화되면 줄무늬 혹은 얼룩무늬를 가지거나 점박이인 동물이 탄생한다.[194] 이렇듯 환경은 DNA의 활성에 영향을 준다.

진화론자들의 바람처럼 유전적 돌연변이가 종류에서 종류로의 진화를 유발할 수 있을까? 진화론자들은 세포가 복제되는 과정에서 빈번하게 복제 실수가 일어나는 것처럼 소개하지만, 사실은 그렇지 않다. 진화론자들의 바람과는 달리 유전자에 돌연변이가 일어나는 것을 방지해주는 '유전자 수리 장치(DNArepair system)'라는 것이 있다.

세포가 복제되는 과정에서 드물게 변이가 일어나기도 하지만 이 장치 덕분에 유전정보는 거의 고스란히 대물림된다.[203] 진화론자들이 주장하는 빈번한 변이는 없으며 유익한 변이도 없다.

> 세포에서 가장 신비로운 사실은 가끔 문제가 생긴다는 것이 아니라, 수십 년 동안 모든 것이 너무나도 잘 관리된다는 것이다.[204]

역시 진화론 지지자의 말이다. 빈번하지는 않지만, 유전자가 복제되는 과정에서 뉴클레오타이드 정보의 중복, 결실, 역위, 삽입이 일어날 수도 있을 것이다. 그러나 그런 변이는 진화를 유발하기보다는 오히려 생물을 쇠약하게 만들고 병들게 한다.

유전자 이상으로 발생하는 백색증, 색맹, 다운증후군 등의 변이들을 유전병(hereditary disease)이라고 하는데, 이름 그대로 현대 유전학에서도 유전자 이상에 의해서 생기는 질환으로 보고 있는 것이다. 유전자 손상이 바로 암(cancer)이다. 초파리로 돌연변이 실험을 했던 뮐러는 사람들에게 방사선의 위험성을 알리는 캠페인을 벌이기도 했었다.[205]

지금까지의 긴 이야기를 정리하면,

1. 생물은 변한다.
2. 그 변화는 대부분 기존 DNA 정보의 변화 때문이 아니라 활성 여부에 달려 있다.
3. DNA의 활성 여부에 따라 생물의 표현형(생김새와 특성)은 오랜 시간이 아니라 짧은 시간에 변할 수 있고, 큰 차이를 보일 수도 있다.
4. DNA 자체의 변화는 그리 빈번하게 일어나지는 않는다.
5. DNA의 변화에 의한 돌연변이는 대부분 생존에 유리하지 않다.
6. DNA는 진화를 보여주지 않는다.

_ 알면 알수록 미궁 속으로 빠져드는
단백질 생성의 비밀

눈의 색깔은 단 하나의 유전자 정보가 아니라 흩어진 여러 유전자 정보의 연합 작용으로 만들어지고,[209] 아이슬란드 사람들이 가진 파란색 눈과 금발은 짝으로 표현된다.[210] 즉, 단 하나의 유전자 패턴이 파란색 눈과 금발을 동시에 만든다. 생쥐의 털색깔에 관련된 유전자는 생쥐의 크기에도 관련이 있었고 초파리의 눈 색에 관련된 유전자는 생식기관에도 관련이 있다.[211]

오늘날 유전학자들은 유전자를 자르고 붙이는 기술을 사용하여 실험실에서도 다양한 생물을 만들 수 있게 되었다. 그런데 쥐의 눈을 만드는 유전자 정보를 초파리의 눈을 만드는 유전자 정보에 잘라 붙였더니 쥐의 눈을 가진 초파리가 아니라 그냥 초파리의 눈을 가진 초파리로 표현되면서 유전학은 더욱 미궁 속으로 빠져든다.[212]

유전자가 진화를 보여줄까? 오히려 이런 복잡성은 설계되었음을 증거한다. 마스터 조절 단백질, 혹스 유전자(hox gene), 호메오박스(homeobox), 배아줄기세포(embryonic stem cell), RNA간섭, 인간복제 등 더 많은 이야기를 하고 싶지만, 목적이 흐려질 것 같아 진화론 지지자인 '빌 브라이슨'이 쓴 『거의 모든 것의 역사』의 한 구절로 마무리하려고 한다.

> 그러니까 유전자 연구는 믿을 수가 없다? 아닙니다. 일반적으로 말해서 아주 믿을 만한 연구입니다. 믿지 말아야 할 것은 사람들이 그 결과로부터 쉽게 유추해내는 결론들입니다.[213]

_ 도킨스가 말하는 유전자의 목적, 오직 생존

도킨스의 『이기적 유전자』는 DNA의 목적에 관한 이야기를 다루고 있다. 도킨스는 맨 처음 장을 '사람은 왜 존재하는가?'라며 사람의 존재 목적과 DNA의 목적을 연결시킨다.

『이기적 유전자』를 한글로 옮긴 역자는 『이기적 유전자』는 전면 개정판이 나오기까지 '30년 동안 책의 내용을 조금도 수정하지 않았을 정도로 완벽한 책'이라고 이야기했다.[214]

『이기적 유전자』에서는 인간의 존엄성이란 측면에서는 반감을 품을만한 표현이 상당히 많이 등장한다. 왜냐하면, 진화론에서 사람은 다양한 생물 중 하나에 불과한 것이기 때문이다. 이것은 내 말이 아니라 진화론자들의 말을 그대로 옮긴 것이다. 특별히 반감을 조장하는 표현만을 골라 쓰는 것이 아님을 알아주기 바란다.

> DNA의 진정한 목적은 생존하는 것 그 이상도 그 이하도 아니다.[215]

도킨스가 말하는 DNA의 목적은 '생존'이다.[216] 도킨스는 이것들이 유전자라는 이름으로 복제를 거듭하며 영원히 나아갈 것이며, 우리는 그들의 생존을 위한 기계라고 말했다.[217]

생존이라는 목적은 유전자를 이기적이게 보이게 한다. 그래서 그는 책의 제목을 '이기적 유전자'로 정했다.[218] 지인들이 책의 제목을 부드럽게 바꾸기를 원했지만, 유전자 본연의 목적을 정확하게 나타내기 원했던 도킨스는 '이기적 유전자'라는 제목으로

책을 출간했다.[219]

도킨스는 유전자의 이기성으로 인류의 과거와 현재, 미래를 설명하고 동식물의 다양성과 인간의 기원과 행동을 설명한다.

그러나 우리는 '이기성'뿐만 아니라 부모의 자식 사랑이나 위인들의 타인을 위한 희생 등의 고귀한 '이타성'도 가지고 있다. 반진화론자들이 제기한 '이타성의 존재'라는 문제에 대해, 도킨스는 이타성도 결국, 자신의 유전자를 보존하고자 하는 유전자의 이기성에서 나온 것으로 해석을 내렸다.[220] 이타성을 자신의 유전자가 조금이라도 포함된 개체들인 자녀와 친지들과 민족, 더 나아가서는 같은 종(species)을 위해 헌신하는, 결국 자신의 유전자를 보존하고자 하는 유전자의 이기성에서 나온 것으로 해석한 것이다.

> 더 우수하고 효과적인 생존기계를 갖춘 새로운 경쟁상대가 나타남에 따라 살아가는 것이 점점 더 어려워졌다. 이와 같은 환경 속에서 생존기계는 더 커지고 더 정교해졌으며 이 과정은 누적되고 계속 진행되었다. 유전자는 교차 때문에 파괴되는 것이 아니라 단지 파트너를 바꾸어 행진을 계속할 따름이다. 물론 유전자들은 계속 행진한다. 그것이 그들의 임무다. 유전자들은 자기 복제자이고 우리는 그들의 생존기계다. 우리의 임무를 다하면 우리는 폐기된다. 그러나 유전자는 지질학적 시간을 살아가는 존재이며, 영원하다.[221]

'목적'이라는 관점에서 보면 유전자가 어떠한 목적의식을 가지고 있는 것 같은 착각을 일으키지만, 유전자는 그저 복제해 나갈 뿐이고, 우리가 보았을 때 생존에 유리한 방향으로 나아가는 것이 어떤 목적의식을 가지고 있는 것처럼 보일 뿐이다. 정리하면,

유전자의 목적은 유전자가 공개한 것이 아니라 사람이 해석한 것이다.

성경이 말하는 사람이 창조된 '목적'은 무엇일까? 그것은 창조주를 아는 것이다. 여기서 '안다'는 것은 단순한 지적 인식을 넘어서는 광의의 개념이다.

진정한 앎이란 실천을 동반한다. 가끔 지식과 행동 중 어느 것이 더 중요한가에 대한 논쟁을 접하게 되는데 그런 식의 논쟁은 기독교 안에서는 의미가 없다. 지식과 행동을 분리하여 둘 사이의 서열을 정하는 방법 자체가 기독교적인 방법이 아니기 때문이다.

이런 사고방식은 고대 헬라에서 유행했다. 학교에서 학습목표를 구성할 때에도 목표를 인지적, 정의적, 행동적으로 분리하여 제시하는 경향이 있는데, 개인적으로 이런 분리 때문에 지식과 행동 간의 거리가 더 멀어진다고 본다. 휴지를 버려서는 안 된다는 것을 지식적으로 모르는 학생이 없지만, 학교 주변에는 학생들이 버린 휴지가 많다.

성경으로 보면 지식(믿음)과 행동(실천)은 분리된 것이 아니다. 안다는 것은 곧 실천한다는 것이다. 거꾸로 보면 실천하는 것이 곧 아는 것이다. 즉 창조주를 안다는 것은 창조주의 뜻을 따른다는 의미가 된다. 구체적으로는 성경의 내용을 전적인 하나님의 말씀으로 인정하고 성경의 내용을 지키고자 노력하는 사람이라고 할까? 지키는 사람이라고 표현하지 않은 이유는 우리의 삶이 신앙생활이라는 과정에 있기 때문이다. 이렇듯, 성경으로 보는 사람의 목적은 창조주를 아는 삶이다.

인생에 있어서 목적은 굉장히 중요하다. 재미있게도 창조과학 서적인 『노아 홍수 콘서트』라는 책에는 그랜드캐니언으로 창조과학 탐사 여행을 다녀온 후 인생이 정말 소중하다는 것을 알았다고 고백하는 이야기가 실려 있지만, 진화론 서적인 『다윈 지능』에는 유전자의 관점으로 세상을 바라보는 방법에 대한 강의를 들은 후 삶이 무의미해졌다며 눈물을 흘리는 학생이 종종 있다는 이야기가 실려 있다.

삶이 무의미해졌다며 눈물을 흘리는 학생에게 철저한 진화론자인 『다윈 지능』의 저자는 이렇게 말한다.

> 내게도 그런 순간이 있었다고. 그런데 더 많이 읽고 더 많이 생각했더니 어느 날부터인가 홀연 마음이 평안해지더라고.[225]

삶에 있어서 목적은 중요하다. 진화론자들은 우리의 존재 목적을 유전자의 생존으로 해석한다. 그들에게 사람은 우연히 왔다가 홀연히 사라지는 존재다. 목적을 띠고 있는 것처럼 보이는 유전자의 생존경쟁도 관찰자에 의해 하나의 목적으로 인식이 될 뿐이지, 그 자체로는 목적도 없고 방향도 없다.

여기에 진화론자들의 진정한 목적이 있다. 진화론자들에게는 우리, 사람도 하나의 유전자에 불과하고, 사람의 삶도 목적이 없고 방향도 없음을 주장한다. 결국, 그들은 창조주이신 하나님이 없음을 과학이라는 이름을 빌어 주장하는 것이다. 이런 무신론적이고 자연주의적인 해석에 우리의 삶을 맡기는 것은 어리석은 짓이다.

DNA의 존재는 생각의 틀에 따라 진화의 증거가 되기도 하고 창조의 증거가 되기도 한다. DNA가 진화의 증거인지 창조의 증거인지를 판단하는 문제는 과학적 데이터에 달려있는 것이 아니라 당신의 믿음에 달려있다.

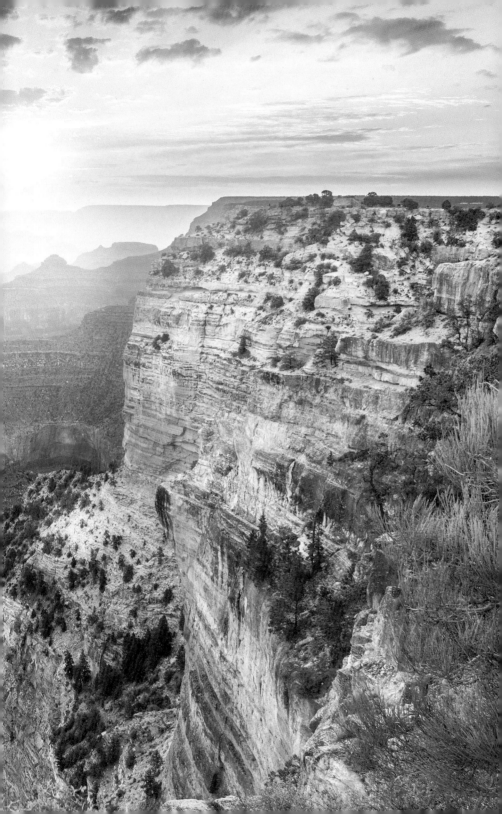

③ 생명체의
탄생

생각의 차이 세 번째는 생명체의 탄생에 관한 이야기다. 진화론에서는 생명체의 기원을 '작고 따스한 연못(warm little pond)'에 둔다. 진화론자들은 그곳에서 생명체가 저절로 발생했다고 본다. 반면 창조론에서는 생명체가 창조주 하나님에 의해 창조되었다고 한다.

_ 생명체는 자연발생하는가?
생물에서만 발생하는가?

진화론자들이 주장하는 생명체의 '자연발생설'은 고대 그리스의 자연철학에 뿌리를 두고 있다. 나는 철학을 좋아하는데, 어떤 분야에 대해 깊이 알려고 하면, 늘 고대 그리스 철학자들의 생각과 만나야 했다. 진화라는 생각도 19세기에 등장한 혁신적인 생각은 아니고 결국 고대 그리스 철학자들의 생각이 확대된 것뿐이다.

고대 그리스 철학자들은 비공식적이지만 '신'을 빼고 인류의 기원을 찾아보려 했던 최초의 사람들이다. 철학자 '탈레스'는 생명체의 기원을 물로 보았고 '아낙시메네스'는 공기로 보았다. 이들은 생물이 자연에서 발생했다고 생각했었다.[226]

기원전 4세기에 활동했던 '아리스토텔레스'도 그의 저서 『동물지』에서 건조하면서도 축축하거나 축축하면서도 건조한 것으로부터 생물이 저절로 발생했다고 했고,[227] 근대 과학의 기초를 놓았다고 할 수 있는 17세기의 '데카르트'도 생물은 축축한 흙에 햇볕을 쬐거나 부패시킬 때 우연히 발생한다고 주장했다.[228]

18세기 프랑스의 '라마르크'도 현미경으로 보이는 무수한 '미세동물'은 자연 발생한 것이라고 주장했다.[229]

이러한 생명의 자연발생설은 17세기에 이르러 일부 학자들로부터 도전을 받기 시작했다. 처음으로 공격을 시작한 사람은 이탈리아 과학원의 회원 '레디(Francesco Redi)'였다. 레디는 1668년, 두 개의 플라스크에 고기를 넣고 한쪽은 무명천으로 된 망을 씌우고 다른 쪽은 그대로 두었더니 망을 친 플라스크에는 구더기가 생기지 않았고 망을 치지 않은 플라스크에는 구더기가 생긴 것을 보고 생물은 자연발생하지 않고, 반드시 생물로부터만 발생한다는 '생물발생론'을 발표하였다.[230]

그러나 '레벤후크(Anton van Leeuwenhoek)'가 공기와 접촉시킨 유기 추출물들에 미생물이 생겼다는 이유로 생물은 자연 발생한다고 했다.[231]

그림의 설명 ▶

프랑스의 생물학자인 '조블로(Louis Joblot)'는 1787년, 식물 추출물들을 몇 분간 끓여 멸균시킨 후 두 개의 그릇에 나누어 담은 다음, 하나의 그릇은 열어두고 다른 하나는 양피지로 단단히 덮어 두었더니 뚜껑을 덮어두지 않은 그릇에는 많은 미생물이 생겼으나 양피지로 덮어둔 그릇에는 미생물이 생기지 않았다는 이유로 미생물일지라도 자연발생하지 않는다는 결론을 내렸다.[232]

영국의 가톨릭 신부 '니덤(John De Turbeville Needham)'은 밀폐용기를 사용한 실험으로 생물이 자연발생 한다고 주장하였다.[233]

이 실험에 대해 1765년 이탈리아의 성직자이자 생리학자인 '스팔란차니(Lazzaro Spallanzani)'는 니덤이 뚜껑을 덮은 그릇을 충분히 멸균하지 않았기 때문이라며 니덤의 자연 발생한다는 생각을 비판했고, 새로운 실험을 통해 자연발생설을 부정하는

결과를 얻었다.[234]

다시 니덤은 스팔란차니의 실험에서 미생물이 자라지 못한 이유는 플라스크를 너무 세게 가열하여 미생물이 자랄 수 있는 영양분이 없어졌기 때문이라며 스팔란차니의 실험을 비판하였다.[235]

이렇게 생물의 자연발생설과 생물발생설은 공방을 이어나갔고, 논쟁이 좀처럼 해결될 기미가 보이지 않자 '프랑스 과학아카데미'는 생명의 기원을 밝히는 가장 신빙성 있는 실험을 한 사람에게 상금을 주겠다고 발표하였다.[236] 이에 '파스퇴르(Louis Pasteur)'는 백조의 목과 같이 입구가 'S'자 형으로 휘어진 플라스크로 온도, 습도, 공기 그리고 영양분이 적당히 있더라도 외부에서 미생물이 들어가지 않는 한 미생물은 생기지 않음을, 즉 생물은 자연발생하지 않는다고 했다.[237]

▲ 파스퇴르 실험

그러나 1920년대에 유물론 혁명이 진행되던 구소련의 화학자 '오파린(Aleksandr I. Oparin)'과 영국의 '홀데인(John S. Haldane)'은 최초의 생명체는 지구상에서 자연발생했다는 생명의 '유기화합물설'을 제시하였다.[238]

1952년 노벨상 수상자인 '유레이(Harold C. Urey)'는 지구의 초기 대기에는 산소가 없었고 수소, 메탄, 암모니아, 수증기로 구성되어 있었을 것으로 주장하였고,[239] '유레이'의 제자로 시카고 대학의 대학원생이었던 '밀러(Stanley L. Miller)'는 물을 넣은 플라스크를 진공상태로 만들고, 일정한 비율의 수소, 메탄, 암모니아 혼합가스를 플라스크에 채워 끓인 다음, 기체들이 섞인 수증기가 전극 사이를 지나가게 하여 글리신, 알라닌 등 단백질에서 발견되는 아미노산 두 종류와 아스파르트산, 글루탐산 등의 아미노산과 핵산의 합성에 쓰이는 염기 등의 유기물을 얻어냈다. 밀러는 이 실험으로 생물은 초기 지구에서 자연 발생한 것으로 주장했다.[240]

모든 생물체는 단백질로 이루어져 있고 아미노산은 단백질을 구성하는 분자이기 때문에, 실험실에서 이루어진 아미노산의 합성은 진화론자들에게는 생물의 자연발생 가능성이 되어버린다. 진화론자들은 이런 식으로 아미노산이 합성되다 보면, 단백질이 만들어지고, 만들어진 단백질들이 결합하다 보면 생물체가 만들어질 것으로 보았다.

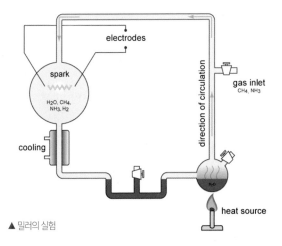

▲ 밀러의 실험

현재까지 자연발생설과 생물발생설 간의 공방은 밀러의 실험에 멈춰져 있는 듯하다. 밀러의 실험은 생물이 자연적으로 만들어질 수 있음을 보여주는 증거로 교과서에도 사용되고 있다.

_ 밀러의 실험이 가진 문제들

그러나, 밀러의 이 실험은 시작부터 잘못되었다. 밀러가 설정한 초기지구의 환경, 즉 실험에 투입되었던 혼합기체는 아미노산을 만들어 내기 위해 사용된 밀러의 가정에 불과하다.

밀러의 실험을 지지하는 과학자들은 초기 지구 대기에 산소는 없었다고 주장하지만, 초기 지구 대기에 산소가 없었다는 증거는 부족하다. 오히려 지구의 암석들은 지구의 대기가 과거에도 충분한 산소를 포함하고 있었음을 보여주고 있고, 심지어 지구에서 가장 오랜된 것으로 알려진 암석에도 산소는 충분히 포함되어 있다.[465]

초기 지구 대기에 있었다던 메탄의 경우에는 어떤 퇴적물에서도 검출된 적이 없다.[241] 과학자들은 오늘날의 대기를 분석하여 초기 대기를 만들어낸 것이라며 자신이 분석한 방식을 소개하지만, 초기 대기에 대한 과학자들의 반론은 쉽게 찾을 수 있다.

만약 밀러가 실험에 사용한 혼합기체에 산소가 들어있었더라면 밀러는 아미노산을 만들어내지 못했을 것이다. 왜냐하면 산소는 유기물을 파괴하는 성질을 가지고 있어서 산소가 있는 대기에서 유기물은 합성되기 어렵기 때문이다. 밀러가 그 사실을 알고 있었을까? 밀러가 그 사실을 알고 있었기에 혼합기체에 산소를 넣지 않았으리라 본다.

아이러니하게도 유기물로 구성된 생명체에게 산소는 꼭 필요한 기체이다. 산소의 성질로 유추해보면, 산소와 생물은 동시에 등장해야만 한다. 둘 중 하나라도 먼저 등장했다면 다음 것이 등장할 수 없기 때문이다.

오늘날 산소가 풍부한 대기에서 유기물이 살 수 있는 이유는 유기물이 산소의 독소를 방어할 수 있는 방어기전을 가지고 있기 때문인데,[466] 방어기전 역시 오랜 시간에 걸친 진화로는 설명이 안 된다. 생명체가 존재하기 위해서는 산소의 독소를 방어할 수 있는 방어기전이 갖추어져 있어야 했다.

밀러가 설정한 초기 지구 환경은 어떻게든 아미노산을 만들고픈 강력한 바람 아래에서 구성된 환경이다. 산소는 없었을 것이라는 밀러의 가정과 빈번한 방전이라는 가정, 급격한 냉각이라는 가정 등, 어느 가정 하나 뚜렷한 증거는 없다. 밀러의 실험은 어떻게든 아미노산을 만들기 원했던 밀러의 아미노산 제조기였던 것이다.

밀러의 실험에서 만들어진 아미노산이 마치 생명체를 구성하고 있는 아미노산인 것처럼 선전되고 있지만, 사실은 그렇지 않다. 지금까지 발견된 아미노산은 500여 가지인데, 생명체에 사용되는 아미노산은 약 20여 가지 뿐이다. 이것들을 제외한 나머지 아미노산은 생명체와는 관련이 없는 아미노산이다.

아미노산은 빛을 왼편으로 돌리는 L형과 오른편으로 돌리는 D

형이 있는데, 생명체에 사용되는 아미노산은 L형으로만 이루어져 있고, D형이 하나만 들어 있어도 생명체로서의 기능은 불가능하다.[242]

밀러의 실험으로 만들어진 아미노산은 L형 아미노산과 D형 아미노산이 섞인 라세미 혼합물(Racemic mixture)이다.[467] 만일 이 생성물로 생명체에 사용되는 아미노산을 만들려면 라세미 혼합물에서 L형 아미노산만을 분리하는 또 다른 과정이 필요하다.

설사 L형 아미노산만을 만들었다 해도 단백질은 몇 개의 아미노산으로 만들어지는 그리 간단한 물질이 아니다. 밀러 자신도 그의 책 『생명의 기원』에서 결정적인 증거는 하나도 없음을 인정했다.[243] 그런데도 이 실험은 여전히 생명체 탄생의 비밀을 보여주는 최고의 실험으로 군림하고 있다. 왜 그럴까? 그것은 어떻게든 '신'을 빼고 '물질'로부터 생명체를 만들고자 하는 무신론적 과학자들의 소망이 빚어낸 결과이다.

화학진화 실험은 1959년 미국의 화학진화론자 '폭스(Sidney W. Fox)'에 의해 이루어졌다. 그는 여러 가지 L형 아미노산들을 혼합하여 단백질 같은 고분자 화합물인 프로티노이드(protenoid)를 만들었다.[244]

물론 과학자들은 폭스의 실험에 대해서도 문제점을 제시했다.[245] 제시한 내용은 이해하기 어렵기도 하지만, 그다지 필요한 내용도 아니라서 생략한다. 내용을 일일이 소개하지 않아도 이런저런 이유로 잘못되었다는, 그래서 생명체는 자연발생하지 않는다는 내용이기 때문이다. 내용이 궁금한 사람은 『창조와 격변』을 보기 바란다.

　이렇게, 생명체의 자연발생설은 반대파의 공격을 받으면서도 계속 이어지고 있다. 결론이 날 수 있을까? 과학자들의 생각 틀이 바뀌지 않는 한 결론이 나기는 어렵다.

④ 시간
계산법

네 번째 생각의 차이는 '시간'을 두고 발생한다. 나는 앞에서 '오랜 연대설적으로'라는 표현을 자주 사용했었다. 창조론자들에게도 진화론자들에게도 1초의 길이, 1시간의 길이, 하루의 길이, 1년의 길이는 같다. 그런데 인류의 시작이나 우주의 시작에 대한 추정 연대는 확연하게 다르다.

▲지구

　성경으로 지구의 나이를 젊은 것으로 보는 '젊은 연대 입장'에서는 지구의 나이를 성경에 기록된 족보대로 6천 2백 년 남짓으로 보고, 지구의 나이를 오래된 것으로 해석하는 '오랜 연대설'에서는 46억 년으로 본다.

　사실 오랜 연대설은 진화론자들만 지지하는 것이 아니라 이를 지지하는 창조론자들도 있는데, 이런 논란 때문에 창조론자들 사이에서는 지구의 나이에 대한 다양한 이견이 있지만, 진화론자들 사이에서는 46억 년이라는 연대에 큰 이견은 없어 보인다. 창조론자들 사이에서 벌어지는 논란에 관해서는 나중에 자세히 이야기하기로 한다.

　지구의 나이에 대한 생각의 차이는 4만 6천 대 6천 2백도 아니고, 46만 대 6천 2백도 아닌 자그마치 46억대 6천 2백이다. 왜 이렇게 많은 차이가 나는 것일까? 그 이유는 무척 간단한데, 오랜 연대설을 주장하는 사람들은 지구에 46억 년의 나이를 부여한 '방사성 연대측정법'을 신뢰하고 젊은 연대를 주장하는 사람들은 성경의 기록을 신뢰하기 때문이다.

6,200	VS	4,600,000,000

오랜 연대설을 주장하는 사람들은 '방사성 연대측정법'을 신뢰한다. 오늘날 방사성 연대측정법은 연대를 측정하는 과학적이고 객관적인 도구로 군림하고 있다. 그러나 결론부터 이야기하면, 그다지 신뢰할만한 측정법은 아니다.

여기서 잠깐, 지구의 기원 연대를 밝히는 일이 중요할까? 강의를 나가면 종종 이런 질문을 하는 사람이 있다. 그들이 나에게 이렇게 질문을 한 까닭은 무엇일까? 그들이 질문을 한 까닭은 그 이유가 궁금해서라기보다는 그리 중요한 것이 아니라는 생각을 가지고 있기 때문이다.

하지만, 이것은 매우 중요하다. 그들의 말처럼 오랜 연대설을 지지하는 것이나 젊은 연대를 지지하는 것이 기독교적 구원에 직접적인 연관이 없는 것으로 보일 수도 있으나, 연대문제는 구원과 관계가 있을 수도 있다. 왜냐하면, 이것은 성경의 사실성, 권위와 관련이 있기 때문이다.

일단 오랜 연대설을 지지하는 사람들의 주장은 성경에 기록된 내용과는 다르다. 성경은 하나님께서 6일 동안 천지만물을 창조하셨다고 선포하고 있고, 성경에 기록된 족보와 단서들로 지구의 나이를 약 6천 2백년 안팎으로 추산할 수 있다.

하나님은 성경을 통해서 몇 번이나 당신께서 6일 동안 천지만물을 창조하셨음을 언급하셨고 신약에서 사도들도 창세기의 창조를 사실로 언급했으며, 예수님께서도 모세의 기록과 창세기에 기록된 대로의 창조를 인정하셨다.

오랜 연대설을 주장하는 어떤 창조론자는 창조기간의 하루를 '24시간 단위의 하루'가 아니라 '기간'이라고 주장한다. 어떤 창조론자는 창세기에 기록된 창조사건을 역사적인 기록이 아니라 고대인들의 신관과 우주관이 반영된 창조설화로 보며, 또 어떤 창조론자는 성경 자체를 하나의 히브리 문학으로 보고 성경에 기록된 창조사건을 상징적 의미로만 받아들이기도 한다. 그들이 이런 관점들을 가지고 성경을 대하기 때문에 성경보다는 무신론적이고 자연주의적인 데이터들을 더 신뢰하는 것이다.

성경과 과학이 대립되는 상황에서 그들이 진리를 판단하기 위한 기준은 자신들의 이성이다. 그들은 성경보다는 무신론적 과학이 더 합리적인 것으로 판단한 것이다.

심지어 어떤 창조론자는 성경을 하나님의 말씀이 아니라고 보기도 한다. 성경을 하나님의 말씀이 아니라고 보는 기독교인이라는 것이 명백히 모순임에도 불구하고 이것이 오늘날의 마음 아픈 현실이다.

지금부터 오랜 연대설을 주장하는 사람들이 어떤 방법으로 지구의 나이를 측정했는지, 젊은 연대를 주장하는 사람들은 어떤 근거로 연대측정법들을 신뢰할 수 없다고 하는지, 어떻게 지구의 나이를 젊은 것으로 주장하는지와 지구연대에 관한 창조론 안에서의 이견에 대해서 구체적으로 알아보기로 하자.

_ 원자, 동위원소 그리고 방사성 연대측정법

방사성 연대측정법을 알려면 우선 '원자'가 무엇인지를 알아야 한다. 원자는 물질의 기본단위 입자이다. 이 원자라는 이름도 고대 그리스의 철학자가 만든 것이다.

그리스의 철학자 '데모크리토스(Democritos)'는 물질을 계속 쪼개면 더는 쪼갤 수 없는 것이 나올 것으로 생각했고, 더는 쪼갤 수 없는 가상의 입자를 그리스어로 더는 쪼갤 수 없다는 뜻의 '아톰(atom, 원자)'이라 고 불렀다.

▲ 원자모형

19세기 영국의 과학자 '돌턴(John Dalton)'은 근대 원자설을 정리하면서 데모크리토스가 만든 용어를 그대로 사용했다. 더는 쪼갤 수 없다는 원자의 정의는 원자도 양성자와 중성자, 전자 등으로 쪼개진다는 사실이 밝혀지면서 수정해야 했지만, 일반적으로 모든 물질은 '원자'로 구성되어 있다고 본다.

원자의 크기는 매우 작은데, 수소원자의 지름은 0.1 nm 로 1 ㎜ 의 10,000,000분의 1에 불과하다.

원자는 원자핵과 핵 주위를 도는 아주 작은 전자로 이루어져 있으며, 원자핵은 크기가 엇비슷한 양성자와 비슷한 질량을 가졌으나 전하를 띄지 않는 중성자로 구성되어 있다.

원자핵 속의 양성자 수는 원자의 종류에 따라 다르다. 그래서 양성자의 개수로 '원자번호'를 정했는데, 원자번호가 1인 수소는 1개의 양성자와 1개의 전자를 가지고 있고, 원자번호 92인 우라늄은 92개의 양성자와 92개의 전자를 가지고 있다. 이 양성자의 수로 원자마다 특유의 성질을 가지게 된다.

원자들로 구성되어 다른 입자들과 구별되는 성질을 가지고 있는 가장 작은 입자를 '분자'라고 하는데, 수소원자 2개는 수소의 성질을 띠는 수소분자(H_2)가 되고, 산소원자 2개는 산소분자(O_2)가 되며, 탄소원자 1개와 산소원자 2개는 이산화탄소(CO_2) 분자가 된다.

물질을 구성하고 있는 입자들을 말할 때는 '원자'라 하고 그 원자의 성분을 말할 땐 '원소'라는 용어를 사용한다. 현재까지 발견된 원소는 118종이다.

▼ 원소 주기율표

같은 이름의 원소라 하더라도 양성자의 수는 같으나 중성자의 수가 다른 원소가 있다. 이들을 '동위원소(isotope)'라 한다. 수소로 예를 들면, 양성자 1개만으로 이루어진 수소를 '경수소'라 하고, 양성자 1개와 중성자 1개로 이루어진 수소를 '중수소', 양성자 1개와 중성자 2개로 이루어진 수소를 '삼중수소'라 한다.

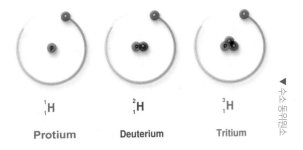

^1_1H ^2_1H ^3_1H

Protium   Deuterium   Tritium

이들 원소는 모두 1개의 양성자를 가지고 있어서 수소라고 불리지만, 각각 중성자가 없거나, 1개 또는 2개를 가지고 있기 때문에 전체 질량과 물리적 성질은 조금씩 다르다. 이들을 수소의 '동위원소'라 한다.

대부분의 원자들은 핵 안의 양성자나 중성자가 안정적으로 자리를 잡고 있지만 어떤 원자들의 양성자나 중성자는 다른 곳으로 이동하려는 성질을 가지고 있다. 이런 원소의 상태를 불안정하다고 한다.

불안정한 상태의 원자 핵이 알파(α)선, 베타(β)선, 또는 감마(γ)선 같은 방사선을 방출함으로써 안정한 상태의 다른 원자핵으로 바뀌는 과정을 '방사성 붕괴(radioactive decay)'라고 하고, 이때 나오는 입자나 전자기파를 '방사선(radiation)'이라고 하며 이 방사선의 세기를 '방사능(radioactivity)'이라고 한다.

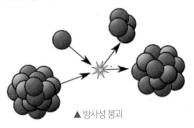

▲ 방사성 붕괴

방사성 붕괴에는 알파(α)붕괴, 베타(β)붕괴, 감마(γ)붕괴 등이 있는데, 알파붕괴가 일어나면 원자의 원자번호는 2, 질량수는 4 가 감소되고, 베타붕괴가 일어나면 질량수에는 변화가 없지만 원자번호가 1 증가하거나 감소되며, 감마붕괴가 일어나면 원자 번호나 질량수에는 변화가 없지만 핵의 에너지 준위가 안정된 상태로 낮아진다.

한 가지 예를 들면, 라듐의 동위원소에는 네 가지가 있는데, 그 중 대부분을 차지하는 88개의 양성자와 138개의 중성자를 가진 라듐-226은 알파붕괴를 통해 86개의 양성자와 134개의 중성자 를 가진 라돈-222 기체를 거쳐 최종적으로는 안정한 납-206으 로 붕괴된다.

라듐-226 − (양성자 2, 중성자 4) = 라돈-222

방사성 연대측정법은 모원소(붕괴 전의 원소)/자원소(붕괴 후 의 원소)의 질량비를 이용하여 연대를 추정하는 연대측정법이 다. 칼륨-40은 방사성 붕괴를 통해 아르곤-40으로 바뀌고, 탄 소-14는 질소-14로 바뀐다. 방사성 연대측정법을 신뢰하는 학자 들은 붕괴속도가 일정했고 '반감기(half-life)'가 변하지 않았을 것으로 '가정'하고 모원소와 자원소의 질량비를 이용하여 연대 를 추정한다.

반감기란 어떤 특정한 방사성 원소의 양이 방사성 붕괴에 의 해서 반(1/2)으로 줄어드는 데 걸리는 시간을 뜻한다. 칼륨-40의 반감기 추정치는 약 13억 년 인데, 일정량의 칼륨-40이 약 13억 년 뒤에는 절반이 붕괴하여 아르곤-40으로 바뀔 것이며 다시 약 13억 년 뒤에는 남은 칼륨-40의 절반이 아르곤-40으로 바뀐다고 한다.

칼륨-40의 비율	추정연대(년)
1/2	1,260,000,000
1/4	2,520,000,000
1/8	3,780,000,000
1/16	5,040,000,000

그리고, 루비듐-87의 반이 붕괴하여 스트론튬-87로 바뀌는 데는 490억 년이 걸리고, 토륨-232의 반이 납-208로 바뀌는 데는 1400억 년, 우라늄-238의 반이 납-206으로 바뀌는 데는 45억 년, 우라늄-235의 반이 납-207로 바뀌는 데는 약 7억 4백만 년, 알루미늄-26의 반이 마그네슘-26으로 바뀌는 데는 74만 년, 탄소-14의 반이 질소-14로 바뀌는 데는 5,730년에 걸린다고 한다.[245]

붕괴 전	붕괴 후	반감기(년)
루비듐-87	스트론튬	49,000,000,000
토륨-232	납-208	14,000,000,000
우라늄-238	납-206	4,500,000,000
우라늄-235	납-207	704,000,000
알루미늄-26	마그네슘-26	740,000
탄소-14	질소-14	5,730

_ 방사성 탄소 연대측정법

반감기 추정치가 5,730년인 '방사성 탄소 연대측정법'은 방사성을 이용한 연대측정법 중에 비교적 짧은 기간을 측정하기에 알맞은 측정법으로 본다. 그래서 유물이나 시신과 같이 유기물이 포함된 시료는 주로 이 방법을 사용하여 연대를 측정한다.

방사성 탄소 연대측정법은 1949년 미국의 화학자 '윌러드 리비(Willard F. Libby)'가 발견했고, 리비는 이 발견으로 노벨 화학상을 받았다.[247]

방사성 탄소 연대측정법은 대기 중에 존재하는 방사성 탄소를 이용하여 연대를 추정한다. 대기 중의 탄소는 대부분 방사성이 없는 탄소-12인데 1조 개중 하나꼴로 방사성 동위원소인 탄소-14가 들어 있다고 한다.

생물이 살아있는 동안에는 지속적으로 호흡이나 광합성을 하기 때문에 대기에 존재하는 탄소-12와 탄소-14의 비율은 생물체 내의 비율과 같다.[248] 그런데 생물체가 죽으면, 호흡이나 광합성이 멈추기 때문에 내부로의 탄소 공급은 중단이 된다. 이때부터 체내의 탄소-14는 붕괴하여 질소-14로 바뀌기 시작하고, 체내의 탄소-14가 줄어들면서 대기의 탄소-14와 생물체 내의 탄소-14비율은 달라지게 된다. 방사성 탄소 연대측정법은 이러한 원리를 적용해서 연대를 추정한다.

하지만, 방사성 연대측정법 자체가 지닌 불확실성으로 인해 그

▲ 나이테

것을 보완하기 위해 나이테의 패턴을 분석하여 연대를 추정하는 연륜연대법을 사용하기도 한다.

　오랜 연대설자들은 지구의 나이를 46억 년으로 주장한다. 지구의 나이는 어떻게 측정된 것일까? 46억 년이라는 오랜 연대설적 나이는 운석들을 다양한 방사성 연대측정법으로 측정하여 얻은 결과이다.

▲ 운석

　그런데, 어떻게 운석의 나이가 지구의 나이가 된 것일까? 그 이유는 태양계의 모든 구성 물질들은 폭발에 의해 동시에 만들어진 것이라는 태양계 기원에 대한 '가설' 때문이다. 그 가설에 따라 지구의 나이와 운석의 나이를 같은 것으로 해석하는 것이다.

　지구에 떨어진 많은 운석들 가운데 가장 주목을 받고 있는 것은 '아옌데'라고 불리는 석질운석이다. 방사성 연대측정법에 의해 아옌데 운석의 나이가 46억 년으로 추정되었고 이것이 지구의 나이로 사용되었다.[250]

_ 방사성 연대측정법, 신뢰할 만한 도구인가?

　그렇다면 방사성 연대측정법은 신뢰할만한 도구일까? 오늘날 방사성 연대측정법은 신뢰할 만한 도구로 군림하고 있는 듯 보이지만, 실제로는 그렇게 신뢰할만한 도구가 아니다.

방사성 연대측정법의 오류를 소개하기 위해 자료를 찾던 중
『다윈도 모르는 진화론』이라는 책을 만나게 되었다. 제목만으로
는 진화론을 지지하는 책인지 부정하는 책인지 알 수 없었지만,
진화론을 강하게 반박하고 있었다.

책의 저자인 '리처드 밀턴(Richard Milton)'은 이 글의 맨 앞부
분에서 자신의 딸이 진화론을 받아들여야 한다는 사실을 견딜
수 없어서 진화론을 반대하는 글을 썼다고 소개했던 바로 그 사
람이다.

리처드 밀턴은 기독교인이 아니다. 그는 자신이 기독교인이 아
님을 몇 번이나 밝히고 있다. 그 이유는 그의 진화론에 대한 반
박이 단순히 종교적인 반감에 의한 것이 아니라는 것을 강조하
기 위함이었다.

리처드 밀턴은 영국 런던에서 활동 중인 과학전문기자이자 설
계공학자이다. 영국의 BBC, NBC를 비롯한 TV 방송의 특집 프
로그램에 여러 차례 소개되었고, 20년 이상 영국지질학회 회원
으로 있으면서 광범위한 지질 조사활동을 한 후에 이 책, 『다윈
도 모르는 진화론』을 집필했다.[252]

재미있는 사실은 도킨스가 이 책에 대한 서평을 썼다는 것인
데, 그는 밀턴을 '악의 없는 바보이자 정신과 치료가 필요한 사람'
이라고 비난했다.[253] 그럴 가능성은 희박하지만, 도킨스가 내 책
을 읽는다면 나에게 어떤 서평을 붙여줄까?

지금부터는 '리처드 밀턴'의 『다윈도 모르는 진화론』과 미국 창
조과학회 '존 모리스'가 쓴 『젊은 지구』, 창조과학 전임사역자이
며 지질학 전공자인 '이재만'이 쓴 『노아 홍수 콘서트』의 내용을

중심으로 방사성 연대측정법의 한계성과 문제점에 대해서 살펴 보고자 한다.

밀턴은 『다윈도 모르는 진화론』에서 고성능 폭약 분야의 세계 적인 전문가인 물리학자 '멜빈 쿡(Melvin A. Cook)'의 이야기를 등장시킨다. '쿡'은 '방사성 연대측정법이 심각한 오류가 있으며 그런 방법으로 측정된 연대는 신뢰할 수 없다'고 했다.[254]

방사성 연대측정법의 오류를 주장하는 사람은 '쿡'만이 아 니다. 다른 학자들도 주요 과학 잡지들에 이와 비슷한 의문 과 증거들을 제기한 적이 있는데, 호주 국립대학교의 '맥두걸 (Mcdougall)'은 1,000년이 되지 않은 것으로 알려진 뉴질랜드의 화성암들을 방사성 연대측정법으로 측정하여 465,000년이라는 수치를 얻었다.[255]

하와이 지구물리연구소의 '펑크하우저(Funkhouser)'와 '노 튼(Naughton)'도 1801년에 화산폭발로 만들어진 킬라우에아 (Kilauea) 산의 화성암을 방사성 포타슘-아르곤법으로 측정하 여 30억 년이라는 수치를 얻었다.[468]

가장 최근에 발생한 측정 오류로는 1991년 남아프리카 총림 지에서 발견된 '락 페인팅(바위그림)'건을 들 수 있는데, 옥스퍼 드 대학교에서 방사성 탄소가속기를 이용하여 측정한 결과 약 1,200년 전의 것으로 발표된 이 바위그림은 알고 보니 남아프리 카공화국의 케이프타운에 살고 있던 '조앤 아렌스'가 공예 강습 시간에 만든 것이었다.[256]

생성연대와 방사성 연대측정법으로 추정한 연대 값 사이에 오차가 발생하는 이유는 방사성 연대측정법이 설정한 가정 때문이다. 방사성 연대측정법을 사용하려면 몇 가지 가정이 필요하고, 그 가정의 불확실성 때문에 오차가 발생하며, 원하지 않는 연대치가 나올 경우, 대개 오염 등의 이유로 폐기해 버리는 경우가 많다.

방사성 연대측정법은 자연환경과 자연현상이 과거로부터 측정 시점까지 동일했을 것이라는 '동일과정'이라는 가정과, 연대를 측정하고자하는 암석 내의 원소들이 외부로부터 유출입이 없었을 것이라는 가정 등이 필요하다.

방사성 연대측정은 방사성 동위원소의 붕괴속도를 이용한다. 그런데 이 속도가 과거로부터 일정했던 것일까? 측정할 수 없는 과거로부터 붕괴속도가 항상 일정했다는 것은 증명되지도 않았고 증명될 수도 없다.

게다가, 대부분의 책 등에서 방사성 동위원소의 붕괴속도가 일정한 것으로 소개되지만, 최근의 논문들에서는 플라즈마 상태 등에서 붕괴속도가 1만 배까지 가속되었음을 보여주고 있다. 방사성 동위원소의 붕괴속도가 일정했을 것이라는 가정은 단지 그들의 '희망사항'일 뿐이다. 세계적 화제가 된 과학교양서 『거의 모든 것의 역사』에서 '빌 브라이슨'은 이렇게 말했다.

> 반감기가 30초인 시료가 있다면, 그 속의 모든 원자들이 정확하게 30초, 60초 또는 90초 동안만 존재하는 것이 아니다. 각각의 원자들은 30의 배수와는 아무런 상관이 없이 임의적인 기간이 지나면 붕괴된다.…(중략)…다시 말해서 반감기는 크기가 충분히 큰 시료에 적용할 수 있는 평균속도를 나타내는 것이다.[257]

고로 붕괴속도가 일정하다는 것은 오랜 연대를 갈망하는 과학자들이 어떻게든 오랜 연대의 데이터를 얻어내기 위해 '동일과정'이라는 생각으로 설정한 하나의 '가정'에 불과하다. 그 가정 때문에 실제로 형성된 사건과 방사성 연대측정법으로 추정한 연대 사이에 엄청난 오차가 발생하는 것이다.

암석 내의 모원소와 자원소들이 외부로부터 유출입이 없었을까? 암석은 외부 환경에 노출되어 있기에 화산체에서 마그마 또는 용암이 지표로 분출되는 과정에서 외부 물질들이 출입할 수 있다. 그리고 지하수나 다른 요인들, 변성 작용이나 화학적 환경의 변화에 의해서 외부 물질들은 충분히 유입될 수도 있고 유출될 수도 있다.

가장 신뢰도가 높다는 '방사성 탄소 연대측정법'을 살펴보면, 분석 대상인 대기 중 탄소-14의 양이 일정했다는 오랜 연대설자들의 주장과는 달리 대기에 존재하는 탄소-14의 양은 일정하지 않다. 방사성 탄소 연대측정법은 과거로부터 측정 시점까지 대기 중 탄소-14의 비율이 일정해야만 사용이 가능하다.

방사성 탄소 연대측정법을 발견한 리비의 연구진은 대기 중 탄소-14의 양이 일정했다고 발표했으나,[259] 리비 자신이 이 부분을 검증하기 위해 다시 실험했을 때, 탄소-14의 생성량과 붕괴량이 서로 다른 것을 발견했다. 생성량이 붕괴량보다 25% 정도 많았다. 그 결과에 따르면 대기 중 탄소-14의 양은 계속 증가하고 있다.

리비는 탄소-14의 비율이 일정했다던 자신의 초기 실험에 '실험상' 약간의 오류가 있었다고 나중에 인정을 했다.[260] 그런데, 1960년대에 '리처드 린젠펠터(Richard Lingenfelter)'는 리비가 인정한 오류가 실험상의 오류가 아니라 실제 발생하는 큰 오류라고 이야기했다.[261]

사우스캘리포니아 대학교의 '한스 쥐스(Hans Suess)'는 『지구물리연구학회보』를 통해, '스위처(V. R. Switzer)'는 『사이언스』지를 통해 방사성 탄소 연대측정법에 오류가 있음을 밝혔다.[262]

쿡은 '린젠펠터'와 '쥐스'의 데이터를 검토하여 생성량이 붕괴량보다 38% 더 많다는 결론을 내놓았다.[263]

『선사 고고학 입문』에서 '홀(Hole)'과 '하이처(Heizer)'는 '어떤 시기에는 대기 중 탄소-14의 농도 변화가 상당히 심해서 연대 결정에 큰 영향을 미칠 수 있고, 과학자가 이 변화량을 예측할 수 없기 때문에 방사성 탄소 연대측정법으로 연대를 측정하기 위해서는 다른 방법과 병행할 필요가 있다.[264]'고 말했다.

탄소-14는 지구 밖에서 오는 광선인 우주선(cosmic rays)과 관련이 있다. 탄소-14는 우주선이 대기 중의 질소-14와 충돌하면서 생긴다. 그렇기 때문에 우주선이 많이 들어오면 대기 중 탄소-14

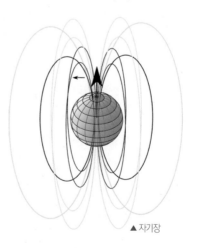

▲ 자기장

가 많아지고, 우주선이 적게 들어오면 탄소-14의 양은 적어진다. 대기권으로 들어오는 우주선을 일차적으로 막아주는 것이 있는 데, 그것이 바로 자기장이다. 그래서 탄소-14의 생성량은 자기장의 세기와 관련이 있다.

오늘날 자기장의 세기는 점점 감소하는 것으로 알려져 있다. 그렇다면 과거에는 자기장의 세기가 더 강했을 것이고, 강한 자기장 때문에 우주선이 오늘날보다 대기권으로 덜 유입되면서 탄소-14의 양은 오늘날에 비해 적었을 것이다.[265]

대기권으로 들어오는 우주선의 양과 자기장의 세기 등을 복합적으로 생각할 때, 대기 중 탄소-14의 양은 일정하지 않다는 결론에 도달하게 된다.
더 이상 어떤 설명이 필요할까? 탄소-14의 양이 일정하지 않다면 비율은 무슨 의미가 있을까? 방사성 연대측정법으로 측정된 데이터는 신뢰하기가 어렵다.

방사성 탄소 연대측정법은 다른 방사성 연대측정법에 비해 반감기가 비교적 짧은 5,730년 안팎이다. 대기 중 탄소-14는 1조 개 중 1개꼴로 있기 때문에 그 양이 매우 적다. 오랜 연대설적 과학자들도 10만 년 정도가 지나면 어떤 유기물에서도 검출할 수 있을만한 탄소-14가 남아있기 어렵기 때문에 4만 년보다 오래된 유기물은 탄소 연대측정법으로 측정하기 어렵다고 본다.
문제는, 지질학자들이 암석의 연대를 측정할 때 방사성 탄소 연대측정법을 사용하지 않는다는 것이다. 그 이유는 암석이 4만 년보다 오래된 것이라는 생각을 미리 가지고 있기 때문이다. 그래서 반감기가 짧은 방사성 탄소 연대측정법보다는 반감기가 긴 칼륨-아르곤 측정법이나 우라늄-납 측정법을 사용하여 암석의 연대를 측정한 것이다.

그런데, 칼륨-아르곤 측정법이나 우라늄-납 측정법 등으로 오랜 연대를 부여받은 암석 내의 나무 화석이나 석탄을 방사성 탄소 연대측정법으로 측정하니 탄소-14가 검출되는 것이었다.

탄소-14가 검출된다는 것은 그 시료가 4만 년 미만의 나이를 가지고 있다는 것이 된다. 방사성 연대측정법이 신뢰할 만한 도구라면 그 시료에서 탄소-14는 검출되지 않아야 한다.

> 탄소-14의 양을 측정하면 언제나 오랜 연대설을 주장하는 사람들에게 당황스러운 결과들을 안겨준다. 왜냐하면, 오랜 연대설을 주장하는 사람이 수백만에서 수억 년 된 것이라 믿고 있는 화석이나 암석에서도 충분한 탄소-14가 검출되기 때문이다.[266]

오랜 연대설적인 지질학자들에 의해 2천만 년 전의 것으로 추정된 스위스 마겐윌(Magenwil)석탄은 방사성 탄소 연대측정법으로는 3만 6천 년 전의 것으로 측정되었고,[267] 2천 3백만 년 되었다던 호주 시드니의 혹스베리(Hawkesbury)사암에서 발견된 나뭇조각 화석은 3만 4천 년 전의 것으로 측정되었으며,[268] 2억 5천만 년이 되었다던 호주 시드니의 그레이트노던심(Great Northern Seam) 석탄층에 있는 석탄은 고작 3만 4천 년에서 4만 8천 년 전의 것으로 측정되었다.[269]

방사성 탄소 연대측정법으로 측정한 연대가 역사의 기록과 거의 일치하게 나온 경우가 있는데, – 그 중 일부가 방사성 탄소 연대측정법을 신뢰할 수 있는 증거로 사용되고 있음 – 그 연대는 방사성 탄소 연대측정법만을 사용해서 측정한 연대가 아니라 여러 병행측정법과 기록들로 연대를 보정한 것이다.

방사성 연대측정법으로 측정한 연대는 그대로 사용하는 것이 아니라 다양한 방식의 보정 과정을 거친 후 발표된다. 누가 봐도 조선시대의 물건임을 아는데 몇 만 년 전의 것이라고 발표하지는 않는다. 어떤 식으로든 조선건국인 1392년 이후의 연대를 측정해야 하고, 여러 번의 측정으로 얻은 데이터 중 원하는(이미 마음으로 결정된) 데이터를 선택하는 방식으로 보정한 것이다.

방사성 탄소 연대측정법을 보정하기 위해 사용하는 도구 중 하나인 '나이테 시계'는 4천 년에서 5천 년 정도의 수령을 가진 브리슬콘 소나무(Bristlecone Pine)의 나이테를 주로 이용하는데, 애리조나 대학교의 '찰스 퍼거슨(Charles Ferguson)'은 이를 이용하여 현재로부터 8천2백 년 전까지 펼쳐지는 기준 연대표를 작성했다.[271]

그가 작성한 연대표는 탄소 연대측정법의 오차를 수정하는데 쓰인다. 그런데 이 연대표와 방사성 탄소 연대측정법으로 측정한 데이터 사이에는 상당한 오차가 있다. 고고학자들은 오히려 이 둘 사이의 엄청난 오차 때문에 혼란을 겪고 있다고 한다.

나이테는 1년에 하나씩 생겨나는 것일까? '페어브리지(R. W. Fairbridge)'는 『브리태니커 백과사전』의 '홀로세' 편 서문에서 기후가 매우 혹독한 계절에는 나이테가 형성되지 않을 수도 있다고 했다.

　나이테의 형성은 어떤 위도에서는 습도에 좌우되고, 어떤 위도에서는 기온에 영향을 받기도 하며,[272] 한 해에 두 개의 나이테가 생기는 경우도 있다. 나이테의 수나 간격으로는 나무의 나이나 성장 환경을 일치시키지 못한다.

　현재 지구상에 있는 나무들의 나이테 패턴도 같지 않고 물로부터의 거리나 태양의 방향, 토양속의 양분 등의 차이에 의해 나이테 패턴은 달라진다.[273] 따라서 '나이테 시계'도 신뢰할만한 측정도구는 아니다.

　다시 방사성 연대측정법으로 돌아오면, 반감기가 45억 년으로 추정된 우라늄-납 측정법은 우라늄-238이 납-206으로 붕괴된 양으로 연대를 측정하는 방법이다. 오랜 연대설자들은 우라늄이 시간에 의해서만 붕괴되는 것처럼 소개하지만, 우라늄이 시간에 의해서만 붕괴되는 것은 아니다. '시간' 외에 다른 방법에 의해서도 이루어질 수 있다.[275] 붕괴의 과정이 마치 방사형 도미노처럼 또 다른 붕괴를 일으키는 것이다. 이렇게 붕괴된 방사성 납은 자연적으로 붕괴된 납과 구별하기 어렵다.[276] 그래서 말도 안되는 방대한 수치들이 나오게 되는 것이다.

　우라늄이 납으로 바뀌는 과정 중에서 알파붕괴를 통해서는 헬륨 입자들이 방출된다. 오랜 연대설자들의 주장대로 지구의 나이가 46억 년이라면 대기에는 46억 년 동안 방출되었을 많은 양의 헬륨이 있어야 한다. 그러나 오늘날 대기에는 46억 년 동안 방출되었어야할 양의 고작 백만 분의 일에 불과한 헬륨만이 있을 뿐이다.

학자들은 헬륨이 우주 밖으로 빠져나간 것으로 설명하고 있으나, 그 차이가 너무나 크기 때문에 그것만으로는 설명이 충분하지 않다.

칼륨-아르곤 방사성 연대측정법에서는 칼륨이 아르곤으로 바뀐다고 했다. 그렇다면 암석이 형성될 시점에 암석 내부에 아르곤은 하나도 없었던 것일까? 오랜 연대설적 지질학자들은 불활성 기체인 아르곤-40은 용융된 암석으로부터 쉽게 빠져나가므로 암석 안에는 칼륨에서 붕괴된 아르곤만 존재한다고 했다.[277] 그러나 오랜 연대설자들의 주장과는 달리 측정한 결과, 많은 양의 아르곤이 검출되었다.

> 실제로 화산분출의 시기가 관찰된 용암으로부터 형성된 화산암을 측정한 결과 한결같이 충분한 아르곤 가스가 측정되었다. 지질학자들은 이를 '초과된 아르곤 문제'라고 부른다.[278]

1980년에 폭발한 미국 워싱턴주 세인트헬렌스 산(Mount St. Helens)의 용암을 6년 후에 칼륨아르곤 측정법으로 측정해 보니 50-250만 년이 걸려야 누적될 수 있는 양의 아르곤이 나왔다.[279] 이 결과는

▼ 세인트헬렌스 산

용암에서 아르곤 가스가 빠르게 빠져나갈 수 없음을 보여준다.

가장 최근인 2007년에 분출한 뉴질랜드의 나우루호에 산(Mount Ngauruhoe)은 1949년, 1954년, 1975년에 걸쳐 분출했는데 아르곤 가스의 양을 측정하자 350만 년이라는 연대가 나왔다.[280]

붕괴된 결과물이 암석이 형성될 시점에는 암석 내부에 하나도 없었던 것처럼 연대를 측정하지만, 이 결과는 특정 원소가 붕괴된 결과물인지, 붕괴되기 전부터 암석에 존재했었는지를 알 수 없음을 보여준다.

연대를 측정하고자 하는 암석이 외부의 오염으로부터 차단될 수 있었을까?

지표로 분출된 용암은 오랜 연대설자들의 바람처럼 외부의 오염으로부터 차단될 수 없다. 용암이 이동하는 과정에서 물질이 얼마든지 유입되거나 유출될 수 있다. 심지어 용암이 굳어진 이후에도 외부의 물질이 유입되거나 유출될 수 있다. 특히 우라늄은 물에 매우 잘 녹아 지하수에 의해 유출되기 쉽기 때문에 원래의 양을 예측하기 어렵다.[281]

동일한 암석도 측정하는 위치에 따라 상당히 다른 결과를 얻을 수 있고, 실험을 수행하는 과학자가 잔류물의 양을 어떤 방식으로 측정하는가에 따라 결과는 왜곡될 수 있다.[282]

1997년부터 2005년까지 미국 창조연구소(Institute for Creation Research)에서 수행한 RATE(Radioisotopes and the Age of The

Earth, 방사성 동위원소와 지구의 나이)라는 프로젝트에서 미국 석탄시료은행에서 가지고 온, 이미 오래된 것으로 연대가 측정되어 있는 열 개의 석탄을 3곳의 전문기관에 다시 연대측정을 의뢰한 결과, 오랜 연대설적으로 수천만 년에서 수억 년 전의 것으로 분류되었던 석탄들이 단지 수 만 년 된 것으로 측정되었다. 과거 대기의 탄소-14 양이 지금보다 적었다는 것을 고려하면 이것들의 연대는 수천 년 전으로까지 줄어든다.[283]

서아프리카와 남아프리카에서 가지고 온 수십억 년 전의 것으로 연대가 측정되어 있던 열두 개의 다이아몬드에서조차도 탄소-14가 검출되었다.[284] 앞에서 이야기했던 것처럼 탄소-14가 검출 되었다는 것은 생성 연대가 겨우 몇 만 년 내외라는 이야기가 된다.[285]

이 연구결과들은 공식적으로 발표되기 전인 2003년에 미국 지구물리학회 콘퍼런스에서 일부가 발표되어 당시 방사성 동위원소를 연구하는 과학자들의 관심을 끌었고, 2005년 11월에 최종 발표되었다.[286] 몇 가지 결과가 더 있지만 비슷한 이야기라 줄인다.

시카고 대학의 고생물학자인 '라우프(D. M. Raup)'는 방사성 연대측정법이 많은 문제점을 갖고 있고 그 방법은 부정확하며 많은 근본적 오차를 내포한다고 말했다.[287] 또, '존 화이트필드(J. Whitfield)'는 『네이처(2004)』에서 '지난 10년간의 여러 연대측정 결과가 서로 불일치함이 명백해졌다'고 했다.[288]

> 같은 암석을 다른 방사성 연대측정법으로 측정한 결과도 서로 같지 않다. 특히 우라늄-납 측정법과 우라늄-토륨-헬륨 측정법은 모순이라고 할 정도로 다르다.[289]

방사성 연대측정법의 오류에 관해서는 이 책을 통해 처음 접한 사람들도 있을 것이다. 방사성 연대측정법의 오류에 관해 이야기하는 것은 현재로써는 도전적인 일이다. 그 이유는 이 측정법에 대한 신뢰가 도를 지나칠 정도로 강하기 때문이다.

오랜 연대설적 학자들은 물론이거니와 신학을 전공한 사람들조차도 방사성 연대측정법을 신뢰하기 때문에 젊은 연대입장에 부정적인 반응을 보일 정도이니 말이다. 심지어 이름을 대면 알 만한 창조론자도 방사성 연대측정법은 암석 연대를 측정하는 비교적 신뢰할 수 있는 방법이라고 했고,[290] 탄소 연대측정법의 오차는 인정하지만 그것도 2% 미만이라고 했으며, 부정확한 데이터도 왜 그런 부정확한 결과가 나오는지가 잘 밝혀져 있다고 했다.[291]

과학이 첨예하게 대립된 두 생각 사이에서 객관적이고 합리적인 결과로 한 쪽의 손을 들어줄 것 같지만, 과학적 결과들은 늘 자신이 가진 생각을 합리화하기 좋게 데이터화 되어있다. 그래서 우리는 과학적 결과들을 통해서는 대립된 두 생각 사이에서 진리를 발견하기 어렵다.

두 생각의 대립 정도에 따라 어려움은 더 상승한다. 방사성 연대측정법을 '신뢰하는 과학자'들은 신뢰할 만한 증거를 내어놓을 것이고, '부정하는 과학자'들은 신뢰할 수 없는 증거를 내어놓을 것이다.

여기서 나는 상대주의적인 입장을 취하려는 것이 아니다. 결국은 '과학'의 문제가 아니라 '철학'의 문제라는 이야기를 하고 있는 것이다.

방사성 연대측정법을 신뢰하느냐 신뢰하지 않느냐의 문제는 과학적인 문제를 넘어서는 패러다임의 문제다. 자신이 어떤 패러다임을 가지고 있느냐에 따라 오류가 보이기도 하고 보이지 않기도 한다.

나는 성경적인 젊은 지구라는 패러다임을 가지고 있다. 그래서 내 눈에는 방사성 연대측정법의 오류가 잘 보인다. 당신이 만약 오랜 연대설적 패러다임을 가지고 있다면, 젊은 지구를 보여주는 어떤 명백한 데이터를 제시하더라도 당신의 패러다임이 바뀌지 않는 한 인정하기 어려울 것이다.

방사성 연대측정법에 오류가 있다는 주장은 성경 맹신도들의 아마추어적인 억지가 아니다. 방사성 연대측정법의 오류를 주장하는 과학자도 있다. 책을 통해서 만난 과학자들 말고도 나와 친분이 있는 과학자들은 대부분 방사성 연대측정법을 신뢰하지 않는다. 그들 중에는 물리학·지질학·생물학 전공자도 있고 국내 저명한 과학자들도 있다.

오랜 연대설을 주장하는 사람들은 이미 지구가 오래된 것이라는 굳건한 신념, 패러다임을 가지고 있다. 그런 패러다임은 방사성 연대측정법과 이 측정법으로 측정된 데이터를 신뢰하기 때문에 자신들의 패러다임에서 벗어난 과학적 데이터는 실험상 오류로 간주한다. 그것은 과학이 아니라 '신념'이다.

연대를 측정하는 학자들은 자신들이 기대하는 연대라고 생각하는 암석들은 선택하고 틀린 것으로 보이는 표본들은 오류로 여기고 폐기해 버린다.[292]

　과학자들은 극단적인 소수의 값은 배제하고 그래프로 그렸을 때 한 직선상에 모여있는, 즉 '평탄역'에 있는 다수의 값들로 결론을 내린다.[293] 일반적으로 알려진 연대에 비해 너무 높게 나오거나 낮게 나온 연대는 버리는 것이 통상적이라고 어느 지질학자는 말했다.[294]

　과학도 패러다임에 의해서 작용되는 불완전한 도구에 불과하다. 결국 자신이 선택한 신념을 따르는 것뿐이다.

　창조론자가 아닌 리처드 밀턴의 『다윈도 모르는 진화론』을 통해 방사성 연대측정법을 살펴보았지만, 창조론 측의 책을 보면 방사성 연대측정법의 신뢰성은 아예 없다. 『젊은 지구』를 통해 지질학 전공자이며 현재 미국 창조과학연구소 명예회장인 '존 모리스(John D. Morris)'가 밝히는 연대측정의 비밀을 소개한다.

화석이 아주 잘 보존된 석회암을 발견했다고 가정해보자. 이 석회암의 나이를 알고 싶어서 가까운 대학 지질학과 교수를 찾아간다. 다행히 그 교수가 당신이 가지고 간 석회암에 흥미를 갖고 있어서 수고를 아끼지 않고 나이를 측정한다.[295]

　지질학 교수에게 가져간 석회암은 방사성 연대측정법을 직접 사용하여 연대를 측정할 수 없다. 왜냐하면, 방사성 연대측정법은 석회암 같은 퇴적암에는 적용할 수 없

▲ 조개화석

고 대부분 화성활동으로 생성된 것으로 해석되고 있는 화성암에 적용할 수 있기 때문이다.

석회암에 화석이 포함되어 있다면 석회암의 연대는 오랜 연대설적 순환논리에 따라 쉽게 구할 수 있다. 석회암에 포함된 '화석'에 이미 진화론적으로 매겨져 있는 오랜 연대로 석회암의 연대를 추정하는 것이다.

석회암에 조개화석이 포함되어 있다면 포함된 조개화석의 모양을 『무척추 고생물학』이란 책을 통해 찾고, 책에 기록된 데이터로 이 석회암은 나이를 얻게 된다.[296](물론 이 이야기는 창조론자인 존 모리스가 창조론적인 관점으로 쓴 글임을 인정한다. 그렇지만 지질학자로서의 경험에서 나온 이야기이다.)

모든 화석이 암석의 연대를 측정하는 기준이 되는 것은 아니다. 암석의 연대를 측정하는 기준이 되는 화석을 '표준화석' 또는 '시준화석'이라하는데, 지질학자들의 생각에 따르면 어떤 화석이 표준화석으로 선정되기 위해서는 오직 특정 퇴적층에서만 발견되어야하고, 비교적 넓은 지역에서 발견되면서도 생존기간은 지질시대로 봤을 때 비교적 짧아야 한다.[297]

그런데 표준화석에 대한 이런 정의에도 불구하고 표준화석으로 선정된 화석이 특정 퇴적층에서만 발견되지 않는다는 연구결과들은 많다.

게다가 7천만 년 전에 멸종된 것이라던 실러캔스는 여전히 화석과 동일한 모습으로 살아있고, 3억 년 전의 것이라던 석탄층에서 발견된 '쇠로 만든 용기'며,[469] 오랜 연대설로 사람이라는 종이 살지 않았다던 중생대 지층에서 발견된 '망치' 등은 지구가 오래되었다는 신념으로 만들어진 지질시대, 표준화석, 살아 있는 화석 등의 개념을 과학적 사실로 받아들여야 할지 의심하게 만든다.

방사성 연대측정법에 명백한 오류가 있음에도 불구하고 과학자들은 왜 이 도구를 신뢰하는 걸까? 그것은 진화론자들의 오랜 연대에 대한 '소망'이 방사성 연대측정법으로 측정된 결과와 너무나 잘 어울리기 때문이다.

오늘날 오랜 연대설과 진화론은 과학계의 견고한 성이다. 비주류인 젊은 연대입장이 이 성을 공략하는 것은 어렵다. '쿡'도 자신이 쓴 『선사시대와 지구의 원형』의 서문에서 '예상치 못한 바도 아니고 이유를 모르는 바도 아니지만, 대기와 해양의 연대가 짧다는 증거에 관한 논문들은 대기권과 수권에 대한 예외적인 연대학으로 취급되어 늘 출판이 거부되곤 한다.'라고 했다.[298]

무엇이 세계적인 물리학자의 출판을 막은 것일까? 그것은 과학계를 주도하고 있는 오랜 연대설을 갈망하는 생각의 틀이다.

만약 누군가 지구의 나이를 46억 년이 아닌 30억 년이라고 주장한다면, 오랜 연대지지자들은 그 생각이 잘못되었다고 할 것인데, 그 싸움은 증거물을 두고 벌이는 과학적 공방이 아니라 상반된 패러다임 때문에 벌어지는 생각의 차이일 뿐이다.

현재 이 싸움의 승산은 거의 오랜 연대지지자들에게 있다. 이들에 의해 46억 년이 아닌 지구의 기원 연대는 모두 예외적인 연대학으로 분류되어 버리기 때문이다. 이것은 혁신을 외치는 많은 사람들이 정치에 입문하지만, 그다지 바뀌지 않은 정치구조나 교육혁신을 외치는 수많은 교사들이 현장에 뛰어들지만, 아직도 바뀌지 않은 교육현장과 비슷하다.

성은 견고하다. 그러나 분명한 것은 바꿀 수는 있다. 이 글을 쓰는 것도 오랜 연대설이라는 견고한 성을 무너뜨리려는 하나의 노력이다.

지구의 나이를 측정하는 방법은, 대중적으로 소개가 되지 않아서 그렇지 다양하다. 그리고 모든 측정법들이 오래된 지구를 나타내는 것은 아니다. 지구의 나이가 그다지 오래되지 않았다는 결과를 보여주는 데이터도 많다.[299]

> 나(물리학자 러셀 험프리)는 지구 나이를 얻기 위해 사용된 수백 개의 과정을 평가해 왔다. 이들 중 단지 10여 개만이 수십억 년 되었다고 말하는 것 같다. 나머지 90%는 수십억 년보다 훨씬 젊은 연대를 보여준다.[300]

지구의 자전 속도, 대기 중 헬륨의 양, 자기장의 감퇴, 화석들에 남아있는 DNA, 다시 살아나는 박테리아, Y-염색체의 DNA 염기서열 변이, 공룡의 혈액세포, 다지층 나무

▼ 다지층나무화석

화석, 석탄과 석유, 바다의 소금 양, 인류의 역사와 인구수, 달의 후퇴율, 초신성들의 크기와 팽창률, 토성 고리들의 변화율과 소멸률 등 수많은 데이터는 지구가 오랜 연대설을 주장하는 사람들이 생각하는 것보다는 그리 오래되지 않았다는 것을 보여준다.

_ 젊은 연대입장의 연대계산법

오랜 연대설을 주장하는 사람들이 어떻게 지구의 나이를 46억 년으로 추정하는지와 젊은 연대입장에 있는 사람들이 왜 그것을 부정하는지에 대해서 알아보았다. 이제 젊은 연대를 주장하는 사람들은 어떤 근거로 지구의 나이를 6천 년으로 주장하는 지에 대해서 살펴본다.

천지만물의 기원에 관련해서 가장 많은 조롱을 받았으리라 생각이 드는 '제임스 어셔(James Ussher)' 대주교는 성경의 기록으로 지구의 나이를 약 6,000년이라고 계산했고, 대주교와 같은 시대에 케임브리지 대학교 부총장이었던 '존 라이트풋(John Lightfoot)' 박사는 기원전 4004년 10월 23일 오전 9시 정각에 사람이 창조되었다고 주장했다.[301]

그러나 기원의 날짜와 시각은 성경에 명시되어 있지는 않다. 성경은 천지만물의 기원을 과학적으로 설명하기 위한 책이 아니다. 성경의 목적은 예수 그리스도를 통한 인류의 구원을 알게 하려는데 있다. 그래서 우리가 궁금해 하는 이야기가 우리가 원하는 방식으로 기록되어 있지는 않다.

그렇다면 성경을 통해서 인류의 기원 연대를 알 수 있을까? 놀랍게도 성경에는 인류의 기원 연대를 계산할 수 있는 힌트가 숨겨져 있다. 그 힌트를 찾는 작업을 창조과학회 기본과정 동영상 강의 중 '김홍석'교수의 '창세기는 역사다' 부분을 시청하고 요약해 본다.

창세기 5장에는 최초의 사람, 아담에서부터의 족보가 기록되어 있다. 족보에는 선조가 낳은 대표적인 자녀의 이름과 그 자녀를 낳은 나이, 그리고 죽은 나이가 기록되어 있다.

> '아담'은 백삼십 세에 자기의 모양 곧 자기의 형상과 같은 아들을 낳아 이름을 '셋'이라 하였고, 아담은 '셋'을 낳은 후 팔백 년을 지내며 자녀들을 낳았으며, 그는 구백삼십 세를 살고 죽었더라, '셋'은 백오 세에 '에노스'를 낳았고, '에노스'를 낳은 후 팔백칠 년을 지내며 자녀들을 낳았으며, 그는 구백십이 세를 살고 죽었더라, '에노스'는 구십 세에 '게난'을 낳았고, '게난'을 낳은 후 팔백십오 년을 지내며 자녀들을 낳았으며, 그는 구백오 세를 살고 죽었더라 (창세기 5:3-11)

이 족보를 통해 우리는 1대 조상인 '아담'에서부터 10대 조상인 '노아'까지의 연대를 계산할 수 있다.

1대 조상인 '아담'은 130세에 '셋'을, '셋'은 105세에 '에노스'를, '에노스'는 90세에 '게난'을, '게난'은 70세에 '마할랄렐'을 '마할랄렐'은 65세에 '야렛'을, '야렛'은 162세에 '에녹'을, '에녹'은 65세에 '므두셀라'를, '므두셀라'는 187세에 '라멕'을, '라멕'은 182세에 '노아'를 낳는다. 그래서 1대 조상인 '아담'을 기준으로 10대 조상인 '노아'는 1,056년 후에 태어난 것이다.

'노아'가 '셈'을 낳은 나이는 명시되어 있진 않지만, 창세기 11장 10절을 통해서 계산할 수 있다. '셈'

아담
130 ⬇
셋
105 ⬇
에노스
90 ⬇
게난
70 ⬇
마할랄렐
65 ⬇
야렛
162 ⬇
에녹
65 ⬇
므두셀라
187 ⬇
라멕
182 ⬇
노아
⬇

이 대홍수가 나고 2년 뒤인, 100세가 되어 '아르박삿'을 낳았으므로 창세기 7장 11절에 '노아'가 600세 되던 해에 홍수가 났으니 '노아'는 503세 전후에 '셈'을 낳은 것이다.

'노아'가 '셈'을 낳은 나이를 알아내고 나면 '셈' 이후로는 창세기 11장의 기록으로 다시 연대를 이어나갈 수 있다.

노아
503 ⬇
셈
100 ⬇
아르박삿
35 ⬇
셀라
30 ⬇
에벨
34 ⬇
벨렉
30 ⬇
르우
32 ⬇
스룩
30 ⬇
나홀
29 ⬇
데라
130 ⬇
아브람 (아브라함)
100 ⬇
이삭
60 ⬇
야곱
⬇

'노아'는 503세에 '셈'을, '셈'은 100세에 '아르박삿'을, '아르박삿'은 35세에 '셀라'를, '셀라'는 30세에 '에벨'을, '에벨'은 34세에 '벨렉'을, '벨렉'은 30세에 '르우'를, '르우'는 32세에 '스룩'을, '스룩'은 30세에 '나홀'을, '나홀'은 29세에 '데라'를 낳았다.

19대 조상인 '데라' 다음에는 드디어 20대 조상인 '아브람(후에 하나님께서 아브라함으로 이름을 바꾸심)'이 등장하지만, 11장 26절은 연대를 계산하기엔 모호한 구절이다.

데라는 칠십 세에 아브람과 나홀과 하란을 낳았더라
(창세기 11:26)

나도 처음에 이 숫자로 연대로 계산하여 '데라'가 아브람을 70세에 낳은 것으로 계산했더니 동영상 강의에 나와 있는 계산과 60년이 차이가 나는 것이었다.

동영상을 다시 보니, 창세기 11장 32절에 '데라'가 205세에 하란에서 세상을 떠났다는 구절과

12장 4절에 '아브람'이 하란을 떠날 때 75세였다는 기록에 의해서 '데라'는 130세에 '아브람'을 낳은 것이라고 했다.

　그런데 처음에는 이 부분을 이해할 수가 없었다. '데라'의 연대에서 '아브람'이 하란을 떠난 나이를 뺀다는 것은 '아브람'이 아버지 '데라'가 죽고 1년 내외에 하란을 떠났다는 이야기인데, '데라'의 죽음이 기록된 창세기 11장과 '아브람'의 부르심이 기록된 12장은 그저 이어져 있지 두 장 사이의 시간에 대한 기록은 없기 때문이다. 하지만 성경을 통해서 금방 실마리를 찾았다. 그리고 흥분이 채 가시기 전에 재빨리 기록으로 옮겼다.

　창세기 16장 16절에 '아브람'이 아이를 낳지 못하던 아내 '사래'의 몸종인 '하갈'에게서 아들 '이스마엘'을 얻었을 때 '아브람'의 나이가 86세였다는 기록이 있다.

> 하갈이 아브람에게 이스마엘을 낳았을 때에 아브람이 팔십육 세였더라
> (창세기 16:16)

　그리고 16장 3절에 '아브람'의 아내 '사래'가 그의 몸종이었던 '하갈'을 남편의 소실로 들이는 장면과, 이때가 '아브람'이 가나안 땅에서 10년쯤 살았던 때였다는 기록이 있다.

> 아브람의 아내 사래가 그 여종 애굽 사람 하갈을 데려다가 그 남편 아브람에게 첩으로 준 때는 아브람이 가나안 땅에 거주한 지 십 년 후였더라
> (창세기 16:3)

　그러면 '아브람'이 하란을 떠난 나이는 대략 75세 전후가 됨을

알 수 있다. 그렇다면 '아브람'은 '데라'가 세상을 떠나고 1년이 지나지 않아서 하란을 떠난 것이 되고, 결국 '데라'는 130세에 '아브람'을 낳은 것이 된다.

'데라'가 '아브람'을 낳은 나이가 계산되었으면 또 쉽게 연대를 이어갈 수 있다.

'데라'는 130세에 '아브람'을, '아브람'은 100세에 '이삭'을, '이삭'은 60세에 22대 조상인 '야곱'을 낳는다. 족보의 기록만으로 계산하면 1대 조상인 '아담'으로부터 약 2,169년 후에 22대 조상인 '야곱'이 태어난다.

계산이 가능한 족보는 여기까지 기록되어 있기 때문에 이후의 연대는 역사 속으로 묻히는듯했으나 하나님은 침묵하고 계시지 않으셨다. 열왕기상 6장 1절에 로제타스톤(Rosetta stone)과 같은 비밀의 열쇠가 숨겨져 있다.

열왕기상 6장 1절에 '솔로몬'이 왕위에 오른 지 4년째 되는 해가 이스라엘 백성이 애굽, 오늘날 이집트에서 해방되어 나온 지 480년이 지난해라는 기록이 있다.

> 이스라엘 자손이 애굽 땅에서 나온 지 사백팔십 년이요 솔로몬이 이스라엘 왕이 된 지 사년 시브월 곧 둘째 달에 솔로몬이 여호와를 위하여 성전 건축하기를 시작하였더라 (열왕기상 6:1)

'솔로몬'의 즉위를 B.C. 970년으로 보니, '솔로몬'이 왕이 된 지 4년이면 B.C. 966년이고, 거기에 480년을 거슬러 보면 출애굽은 B.C. 1446년에 일어난 사건이라는 계산이 나온다.

순	이름	출산나이(세)	누적연대(년)	연대	특이사건
1	아담	130	130	BC 4175	천지창조
2	셋	105	235	BC 4045	
3	에노스	90	325	BC 3940	
4	게난	70	395	BC 3850	
5	마할랄렐	65	460	BC 3780	
6	야렛	162	622	BC 3715	
7	에녹	65	687	BC 3553	
8	므두셀라	187	874	BC 3488	
9	라멕	182	1,056	BC 3301	
10	노아	503	1,559	BC 3119	
11	셈	100	1,659	BC 2616	대홍수
12	아르박삿	35	1,694	BC 2516	
13	셀라	30	1,724	BC 2481	
14	에벨	34	1,758	BC 2451	
15	벨렉	30	1,788	BC 2417	바벨탑 사건
16	르우	32	1,820	BC 2387	
17	스룩	30	1,850	BC 2355	
18	나홀	29	1,879	BC 2325	
19	데라	130	2,009	BC 2296	
20	아브라함	100	2,109	BC 2166	
21	이삭	60	2,169	BC 2066	
22	야곱			BC 2006	이집트 이주

▲ 창세기로 본 인류의 기원 연대

나는 천지만물의 기원을 성경의 기록대로 약 6천 년으로 보는 젊은 연대입장을 따른다. 그런데 창조론자들이나 심지어 신학자들 사이에서도 기원 연대에 대해서는 다양한 생각을 가지고 있다.

앞에서도 언급했듯이 어떤 창조론자는 '날'로 번역된 히브리어 '욤'이 하루를 의미하는 것이 아니라 '기간'을 의미하는 것이라며 성경을 오랜 연대설과 조화시킨다.

어떤 창조론자는 창세기 1장 1절과 3절 사이의 혼돈과 공허가 오늘날 주장되는 수십억 년의 지질학적 결과를 가리키는 것이라며 그 사이에 성경에 구체적으로 기록되어 있지 않는 사건들을 넣어 성경을 오랜 연대설과 조화시킨다. 그의 생각에 따르면, 1장 1절과 3절 사이에 반복적인 창조와 멸종이 있었고, 오늘날 발견되는 화석들을 이때 만들어진 것이다.

성경을 오랜 연대설과 조화시키려는 창조론자들은 공통적으로 성경의 기록을 역사적 사실로 받아들이지 않는다. 그들이 성경, 특히 창세기의 기록을 문자 그대로 받아들일 수 없다고 주장하는 이유는 창세기가 사실과 다른 부분이 기록되어 있기 때문이 아니라 그들이 창세기를 하나의 고대 문학으로만 보기 때문이다. 그래서 그들은 창세기를 역사적으로나 과학적으로 접근하는 것이 의미가 없다고 한다. 역으로 보면, 그들이 창세기를 고대 문학으로만 보기 때문에 역사적으로나 과학적으로 잘못된 내용이 들어 있다고 해서 문제가 되는 것은 아닐 것이다.

어떤 창조론자는 성경의 족보는 영웅을 중심으로 기록한 족보이므로 그 족보로 연대를 추정할 수 없다고 주장한다. 그의 생각에 따르면 성경에서 아들로 사용된 히브리어 '벤'은 '아들'을 뜻하기도 하지만 '자손'을 뜻하기도 하고, 같은 족보가 조금씩 다르게 기록되어 있으며, 또 창세기에 등장하는 천 년에 가까운 터무니없이 많은 나이와, 많게는 500년 이상 벌어지는 출산 나이가 상식적이지 않다며 창세기의 기록으로 기원 연대를 추산하는 것을 비판하기도 한다.

그들의 주장과는 달리, 대다수의 신학자들은 성경에 오류가 없음을 인정한다. 창세기는 당시 창조사건을 매우 사실적으로 묘사하고 있다. 창세기의 기록자는 본 것과 들은 것을 그대로 기록했을 것이다. 그렇기 때문에 수천 년이 지났음에도 불구하고 내용상 수정됨이 없고 수정될 필요도 없다. 그 이유는 성경이 발생한 사건에 대한 사실적인 기록이기 때문이다. 반면 무신론적이고 자연주의적인 과학 지식은 끊임없이 변한다.

성경이 틀렸다는 생각은 자신의 이성으로는 진리인 것으로 받아들이지 못하겠다는 불신앙의 고백이다.

히브리어 '욤'이 '하루'를 뜻하기도 하고 '기간'을 뜻하기도 하는 것은 사실이지만, '욤'이라는 단어가 성경에 많이 등장함에도 불구하고 문맥에 상관없이 유독 창조를 다룬 부분에서만 '기간'으로 해석해야 한다고 주장하고, '벤'이 '아들'을 뜻하기도 하고 '자손'을 뜻하기도 하는 것은 사실이지만 누가 몇 세에 누구를 낳았다는 구체적이고 통일된 형식으로 서술된 족보에서 문맥에 전혀 어울리지 않게 '자손'으로 해석해야 한다고 주장하는 것은 문맥 그대로의 해석을 자신의 지식과 이성으로는 사실로 받아들이지 못하겠다는 뜻이다.

창세기의 문맥으로 볼 때 '욤'이 하루를 의미하는 것이 어울리고, '욤'은 숫자 뒤에서는 언제나 '하루'의 의미로 쓰였으며 하나님께서는 성경을 통해서 수차례 6일 동안 천지만물을 창조하셨다고 말씀하셨다.

오늘날 대다수의 복음주의 성경학자들은 창세기 1장 1절과 3절 사이에 간격이 있었을 것이라는 간격이론에 대해서 반대한다.

히브리어 성경에는 창세기 1장 1절부터 2장 3절까지 매 절마다 '그리고'를 의미하는 접속사가 들어 있고, 영어번역 가운데 접속사를 하나도 빼지 않은 KJB나 NASB 등에도 매 절마다 맨 앞에 '그리고'를 뜻하는 접속사 'and'가 있다.[302] 그래서 1장 1절과 2절, 3절은 시간적 빈틈이 없다고 보는 것이 맞다.

그 사이에 있었다고 주장되는 사건들은 대부분 성경을 오랜 연대설적 기원 이론들과 조화시키기 위해서 넣은 자의적인 해석들에 불과하다.

창세기의 족보가 영웅들만 기록해 놓은 것일까? 만약 그렇다면 이 부분의 연수를 계산하여 얻은 기원 연대는 의미없는 데이터가 되고 말 것이다. 성경이 영웅족보를 다루고 있음을 주장하는 창조론자들은 이 기간을 6천 년이 아니라 몇만 년으로 추정하고, 이 기간에 유인원에서 사람으로의 진화가 이루어진 것으로 본다. 앞에서 소개했던 유인원에서 사람으로의 중간단계 종들이 이 기간 동안 사람으로 진화된 것으로 보는 것이다.

어떤 사람들은 태초에 하나님이 진화의 방법으로 천지를 창조하셨다고 한다. 그들의 생각에 따르면 우리는 하나님께서 약 137억 년 전에 일으키신 폭발의 잔재물들이다. 하나님께서 진화 과정을 일으키셨고 진화 과정을 주관하셨다고 한다.

웃기는 이야기 같지만 '유신진화론'이라는 이름의 이 가설은 오늘날 한국 기독교에서 가장 유행하는 창조론이다. 이 말도 안 되는 가설이 유행되는 이유는 이 가설이 가진 매력 때문인데, 하나님의 존재와 역사를 인정하면서 과학적 기원 이론들을 부정하지 않기 때문이다.

그러나 유신진화론은 성경의 내용과 다르다. 그렇다면 그들에게 성경은 무엇일까? 그들에게 성경은 오류가 없는 하나님의 말씀이 아니라 고대인들의 신앙 소설이다. 특히 창세기는 천지만물의 기원에 대한 당시 고대인들의 우주관에 의한 해석에 불과한 것으로 취급한다.

유신진화론은 명백히 이단적인 가설이다. 그들은 변화의 과정에 있는 무신론적이고 자연주의적인 과학 이론은 진리로 고정한 채, 하나님의 말씀을 사실이 아닌 것으로 평가한다.

안타깝게도 오늘날 유신진화론은 저명한 기독 과학자들과 저명한 신학자들에 의해 나날이 전파되고 있고, 많은 기독인들이 성경이 틀렸다는 그들의 생각을 받아들이고 있다.

창세기 족보를 연구한 '모리스' 박사는 이렇게 말했다.

> 이 기록 가운데 어떤 시간의 공백이 있다거나, 아니면 일반적인 연도가 아닌 다른 연도를 가리킨다고 생각할 하등의 이유가 없다. 이 기록은 완전히 합리적이고도 사실 그대로이며, 약속된 계보를 제시하는 데 필요한 연대적인 골격을 제공하기 위한 것임에 틀림없다.[303]

미국의 구약학자 '프리만(Travis R. Freeman)'도 창세기 5장과 11장의 족보가 지속적이라 했다.[304]

여러 현대 신학자들은 창세기 5장과 11장의 아담부터 아브라함까지의 족보에 나오는 이름과 숫자가 빠짐없이 정확히 일치한다고 주장한다.[305]

창세기 5장과 11장에 기록된 족보는 최초의 사람인 아담으로부터 스무 대에 걸친 선조들의 이름과 출생 시점, 자녀를 출산한 나이, 그리고 그들이 땅에서 산 연수를 분명하게 기록하고 있다. 이처럼 구체적인 기록은 다른 족보에서는 찾아볼 수 없으며, 동시에 창세기의 기록자가 의도적으로 그렇게 기록하였음을 유추할 수 있다.[306]

창세기 족보는 영웅족보가 아니다. 등잔 밑이 어둡다고, 창세기 5장의 족보가 시작되기 직전에 이런 구절이 있다.

아담이 다시 자기 아내와 동침하매 그가 아들을 낳아 그의 이름을 셋이라 하였으니 이는 하나님이 내게 가인이 죽인 아벨 대신에 다른 씨를 주셨다 함이며, 셋도 아들을 낳고 그의 이름을 에노스라 하였으며 그 때에 사람들이 비로소 여호와의 이름을 불렀더라 (창세기 4:25-26)

성경은 분명히 아담이 '아내와 동침하여' 아들을 낳아 그의 이름을 셋이라 했으며, 셋도 아들을 낳아 그의 이름을 에노스라 했다고 기록하고 있다.

문맥상으로도 아담은 셋의 조상이 아니라 '셋'이라는 이름을 준 아버지였으며, 셋도 에노스의 한 조상이 아니라 에노스에게 이름을 준 아버지로 해석하는 것이 가장 자연스럽다. 고로 아담과 셋, 에노스로 이어지는 삼대의 족보에 빈틈은 없다. 마치 족보를 해석하는 예시 같은 이 구절 바로 다음부터 창세기의 족보가 시작된다.

> 아담이 다시 자기 아내와 동침하매 그가 아들을 낳아 그의 이름을 셋이라 하였으니 이는 하나님이 내게 가인이 죽인 아벨 대신에 다른 씨를 주셨다 함이며, 셋도 아들을 낳고 그의 이름을 에노스라 하였으며 그 때에 사람들이 비로소 여호와의 이름을 불렀더라 (창세기 4:25-26)

> 이것은 아담의 계보를 적은 책이니라 하나님이 사람을 창조하실 때에 하나님의 모양대로 지으시되, 남자와 여자를 창조하셨고 그들이 창조되던 날에 하나님이 그들에게 복을 주시고 그들의 이름을 사람이라 일컬으셨더라 아담은 백삼십 세에 자기의 모양 곧 자기의 형상과 같은 아들을 낳아 이름을 셋이라 하였고, 아담은 셋을 낳은 후 팔백 년을 지내며 자녀들을 낳았으며, 그는 구백삼십 세를 살고 죽었더라, 셋은 백오 세에 에노스를 낳았고, 에노스를 낳은 후 팔백칠 년을 지내며 자녀들을 낳았으며, 그는 구백십이 세를 살고 죽었더라 (창세기 5:1-8)

이름은 의미를 담고 있다. 창세기에 등장하는 선조들의 이름으로 이름을 지은 부모의 신앙과 당시 상황을 엿볼 수 있다. 나도 내 아이의 이름을 짓는데 굉장히 신중했고, 내 신앙을 아이의 이름에 담아 예수님을 따르라는 의미로 '예준(叡遵)'이라고 지었다. 이 이름은 내 믿음의 표현이다.

죽임을 당한 아벨의 아들인 셋 계열 선조들의 이름은 '긍휼', '하나님께 영광', '바침', '평안을 주는 자' 등의 거룩한 이름이 많고, 반면 가인 계열 선조들의 이름은 '도망자', '정복자', '파괴자' 등의 세상적인 이름이 많다. 이름의 의미와 구속의 역사들이 어떻게 창세기 족보를 타고 오늘날까지 오게 되었는지를 설명하고 싶지만, 다음 기회로 미루고 한 사람의 이름만 살피고 마무리하려고 한다.

내가 소개하고자하는 사람은 8대 선조인 '므두셀라'다. 므두셀라는 969년을 살아서 성경에 기록된 사람 중에 가장 오래 산 사람으로 유명하다. 그런데 므두셀라는 '그가 죽을 때 심판'이라는 이상한 의미의 이름을 가지고 있다.

그의 아버지였던, 죽음을 보지 않고 승천한 경건의 대명사 '에녹'이 왜 자신의 아들에게 이런 이상한 이름을 주었을까? 성경에 기록되어 있진 않지만, 하나님이 태어날 아들의 이름을 가르쳐 주셨을 것이라는 생각이 든다.

놀랍게도 므두셀라와 그의 아들 라멕과 그의 손자 노아의 나이를 계산하면 므두셀라가 창세기 대홍수사건이 있던 바로 그 해에 죽었다는 것을 알 수 있다. 그의 이름대로 므두셀라가 죽은 해에 대홍수라는 심판이 시작된 것이다.

므두셀라의 이름과 생애로 계산해 보면 그의 아들 라멕, 그리고 그의 손자 노아로 이어지는 연대에서는 빠진 연대가 없음을 알 수 있다.

오랜 연대설을 지지하는 창조론자들은 하나같이 성경의 기록을 무시하거나 곡해하는 등으로 무신론적인 진화론을 공격하기보다는 성경의 사실성을 공격하고 있다.

　　어떤 창조론자는 진화론을 믿는 것이 아니라 진화의 방법만을 사용할 뿐이라고 말한다. 그는 진화론이 무신론적인 자연주의 철학 위에 세워진 것임을 간과하고 있는 것이다.

　　무신론적 방법으로 성경을 해석하는 일은 어리석다. 그런 식으로 접근하면, 결국 한 쪽은 거짓이 되고 마는데, 그 싸움에서 성경이 거짓으로 치부될 확률이 높다. 왜냐하면 그들이 자연주의적인 측정 도구를 사용하기 때문이다.

　　내가 성경에 기록된 대로의 창조를 주장하는 이유는 무척 단순하다. 나는 성경 자체의 증언대로 성경을 오류가 없는 하나님의 말씀으로 보고 성경의 기록, 번역, 전파 과정에서 일하셨던 하나님의 역사하심을 믿는다. 그리고 기록된 구절들을 통해 말씀하시는 하나님의 선하시고 온전하신 의도성을 믿는다.

　　또 성경을 당연한 하나님의 말씀으로 여기고 살았던 수많은 믿음의 선배들과 그들의 신앙과, 창조과학적인 과학자들의 연구 결과와, 찾아보면 쉽게 접할 수 있는 반진화론적인 과학 이론들을 살펴봄으로써 창조사건과 젊은 연대에 확신을 가지게 되었다.

　　오늘날 성경의 사실성을 주장하는 싸움은 노아의 가족이 겪었던 싸움 같은 외로운 싸움이 아니다. 당신이 성경적인 창조에 대한 믿음만 있으면 얼마든지 관련된 자료와, 당신과 동일한 생각을 가지고 있는 신앙인들을 만날 수 있다. 거듭 이야기하지만, 성경적인 창조라는 믿음을 가지고 있지 않다면 성경에 기록된 대로의 창조를 보여주는 어떤 명백한 자료를 접한다 해도 인정하기 어려울 것이다.

놀라운 사실은 오늘날 인류의 역사를 성경에 기록된 대로 6천 년으로 보는 기독교인들은 그리 많지 않다는 것이다. 데이터가 있는 것은 아니지만, 그런 비율은 일반 성도보다는 기독 학자나 신학자들에게서 더 높아 보인다. 이들은 자신들의 지위를 이용하여 반성경적 신념을 활발하게 전파하고 있다.

기독교인임에도 불구하고 이들의 칼끝은 무신론적 세계관을 향하고 있는 것이 아니라 젊은 연대를 향하고 있고, 결국은 하나님의 말씀인 성경을 향하고 있다.

이런 시대에 성경에 기록된 내용을 그대로 믿는 태도는 '문자주의'라는 비난을 받는다. 문자주의는 무신론자들이 사용하는 용어가 아니라 기독교 안에서 기독교인들이 나와 같은 기독교인들에게 사용하는 용어이다.

성경에 기록된 내용을 문맥에 따라 받아들이는 태도를 문자주의라 비난한다면, 나는 오히려 그런 비난을 받는 것을 자랑으로 생각하겠다.

기독교 안에서 창조와 진화론의 싸움은 결국, 성경을 대하는 태도의 차이 때문에 발생한다. 그렇다면 어떻게 성경의 기록을 믿을 수 있을까? 한 번쯤 이런 생각을 해본 적이 있을 것이다. 나도 마찬가지다. 성경은 책이고, 누군가가 기록했음이 분명한데, 어떻게 과거의 기록들을 하나님의 말씀으로 신뢰할 수 있을까?

책은 늘 우리 가까이에 있고 쉽게 구할 수 있으며 누구나 쉽게 쓸 수 있지만(나도 지금 책을 쓰고 있으니 말이다.) 고대인들에게 책은 그렇게 쉽게 접하거나 쓸 수 있는 것이 아니었다.[307]

미국 UCLA의 근동언어문화학과 교수인 '윌리엄 슈니더윈드 (William M. Schniedewind)[308]'는 그의 책 『성경은 어떻게 책이 되었을까』에서 성경 같은 고전들은 '누가 썼는가?' 보다는 '언제 쓰였는가?'가 더 중요하다고 했다.[309]

글의 저자라는 개념은 과거에는 중요한 것이 아니었다. 이 개념은 글이 보편화된 비교적 현대에 생겨난 것이다. 책이 보편화되지 않았던 고대 사회는 이야기가 입에서 입으로 전해지는 구술문화였고,[310] 구술문화 사회에서 책의 권위는 이야기의 '저자'에 있는 것이 아니라 이야기를 사용한 공동체에 있었다.[311] 이야기를 누가 만들었느냐가 중요한 것이 아니라, 어느 공동체에서 사용되었느냐가 중요하다는 이야기다.

고대 이집트와 메소포타미아의 구술문화 시대에는 1% 정도의 사람들만이 글을 알았던 것으로 추정한다.[312] 오늘날과 같은 양면에 글을 써넣은 종이들을 한데 묶어 만든 '코덱스'는 고대 메소포타미아 지역에서 1세기경에 처음 출현했고 4세기경에 보편화되었다.[313] 성경도 파피루스라는 두루마리에 기록된 것을 나중에 코덱스로 옮긴 형태이다.[314]

▲ 두루마리 성경

그런데 당시에는 소수의 사람만이 글을 사용할 수 있었음에도 불구하고 왜 글로 기록했을까? 그것은 글이 가진 권위 때문이었다.[315]

4세기 이후, 소수의 엘리트들만이 사용하던 글을 일반인들도 사용하게 되면서 말, 구두전승과 글 중 어느 것이 더 권위가 있는가를 두고 공개적으로 대립하게 된다.[316] '소크라테스'는 '파이드로스'에게 '글은 질문을 하면 똑같은 말만 영원히 반복할 뿐'이라며 글의 권위를 비웃었다.[317] 당시 소크라테스는 권위를 말, 구두전승에 두었던 것이다.

이 외에도 많은 학자들이 구두전승의 권위를 지키려고 노력했으나 시대적 흐름을 막지는 못했다. 권위는 서서히 구두전승에서 글로 옮겨지게 된다.

이 과정에서 어떤 형태로든 간에 글은 원래의 자료인 구두전승을 철저히 의존해야만 했다.[318] 입에서 입으로 전해오던 구두전승이 '그대로' 기록되어야 했다는 말이다. 이것은 판소리가 기록된 과정과 비슷한데, 소리꾼들에 의해 입에서 입으로 전해 오던 판소리가 기록되는 과정에서 기록자에 의해 내용이 수정될 가능성은 희박하다.

만약, 기록되는 과정에서 내용이 조금이라도 가감되었다면 권위는 바로 없어지고 말았을 것이다. 그래서 전래 동요나 판소리에는 오늘날에는 사용하지 않는 용어나 표현들이 나오는 것이다. 그들이 옛날 용어를 현대어로 바꾸려고 시도할까? 절대 그렇지 않다. 오히려 구전된 내용을 그대로 전달하려 애쓰고 있다.

개인적으로 전통악기인 산조대금을 배웠는데, 곡의 미세한 표현(시김새) 하나까지 전수받은 그대로 불어야한다. 그래서 같은 '류'를 전수받은 사람들끼리는 곡의 세밀한 부분까지 완전히 똑같다.

이처럼 모세에 의해 기록된 후, 글로나 구두전승 되던 성경이 다시 책으로 정리되는 과정에서 작은 부분이라도 가감되었다면, 기록된 성경의 권위는 바로 없어졌을 것이다. 고로 성경이 전승된 내용을 가감하여 기록했을 리는 없다.

구약 성경의 많은 부분들이 운율에 맞추어서 기록되어 있고, 일부 장의 머리글자는 히브리어 알파벳순으로 기록되어 있다. 이들은 고대 문헌들의 한 특징으로, 외워서 구전되기 쉽도록 하기 위한 장치였다고 본다. 기록된 성경이 가진 이런 특징으로 보아 구두 전승되던 것을 그대로 기록하였음을 추론할 수 있다.

성경의 전승에 관한 다양한 설이 있지만, 여러 책의 모음 책인 성경(구약성경)은 기원전 8세기 후반 남쪽 이스라엘이었던 유대의 왕 '히스기야' 시기에 수집되어 두루마리 형태로 모양새가 갖추어지기 시작했을 것으로 본다.

히스기야왕 시대에는 강력한 사회적·정치적 힘이 결집되면서 구두전승 되었던 성경의 수집과 새로운 글의 창작이 이루어질 수 있었을 것이다.[319] 당시 글은 도시 관료제도의 일부분이었으며 왕실의 힘을 확장하는 정치적 도구가 되었다. 더군다나 그 글이 하나님의 말씀이었기 때문에 당시 유대의 사회 분위기와 필요들이 성경의 수집과 기록을 촉진시켰을 것이다.

성경이 책의 형태로 되는 과정과 오늘날과 같은 66권의 형태로 된 긴 이야기는 이 글에서 다루기는 방대하여 여기서 접기로 한다. 조금만 관심을 두고 찾아보면 이 부분에 관련된 많은 책이 있고, 성경이 우리 손에 오기까지 얼마나 철저하게 보호되었는지 알 수 있을 것이다.

어떤 사람은 성경이 세계사와 일치하지 않는다고 주장한다. 아니다. 성경은 일반 세계사와도 일치한다. 성경에는 당대 유라시아의 최강 문명과 제국이 등장하는데, 성경은 당시 유라시아의 패권을 차지했던 앗시리아, 바빌로니아, 페르시아, 헬라제국, 그리고 로마제국과 밀접한 관련이 있다. 그래서 성경에는 이들과 관련된 사건들이 많이 포함되어 있고 그들의 역사 기록과도 일치한다.

성경에 나오는 고대 지명과 인물들은 실존했다. 오랜 세월이 지나 이름이 바뀐 곳도 있고 중동 지방의 독특한 기후로 모래에 묻혀 있기도 해서 발굴하기가 쉽진 않지만, 상당수의 지명은 여전히 사용되고 있고 고고학자들에 의해 많은 발굴이 이루어졌다.

성경에 등장하는 인물들도 다른 책이나 비문, 건축물 등에 의해서 실존인물이었음이 속속 드러나고 있다. 이 외에도 성경의 사실성을 보여주는 많은 증거가 있지만 여기서 줄인다. 이것도 내 글의 성격 중 하나다. 맛만 보여주고, 독자에게 맡기는, 관심을 가지고 찾아보면 쉽게 관련 내용을 찾을 수 있다.

오류가 있는 책이 하나님의 말씀이 될 수 있을까? 건전한 믿음은 신뢰할만한 대상을 신뢰하는 것이다. 오류가 있는 책을 신뢰하고 있다면 그것은 잘못된 믿음이다. 사도 바울은 모든 성경은 하나님의 감동으로 기록되었다고 말했다. 이 한 구절에 대해서도 다양한 생각이 존재한다. 사도 바울이 말한 성경은 지금 우리가 보는 개역개정 성경을 두고 한 이야기가 아니라는 것쯤은 안다. 그리고 그 감동은 글자 그대로를 의미하는 것이 아니라는 이야기가 나오리라는 것도 안다.

어떤 사람은 성경이 번역되는 과정에서 발생한 오류의 사례들로 성경의 사실성을 의심하게 만든다. 어떤 사람들은 성경에서 잘못 인용된 구절들로 성경의 사실성을 의심하게 만들고, 어떤 사람은 성경의 원본이 없음과 사본들의 불일치로 성경의 사실성을 의심하게 만든다. 또 어떤 사람은 외경들을 통해 성경의 사실성을 의심하게 만든다.

그러나 그들이 어떤 자료를 제시하더라도 나는 전혀 동요하지 않는다. 왜냐하면 그 자료들은 성경이 진리가 아니라는 패러다임에서 나온 것이기 때문이다.

성경은 비과학적일까? 성경에 등장하는 초자연적 사건들은 아직 완전하지 않은 현대 물리학으로는 설명하기 어렵고, 그들에게 물리학을 초월하실 수 있는 하나님의 존재는 탐구의 대상이 아니다. 그렇기 때문에 불완전한 물리학으로 접근하면 오류로 보일 수밖에 없다.

성경은 '비과학적'인 것이 아니라 '초과학적'이다. 그들은 자신들이 하는 과학이 얼마나 불완전한지 잘 모른다. 그저 과학은 맞고 성경은 틀렸다는 강력한 신념을 가지고 있을 뿐이다.

자연주의적 과학자들은 현상을 '사건'으로 해석하지 않고 '물질과 시간'만으로 해석하려고 시도한다. 오병이어의 기적도 사건이 아닌 물질과 시간으로 해석하다보니, 예수님이 기도를 오랫동안 간절히 하셔서 어떤 부자가 음식을 제공하였다는 둥의 헛소리를 해댄다. 안타까운 사실은 오늘날 이런 어처구니없는 해석이 오히려 합리적이고 과학적인 해석으로 인정을 받고 있다는 것이다.

성경을 자연주의적 과학으로 분석하면 오류로 보일 수도 있지만, 성경은 과학 이전의 언어를 사용하여 과거의 사건을 놀랍도록 사실적으로 기록한 하나님의 말씀이다. 현대 물리학으로 설명할 수 없다고 해서 발생하지 않았다고 생각하는 것은 어리석은 생각이다.

예수님이 물로 포도주를 만드신 일, 물 위를 걸으신 일 등은 현대 물리학으로 설명하기 어렵다. 왜냐하면 그 일은 성경에 기록된 대로 하나님께서 물리학을 초월하여 행하셨기 때문이다. 그래서 우리는 그 일을 행하신 이, 자신이 만드신 물리학을 초월하실 수 있는 이를 하나님으로 인정하는 것이다.

하나님이 행하신 모든 일이 물리학으로 설명이 되고, 누구나 할 수 있는 일이었다면 그는 창조주 하나님이 아닐 것이다. 하나님이 사람과 같이 삼차원 안에서 이해되는 존재라면, 우리의 삶을 그에게 담보시킨다는 것은 어리석은 짓이다.

삼차원에 사는 사람이 하나님의 역사를 이해하기 어려운 것은 당연하다. 우리는 한 차원 높은 사차원에 대해서도 제대로 이해하기 어렵다.

그렇지만 하나님의 역사를 전혀 이해하지 못하는 것은 아니다. 과학이 발달하면 발달할수록 우리는 하나님이 행하신 일들을 더 자세히 구경할 수 있다. 창조론자는 과학적 분석 결과들을 통해 하나님의 정교한 창조에 놀라워하지만, 진화론자들은 동일한 결과들을 보고도 설계자이며 창조주를 유추하는 것이 아니라 그것이 창조자가 없이도 스스로 발생할 수 있다며 물질로 물질의 기원을 찾는 일에 매달리고 있다.

언론은 힉스입자가 자연상태에서 물질을 만들 수 있는 신의 입자라고 호들갑을 떨지만, 힉스입자는 하나님이 창조하신 입자 중 하나에 불과하다. 과학이 발달하면 발달할수록 데이터는 성경의 기록과 더 가까워질 것이다.

성경은 동시대 다른 기록들에 비해 사실적으로 기록되어 있다. 고대 근동의 신화는 대부분 선조를 영웅시하고 있지만, 성경은 선조들의 부끄러운 모습까지도 그대로 기록하고 있다. 성경이 그것까지도 계산하고 쓴 소설이라고 한다면 나도 더는 해줄 말이 없다. 그들의 생각이 바뀌지 않는 한 그들을 설득시키기는 어렵다는 것을 알기 때문이다.

성경은 우리 손에 오기까지 오랜 기간 동안 수많은 사람들의 비판을 견뎌온 세계의 베스트셀러며, 우리에게 말씀하시기를 원하시는 하나님의 분명한 말씀이다.

우리는 이 장에서 지구의 나이를 많은 것으로 보느냐 많지 않은 것으로 보느냐, 오래된 지구가 창조를 부정하느냐, 부정하지 않느냐, 과학적 연대측정법을 인정하느냐 인정하지 않느냐, 그리고 창세기를 신화로 보느냐 역사로 보느냐에 따라 생각의 차이가 다양한 형태로 발생함을 볼 수 있었다.

⑤ 지구의
나이

.

지구의 기원이라는 사건은 이미 벌어졌고, 이 사건을 수사하기 위해 사건 현장에 두 탐정 팀이 파견되었다. 진화론 팀과 창조 팀 (이하 창조 팀은 6일 간의 창조와 젊은 연대를 지지하는 창조론 자들만을 가리킨다.)이다.

진화론 팀은 '동일과정설'이라는 생각 틀로 현장을 수사하고 창조 팀은 '격변'이라는 생각 틀로 현장을 수사한다. 두 생각 틀인 동일과정설과 격변, 두 수사 관점으로 지구의 기원이라는 단 하나의 사건은 완전히 다른 해석을 가지게 된다.

_ 오랜 연대설을 주장하는 사람의,
   오랜 연대설을 주장하는 사람에 의한,
   오랜 연대설을 주장하는 사람을 위한 동일과정설

앞에서 이야기했듯이 '동일과정설'은 이름 그대로 현재는 과거로부터 동일한 과정으로 진행된 결과라는 가설이다. 그들에게 현재는, 발생시점에서부터 동일한 원리와 강도, 속도로 진행된 결과이다. 그래서 동일과정설자들에게 '현재'를 관찰하여 얻은 데이터는 과거를 추론하는 열쇠가 된다.

동일과정설은 1790년에서 1830년 사이에 영국의 '허턴(James Hutton)'과 '라이엘(Charles Lyell)'에 의해서 수립되었다. 허턴은 『지구의 이론』에서 '지구의 역사는 전부 암석 속에 축적되어 있고 조금씩 변화됐다.'고 했고, 허턴의 『지구의 이론』에 심취하여 암석이 오랜 기간에 걸쳐 서서히 형성된 것이라는 신념을 갖게 된 라이엘은 '모든 큰 변화는 작은 변화가 오랫동안 누적되어 나타난 것'이라고 했다.

오늘날 동일과정설은 지질학을 넘어 생물학과 천체물리학, 인류학을 비롯한 모든 학문에서도 적용되고 있다. 동일과정설에 따르면 사람은 동일과정으로 단세포에서 진화된 것이고, 우주는 하나의 점에서 동일과정으로 확장된 것이다.

동일과정설은 무신론과 더불어 진화론의 기본적인 사상이다. 다윈은 비글호 항해 중에 동일과정설을 수립한 라이엘의 『지질학 원리』를 즐겨 읽었고, 지질학적 동일과정설을 생물학에 적용하여 자신이 가지고 있던 생물진화라는 생각을 확신했다.

_ 오랜 연대를 주장하는 사람들의
지질주상도와 표준화석

지표를 이루는 암석의 80%는 대부분 물 아래에서 퇴적물들이
쌓여 만들어진 퇴적암이다. 이 퇴적암들은 층리를 이루고 있는
데, 주로 수평으로 그어진 직
선 형태이고 사선이나 구부러
진 선, 끊어진 선의 형태도 관
찰할 수 있다.

퇴적층은 육안으로 구분이
가능한 다양한 색과 특징을
가지고 있다. 퇴적층의 색과
특징이 다양한 이유는 퇴적

▲ 그랜드캐니언의 층리

층에 포함된 퇴적물의 조성이나 입자의 크기, 배열 구조가 다르
기 때문이다.

동일한 암석학적 성질을 가진 퇴적층들은 아주 넓은 지역에 걸
쳐서 분포되어 있는데, 모래가 퇴적되어 만들어진 미국의 세인
트피터 사암층은 전체 면적이 1,300,000 ㎢로 미국의 20개 주에
걸쳐 있고, 영국 남부의 백악층(Chalk Beds)은 프랑스, 네덜란드,
독일, 이스라엘, 이집트, 심지어 카자흐스탄에서도 발견될 정도
로 매우 넓은 지역에 걸쳐서 분포되어 있다.

퇴적층은 퇴적물이 쌓여서 형성된 암석층이기 때문에 화석을
포함하고 있다. 퇴적물이 쌓이는 과정에서 생물이 퇴적물과 함
께 묻혀 화석화된 것이다.

오랜 연대설에 입각한 지질학에서는 퇴적층이 오랜 지질시대

동안 쌓여진 것으로 보기 때문에 상대적으로 아래에 형성된 퇴적층을 위에 형성된 퇴적층 보다 과거에 형성된, 오래된 퇴적층으로 본다. 그렇기 때문에 퇴적층의 위치에 의해 퇴적층의 상대적 연대가 추정된다.

또, 구분이 가능한 각 퇴적층은 퇴적물이 쌓일 당시에 존재했던 생물의 화석을 포함하고 있는 것으로 해석했다. 지질학자들은 퇴적층의 상대적인 위치와 특정 퇴적층에서만 발굴된다고 보는 화석들로 '지질주상도(geologic column)'라는 표본을 만들었다. 그런 다음 퇴적층 내부나 주변에 있는 화성암의 연대를 측정하여 각 퇴적층에 수치연대를 부여했다.

이렇게 만들어진 지질주상도는 오랜 연대설적 지질학에서 퇴적층의 연대를 측정하는 '자'로 사용되고 있다. 예를 들어, 연대를 측정하고자 하는 퇴적층에 캄브리아기 퇴적층에서만 발견된다고 해석한 '삼엽충 화석'이 들어 있다면 이 지층은 캄브리아기의 퇴적층이 되고, 캄브리아기의 퇴적층에 해당하는 대략 5억 4천만 년 전에서 4억 8-7천 년 전의 것으로 해석이 되는 것이다.

≪ 오랜 연대설적 지질주상도 ≫

대 (代)	기 (紀)	세 (世)	추정연대 (백만년 전)	대표적인 생물의 출현
신생대	제4기	현세	현재-1	초기 인류
		홍적세		
	제3기	선신세	1-12	대형 육식동물
		중신세	12-25	고래, 원숭이, 초식동물
		점신세	25-35	대형 초식동물
		시신세	35-60	현화식물
		효신세	60-70	최초의 태반 포유동물
중생대	백악기		70-135	공룡 멸종 현대 식물군 공룡 전성기
	쥐라기		135-181	초기 조류 최초의 작은 포유동물
	트라이아스기		181-230	공룡 출현
고생대	페름기		230-280	침엽수 발달한 파충류
	펜실베니아기		280-310	최초의 파충류 석탄 숲
	미시시피기		310-345	상어 전성기
	데본기		345-405	양서류의 출현 어류 번성
	실루리아기		405-425	최초의 육상식물과 육생동물
	오르도비스기		425-500	최초의 원시 어류
	캄브리아기		500-600	또뜬 무척추 동물에 약깨 삼엽충 브라키오포드
선캄브리아대	원생대		600-1,000	화석이 (개의) 발견되지 않음
	시생대		1,000-1,800	

_ 지질주상도, 믿을 만한 도구인가?

오늘날 지질주상도가 마치 퇴적층의 연대를 측정하는 자처럼 사용되고 있지만, 현대 지질학에서도 공인된 지질주상도는 없고, 학자에 따라 조금씩 다른 지질주상도를 사용하고 있다.[320]

일단 지질주상도는 창조론자들(젊은 연대를 지지하는 창조론자들)이 신뢰하지 않는 방사성 연대측정법으로 추정된 연대를 사용하고, 동일과정설이라는 오랜 연대설적 가정으로 만들어졌다. 그리고 각 퇴적층을 대표한다는 표준화석도 진화론적 신념을 바탕으로 배치한 것에 불과하다.

진화론적 신념에 따르면 아직 나타나지 않아야 할 생물들이 훨씬 더 오래된 지질시대로 매겨져 있는 암석층에서 화석으로 발견되는 사례들이 계속해서 늘어나고 있다. 한 가지 예로, 고생대 캄브리아기(cambrian period) 퇴적층의 가장 아래에서 발견된 500여 마리의 척추동물 화석이다. 지질주상도에 따르면 물고기 화석은 캄브리아기 위의 퇴적층인 '오르도비스기(ordovician period)' 이후에 발견되어야 하고, 캄브리아기에는 물고기가 발견되어서는 안된다. 그런데, 2003년에 물고기 화석 500여 개가 캄브리아기 퇴적층에서 발견되어 버린 것이다.

밀턴은 『다윈도 모르는 진화론』에서 '전 세계의 모든 학교가 이 주장(지질주상도)을 믿으며 가르치고 있지만, 이것은 완전한 오류이다.[325]'라고 했으며 무신론자인 '스펜서(Spencer)'는 『비논리적인 지질학』에서 특정 화석이 다른 지층에서도 자주 발견되는

데도 지질주상도를 고수하려는 태도에 이의를 제기하였다.[326]

오늘날 지질주상도가 마치 퇴적암의 연대를 측정하는 '자'처럼 사용되고 있지만 이것은 오랜 연대설적 신념과 진화론적 신념이 합쳐져서 만들어낸 '순환논리'에 불과하다.

_ 동일과정설적 해석으로 공룡화석을 만들 수 있나?

동일과정설적 점진적인 퇴적은 공룡은 커녕 작은 물고기 한 마리도 온전한 형태의 화석으로 만들 수 없다. 그렇다면 화석은 어떻게 만들어진 것일까?

온전한 형태의 화석이 만들어지려면 생물이 살아있건 죽었건 간에 퇴적물에 빠르게 묻혀야 한다.

▲ 물고기 화석

발견된 화석들은 대부분 많은 양의 퇴적물에 의해 짧은 시간에 격변적으로 묻혔음을 보여주고 있다. 허리가 꺾인 채로 화석화된 물고기, 물고기를 먹고 있는 물고기 화석, 새끼를 낳고 있는 화석, 싸우고 있는 공룡 화석 등은 이것이 묻힐 당시에 긴박했던 격변적 사건이 있었음을 보여주고 있다.

▲ 격변적 사건을 보여주는 물고기 화석

화석의 생성은 오랜 연대설과 연결되어 있는 동일과정설적 설명보다 짧은 시간에 이루어진 '격변적 사건'에 의해서 만들어졌다는 '격변설'로 설명하는 것이 더 타당하다. 이것은 지극히 상식적인 이야기가 아닌가?

오랜 연대설을 주장하는 지형학자들은 지형이 유년기와 장년기, 노년기로 순환한다는 '윌리엄 데이비스(William M. Davis)'의 '침식윤회(cycle of erosion)'라는 생각으로 오늘날의 지형을 설명한다.

침식윤회에 따르면 오늘날의 지형은 뾰족한 형태의 유년기 지형이 침식과 퇴적에 의해 완만한 형태의 장년기 지형, 평평한 형태를 가지는 노년기 지형에서 다시 유년기 지형의 순으로 순환된 결과로 본다. 아마 대부분 학교에서 이렇게 배웠을 것이다.

관찰되지도 않았고 관찰할 수도 없는 침식윤회라는 과정은 지형에 대한 오랜 연대설적 신념에 근거한 해석이다. 물론 침식작용과 퇴적작용으로 지형의 변화는 일어날 수 있다.

젊은 연대를 주장하는 사람들은 많은 지형이 점진적으로 형성된 것이 아니라 한 번의 대격변과 이후의 광역적 또는 지역적 격변들에 의해서 형성된 것으로 본다. 이를 '대격변론'이라 한다. 지금부터는 젊은 연대를 지지하는 창조론자들의 대격변론에 대해서 알아보자.

_ 대격변론

대격변론은 오늘날 지구의 모습이 오랜 연대설을 주장하는 사람들의 주장대로 오랜 세월, 46억 년 동안의 점진적인 변화로 형성된 것이 아니라, 전 지구적 규모의 '대격변'에 의해 형성된 것으로 보는 이론이다. 좀 더 구체적으로 정리하면 성경적인 대격변론은 오늘날 지구의 모습이 대격변과, 대격변 이후의 광역적 또는 지역적 격변들로 형성된 것으로 본다.

지구상의 암석층이나 지형은 동일과정설로 접근할 때보다 오히려 격변으로 접근할 때가 훨씬 더 타당성이 있다. 거듭 이야기하지만 오랜 연대설을 주장하는 사람들은 '사건'보다 '시간'으로 문제를 해결하려는 경향이 있다. 역사과학이 과거를 탐구하기 때문에 시간이 중요한 듯 보일 수도 있으나 오히려 '시간'보다는 '에너지'와 그 에너지를 발생시킨 '사건'이 더 중요한 역할을 했음을 알 수 있다.

『실용 퇴적학』에서 '루이스(D. W. Lewis)'도 '퇴적작용에는 시간보다 에너지가 더 중요하다.'고 했다.[328] 퇴적층이 쌓이는데도 시간보다는 지층을 이룰 수 있는 엄청난 양의 퇴적물을 옮길 수 있는 사건과 에너지가 더 중요하다.

오랜 연대설적 지질학자들도 퇴적층이 오랜 시간 동안 점진적으로 쌓였다는 확실한 증거를 가지고 있지 않다. 그들이 가지고 있는 증거들은 점진적으로 형성되었음을 보여주는 고작 수십 년 동안 관찰된 데이터와 오랜 연대설적 신념뿐이다.

과거에는 석탄이 만들어지는데 수백만 년 이상의 오랜 시간이 필요한 것으로 해석을 했으나, 석탄은 실험실에서 단지 수개월 만에도 만들어질 수 있다.[329] '스팩크만(W. Spackman)'은 '석탄은 열과 압력의 조건이 주어지면 바로 만들어진다.'고 했다.[330]

변화는 시간보다는 에너지, 사건에 의해서 짧은 시간 안에 일어난다는 것이 더 타당하다. 동일과정이라는 생각을 가지고 오랜 연대설을 주장하는 사람들은 오늘날의 지형이 오랜 지질시대에 걸친 침식과 퇴적 등의 결과라는 신념을 가지고 있지만, 오늘날 지구에서 볼 수 있는 지형은 시간만 흐른다고 해서 발생하는 것이 아님을 보여주는 또 다른 주장들이 있다.

'핵'이라는 지형학자는 '지표의 변화는 시간이 지나도 변하지 않고 남아 있어서 지형의 모습은 처음 형성되었을 때 이래로 거의 변화 없이 그대로 남아 있다.[331]'고 했다.

과거에는 오로지 오랜 연대설적으로만 해석했던 현상이 최근에는 격변적인 해석으로 바뀌어가고 있다. 지질학 분야에서 흥미로운 논쟁 중 하나였던 미국 워싱턴주의 '깊게 침식된 화산 용암지대' 생성 메커니즘에 관한 해석도 워싱턴 대학교와 시카고 대학교의 지질학 교수였던 '하렌 브레츠(Harlen Bretz)'의 30년 이상의 끈질긴 노력 끝에, 빙하기 동안의 점진적인 물의 흐름으로 서서히 침식되었다는 오랜 연대설적 해석에서 해빙기 때 주기적인 홍수로 '짧은 시간'에 급격한 침식으로 형성되었다는 격변적 해석으로 바뀌었다.[332] 그는 이 연구로 지질학 분야에서 가장 권위 있는 '영예의 메달(Penrose Medal)'을 받았다.[333]

2000년 6월 그랜드캐니언 빌리지에서 열린 '콜로라도 강의 기원에 대한 심포지엄'에서 지질학자들은 그랜드캐니언이 오랜 시간이 아니라 '격변'에 의해 형성된 것임에 동의했다.[334]

오랫동안 그랜드캐니언이 콜로라도 강의 오랜 침식으로 형성된 것이라는 생각이 지배적이었으나

▲ 콜로라도강

동쪽과 북쪽에 있었던 거대한 두 개의 호수가 연속적으로 붕괴해서 급격하게 형성된 것이라는 결론이 내려졌다.[335]

지질학자들에 의해 격변적 사건으로 짧은 시간 안에 형성된 것이라는 결론이 내려졌음에도 불구하고 아직도 여행책자나 과학 잡지들, 심지어 교과서에서도 그랜드캐니언이 콜로라도 강의 침식작용으로 오랜 시간동안 형성된 것이라고 소개하는 것이 참으로 답답하다.

지구에 대격변이 있었음을 보여주는 증거는 많다. 가장 큰 증거는 앞에서 이야기했었던 방대한 퇴적층이 존재한다는 사실이다.

지표를 이루는 암석의 약 80%는 퇴적물의 퇴적으로 형성된 퇴적암류이다. 거의 동일한 성분을 가진 퇴적층이 대륙을 넘나들 정도로 방대하게 존재하며 두께 또한 수 km에 달한다. 이런 퇴적층이 존재한다는 것은 과거에 전 지구적인 엄청난 격변의 사건이 있었음을 보여준다.

도대체 이 많은 퇴적물들은 어디서 온 것일까? 그리고 이 많은 퇴적물들이 어떻게 이동할 수 있었을까? 그리고 퇴적물들을 이동시킨 에너지는 도대체 어떻게 발생한 것일까?

지질학자들은 사선모양으로 기울어져 있는 층리인 사층리를 통해서 퇴적물을 운반한 물의 방향과 깊이, 속도를 알 수 있다.[336]

그랜드캐니언의 상부에 있는 코코니노 사암층의 사층리는 두께가 18 m에 이르는 것도 있다. 이 두께를 '사층리의 두께로 물의 깊이를 계산한 그래프'에 대입시키면 이 사암층을 퇴적시킨 물의 깊이는 100 m 정도로 추정할 수 있다.

그런데 이 그래프는 고운 모래를 가지고 실험한 결과로 만든 것이기 때문에 코코니노 사암층의 입자가 그래프의 것보다 더 굵은 것을 고려하면 물의 깊이는 100 m 이상으로 추정될 수 있다.

연구팀은 이런 사층리가 생기려면 바닥에서의 유속이 초속 1 m 정도가 되어야 한다고 추정했는데, 100 m 깊이의 물이 바닥에서 초속 1 m의 유속을 보이려면 상상을 초월하는 어마어마한 에너지가 필요하다.[337] 이 에너지는 어디에서 온 것일까?

▼ 사층리

지형학자 '올리에르(C. Ollier)'와 '페인(C. Pain)'은 『산맥의 기원』에서 '최근의 지형학자들은 산이나 골짜기가 시간에 의해서가 아니라 엄청난 에너지가 수반된 사건으로 형성되었다는 결론에 이르고 있다'고 했다.[338] 오랜 연대설을 주장하는 사람들이 가진 동일과정설적 설명만으로는 이런 현상을 설명할 수 없다. 그들이 말한 엄청난 에너지가 수반된 사건은 어떤 사건일까?

▼ 칼데라

퇴적층과 빙하에서 발견되는 화산재의 양, 산봉우리의 호수인 칼데라의 크기를 통해 과거에 전 지구적인 엄청난 규모의 화산 활동이 지구상에 있었음을 추론할 수 있다. 그리고 운석의 충돌로 생긴 것으로 해석되고 있는 크레이터를 통해서도 지구가 대규모의 격변적 사건들을 겪었음을 추론할 수 있다.

▲ 대서양 중앙해령

과거에 대규모의 격변이 있었음을 보여주는 또 하나의 증거는 해저지형이다. 바다 속에는 바다 속의 산맥이라고 부르는 해령이 있다. 해령 중 가장 긴 대서양 중앙해령

(MidAtlantic Ridge)은 아메리카대륙과 아프리카대륙 사이의 대서양 속을 수직으로 15,000 km나 뻗어있다. 이것들은 대양 바닥에서 2,000-4,000 m의 높이에, 꼭대기에는 폭이 25-50 km의 깊은 골짜기가 형성되어 있다. 해저지형을 통해 과거에 전 지구적인 엄청난 규모의 격변이 있었음을 추론할 수 있다.

큰 규모의 격변은 지진과 물질의 급격한 이동을 일으킬 수 있다. 지진이나 화산활동으로 높은 파도가 밀려오는 지진 해일인 '쓰나미'가 발생할 수 있는데, 2004년에 발생한 인도네시아의 쓰나미나 2011년에 발생한 일본의 쓰나미를 통해 그 엄청난 위력은 잘 알고 있으리라 본다.

1960년 칠레 지진으로 발생한 쓰나미는 태평양을 건너 반대편에 있는 일본에 도달하기까지 22시간밖에 걸리지 않았는데, 그 속도는 국내선 항공기와 비슷하다.[470]

지진과 관련 있는 지질학적 현상 중 하나가 토양액화(Liquefaction)이다. 토양액화는 퇴적물이 액체처럼 행동하는 현

▲ 토양액화

상을 말하는데, 이 현상으로 큰 규모의 지진이 일어날 때마다 건축물이 붕괴되는 일이 일어나기도 한다.

저탁류란 '물과 함께 한꺼번에 이동하는 고밀도 퇴적물의 흐름'이다. 저탁류는 빠른 시간 안에 퇴적층을 형성할 수 있는데, 1929년 캐나다 북동부 뉴펀들랜드 지역의 그랜드뱅크스에서 발생한 7.2도의 강진으로 1 m 이상의 퇴적물이 짧은 시간에 형성된 것이 관찰되었다.[341]

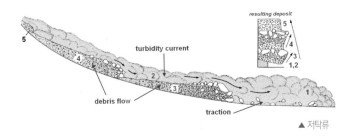

▲ 저탁류

오랜 연대설적 지질학자들은 퇴적층이 짧은 시간에 형성된 것이라고 주장하는 격변설을 지지하는 과학자들을 비웃었었다. 그런데 '버쏠트(Guy Berthault)'가 다양한 크기의 퇴적물을 섞은

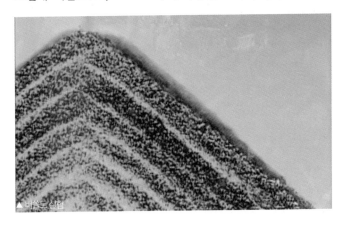

▲ 버쏠트 실험

입자들을 커다란 물탱크 수조에 넣어 빠르게 흘려보내는 실험을 통해서 색이 뚜렷이 구분되는 층리가 짧은 시간에 형성되는 것을 보여주었다.[340] 퇴적물은 크기나 무게가 비슷한 입자끼리 비슷한 이동거리를 가지게 되면서 뚜렷하게 구분되는 층리가 짧은 시간에 형성될 수 있다.

물은 높은 곳에서 낮은 곳으로 흐르며, 많은 물의 이동은 엄청난 에너지를 가지고 있다. 이때 물이 가진 에너지는 암석을 침식시키기도 하고, 다량의 퇴적물을 이동시켜 지형을 순식간에 변화시킬 수 있다.

강폭과 골짜기에 대해 연구한 '듀리(George H. Dury)'는 '대부분의 강폭은 강물이 흐르는 양에 비하여 상대적으로 너무 크다.'며 과거에 큰 홍수가 있었을 것으로 이야기했고, '가너(H. F. Garner)'는 '물이 흐르지 않는 모든 수로는 과거 큰 홍수를 경험한 것이다.'는 결론을 내렸다.[342]

'오드(Michael J. Oard)'는 워싱턴 주 주변의 암석들을 조사하여 200 kg이나 되는 암석이 적어도 100 km나 떨어진 곳에서 이동해 왔다고 했다.[343] 그리고 대부분의 골짜기와 강들의 하류에는 고운 퇴적물만 있는 것이 아니라 상류에서 운반된 커다란 바위도 있다는 것을 발견했다.[344]

커다란 바위가 어떻게 하류까지 흘러오게 된 것일까? 오랜 시간에 걸친 침식 및 퇴적 작용이 있었다면 강 하류에는 고운 퇴적물들만 있어야 하지만, 실제로는 그렇지 않다.

격변의 증거들은 대부분 화산활동과 운석, 물과 관련이 있음을 알 수 있다. 그렇다면 지구상에 이런 격변을 일으킬 만한 '사건'이 있었을까? 이 격변을 설명할 수 있는 사건은 바로 '창세기 대홍수' 사건이다. 성경에 나오는 '이야기' 정도로 들어왔겠지만, 창세기 대홍수는 천지창조사건 이후에 벌어진 가장 중요한 지질학적 사건이다.

_ 지상 최대의 지질학적 대격변, 창세기 대홍수

▲ 창세기 대홍수

창세기 대홍수는 격변적인 지질현상(큰 깊음의 샘들이 터지며)과 40일 동안 내린 비(사십 주야를 비가 땅에 쏟아졌더라)로 전 지구가 물에 잠겼던(천하의 높은 산이 다 잠겼더니) 대격변의 사건이었다.

대격변론에서는 과거 지구에 있었던 격변들 중에 창세기 대홍수사건을 가장 큰 격변인 '대격변'으로 보고, 오늘날 지구의 모습은 창세기 대홍수라는 대격변과, 이후에 발생한 격변들로 형성된 것으로 본다.

놀랍게도 전 지구적이었던 창세기 대홍수사건은 성경에만 기록되어 있는 것이 아니다. 오늘날 세계에는 200여 부족의 600개 이상의 홍수 이야기가 전해져 내려오고 있다.[346] 내용은 조금씩 다르지만, 홍수를 피하기 위해서 큰 배를 만들었다든가, 동물들을 태웠다든가, 홍수를 피한 것은 소수의 사람뿐이었다든가 하는 내용이 성경의 기록과 비슷한 점이 많다.

성경에는 하나님이 사람들의 죄 때문에 노아의 가족과 동물들의 대표를 제외한 모든 피조물을 대홍수로 심판하셨다고 기록하고 있다. 노아의 가족과 동물들의 대표가 죽음을 피할 수 있었던 것은 거대한 방주를 통한 하나님의 보호하심 덕분이었다.

먼저 창세기의 기록을 통해서 대홍수의 진행 과정을 살펴보자.

6장 13절 :
하나님이 노아에게 이르시되 모든 혈육 있는 자의 포악함이 땅에 가득하므로 그 끝 날이 내 앞에 이르렀으니 내가 그들을 땅과 함께 멸하리라

성경은 대홍수의 원인이 하나님에게 있는 것이 아니라 사람에게 있음을 이야기하고 있다. 사람들의 죄 때문에 사람은 물론이고 땅과 생물들도 심판을 받게 된 것이다.

6장 14-16절 :

너는 고페르 나무로 너를 위하여 방주를 만들되 그 안에 칸들을 막고 역청을 그 안팎에 칠하라, 네가 만들 방주는 이러하니 그 길이는 삼백 규빗, 너비는 오십 규빗, 높이는 삼십 규빗이라, 거기에 창을 내되 위에서부터 한 규빗에 내고 그 문은 옆으로 내고 상 중 하 삼층으로 할지니라

하나님은 직접 방주의 모양과 크기를 알려주신다. 방주는 길이 300 규빗, 폭 50 규빗, 높이 30 규빗의 규모로, 팔꿈치에서부터 가운데 손가락 끝까지의 길이를 가리키는 히브리인들이 사용하는 측정단위인 1 규빗을 45.6 cm로 계산하면 길이 137 m, 폭 23 m, 높이 14 m 안팎의 3층으로 이루어진 정육면체 모양의 배였다.

▲ 노아의방주

방주는 일반적인 배와 다르게 스스로 움직이거나 방향을 조절하는 장치가 필요 없다. 방주의 용도는 안에 탄 사람들과 생물들을 대홍수에서 보호하며 그저 안전하게 떠 있는 것이었다.

▶ 대홍수 전기, 물은 어디에서 왔을까?

창세기 대홍수사건은 성경에 등장하는 이야기 중에 날짜가 기록되어있는 매우 구체적인 사건이다. 375일간의 대홍수사건을 홍수가 시작되어 물이 점점 증가하는 150일간의 대홍수 전기와,

물이 감해지는 약 225일간의 대홍수 후기로 나누어 본다.[347]

7장 11-15절 :

노아가 육백 세 되던 해 둘째 달 곧 그달 열이렛날이라 그 날에 큰 깊음의 샘들이 터지며 하늘의 창문들이 열려, 사십 주야를 비가 땅에 쏟아졌더라, 곧 그 날에 노아와 그의 아들 셈, 함, 야벳과 노아의 아내와 세 며느리가 다 방주로 들어갔고, 그들과 모든 들짐승이 그 종류대로, 모든 가축이 그 종류대로, 땅에 기는 모든 것이 그 종류대로, 모든 새가 그 종류대로, 무릇 생명의 기운이 있는 육체가 둘씩 노아에게 나아와 방주로 들어갔으니

지금부터 이어지는 창조과학적 추론은 어디까지나 하나의 추론이다. 성경은 오래전에 기록되어서 기록자가 묘사한 내용을 정확하게 해석하기 어렵다. 그렇기 때문에 반성경적인 관점으로 보면 창조과학자들의 추론이 억지처럼 보일 수도 있다. 하지만 창조과학적 추론은 성경을 과학으로 포장하려는 억지가 아니라 현대과학 이론과 과학적 방법을 이용하여 성경의 기록을 역사적인 사실로 접근하려는 시도이다.

혹, 창조과학적 추론에서 문제점이 발견될 수도 있다. 그러나 그것은 큰 문제가 되지 않는다. 빅뱅이론이나 다른 과학 이론들도 완전한 것이 아니라서 마찬가지로 해결해야할 많은 과제를 가지고 있고 수정하는 과정에 있기 때문이다. 그렇기 때문에 창조과학적 추론이 문제점을 가지고 있다고 해서 하나의 이론으로는 크게 문제가 되는 것은 아니다. 그것은 과학의 일반적이고 정상적인 과정이다.

창조과학적 추론의 오류가 드러난다 해도 성경의 내용이 잘못된 것은 아니다. 다시 이야기하지만 성경은 오래 전에 기록되어서 기록자가 묘사한 내용을 정확하게 알아내기 어려운 부분이 있다. 그렇기 때문에 성경이 틀린 것이 아니라 단지 추론이 틀릴 가능성이 있을 뿐이다.

　나는 창조과학적 추론의 타당성을 높이기 위해 다양한 과학 서적을 읽고 최신 정보를 수집하는 일에 많은 시간을 투자하고 있다. 그 이유는 어설픈 추론 때문에 창조과학 전체가 비과학적인 이론으로 매도되어서는 안되고, 성경의 사실성이 부정되어서는 안되기 때문이다. 지금부터 창조과학적 추론으로 창세기를 풀어본다.

　창세기 7장 11절에는 큰 깊음의 샘들과 '궁창 위의 물'이 등장한다. 그 물은 '하늘의 창들'이 열림으로 시작되었다고 기록되어 있다.

　이때 등장하는 '궁창 위의 물'은 무엇일까? 궁창 위의 물은 창세기 1장의 창조사건에서 찾을 수 있다. 창세기 1장 6-7절에 '하나님이 가라사대 물 가운데 궁창이 있어 물과 물로 나뉘게 하리라 하시고 하나님이 궁창을 만드사 궁창 아래의 물과 궁창 위의 물로 나뉘게 하시매…'의 구절에 따르면 궁창 위에 물층이 있었다는 것을 알 수 있다.

　궁창 위의 물층은 오늘날에는 관찰되지 않기 때문에 성경의 기록만으로는 어떤 형태로 어디에 위치해 있었는지 정확하게 알기는 어렵다. 사실 우리는 성경에서 궁창이 정확히 무엇을 의미하는지 조차도 모른다. 궁창은 때로는 대기권의 의미로도 쓰이지만 우주의 의미로도 쓰이기 때문이다.

성경의 기록만으로 이 물층이 어떤 형태로 어디에 존재했는지
알기는 어렵다.

대홍수로 인해 전 지구는 물에 잠기게 된다. 전 지구를 덮을 만
큼의 물은 어디에서 어떻게 오게 된 것일까? 하나님은 자연법칙
을 초월해서 일하시기도 하지만 당신이 창조하신 자연법칙을 이
용하시기도 한다. 하나님은 창세기 대홍수사건도 자연법칙을 이
용하셨을 것으로 생각된다.

전 지구를 덮은 물의 출처에 대한 창조과학적 이론은 몇 가지
가 있는데, 그 중에서 수증기층 이론(Vapor Canopy Theory)과
수판 이론(Hydroplate Theory), 격변적 판구조론(Catastrophic
Plate Tectonics)을 소개하고자 한다.

'수증기층 이론'은 전 지구를 덮었던 물이 궁창 위의 물층에
서 유래된 것으로 본다. 창조과학운동의 창시자인 '헨리 모리스
(Henry Morris)'는 『창세기 대홍수』에서 궁창을 대기층으로 해
석하고, 물층이 대기층에 수증기의 형태로 존재했을 것으로 보
았다.

성경에는 대홍수가 '큰 깊음의 샘들이 터지며 하늘의 창들이 열
림'으로 시작되었다고 기록되어 있다. '깊음의 샘들'이 무엇일까?

▼ 깊음의 샘들이 터지며

큰 깊음의 샘들이 터진 것은 전 지구적
으로 약 8만 km에 달하는 바닷속의 산맥
인 '해령'의 존재와 그 형태로 대홍수사건

때 어떤 물리적인 동인에 의해 해양저(대륙 사면에 이어지는 깊이 4,000-6,000 m의 해저 지형)가 전 지구적으로 갈라지면서 다량의 마그마 또는 용암과 화산재, 지하수 등이 지표를 뚫고 지상으로 분출된 것으로 유추할 수 있다.

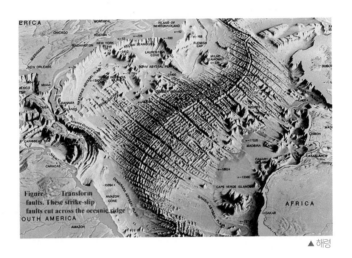

▲ 해령

'깊음의 샘들'이 터져서 분출된 화산재의 촉매작용으로 수증기층 형태의 물층이 응결되어 내린 비 등이 전 지구를 덮은 것으로 보는 것이다.

전 지구를 덮었던 물의 출처를 소개하는 또 다른 이론은 '수판 이론(Hydroplate Theory)'이다.

대격변 이론 중 하나인 '수판 이론'에 따르면, 대홍수사건 전에는 지표아래에 평균 1.6 km 두께로 지하수층이 존재하였고, 어떤 물리적인 동인 – 운석의 충돌 또는 환경 변화에 의한 지구 내부 물질의 운동 등 – 에 의해서 지표의 엄청난 무게를 견디고 있

었던 고온의 지하수가 압력에 의해 지표의 약한 부분을 뚫고 폭
발하였다는 것이다.

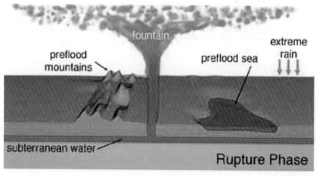

▲ 수판 이론

말도 안 되는 가설로 보일 수 있지만, 이 이론도 물리학자의 계
산에 의한 것이다. 글의 내용상 핵심만 뽑아서 쓰는 것이니 자
세한 내용이 알고 싶으면 한국창조과학회 홈페이지 자료실에서
'수판 이론'을 검색해 보기 바란다.

분출된 지하수는 엄청난 압력으로 지표를 침식시켰고, 분출구
인 해령을 경계로 지판은 지하수층 위를 미끄러지듯 해령의 반
대쪽 방향으로 이동했을 것이다. 갈라진 지판은 지표 아래 지하
수층의 윤활유 작용 덕분에 미끄러지듯 빠른 속도로 이동할 수
있었다.

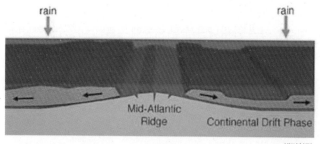

▲ 해저확장

이때 이동한 지판이 다른 지판과 부딪히면서 상대적으로 밀도가 높은 해양판이 밀도가 낮은 대륙판을 밀어 올려 산맥이 형성되었다.

▼ 해양판과 대륙판의 충돌

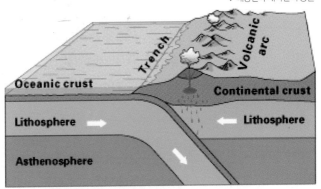

전 지구를 덮었던 물의 출처를 소개하는 또 다른 이론은 '격변적 판구조론'이다. 젊은 연대를 지지하는 창조론자들은 대륙이 '격변'적 사건에 의해 짧은 시간에 이동하였음을 주장하는 '격변적 판구조론'을 지지하기도 한다.

격변적 판구조론과 오랜 연대설적 판구조론은 판이 움직인다는 면에서는 같은 입장이지만 지판이 이동하게 된 원인과 시기, 그리고 지판의 이동 속도를 다르게 해석한다.

▼ 판구조론

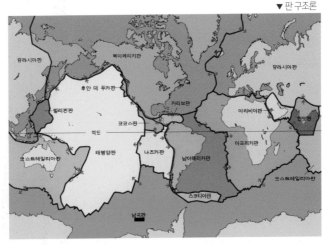

오랜 연대설적 판구조론에서는 지판이 맨틀의 대류에 따라 연간 2 ㎝ 에서 10 ㎝의 느린 속도로 계속해서 움직여 온 것으로 해석하기 때문에 대륙의 이동을 오랜 지질 시간동안 진행되고 있는 것으로 해석하지만, 격변적 판구조론에서는 대륙의 이동이 창세기 대홍수사건이라는 대격변에 의해 짧은 시간에 급격하게 일어난 것으로 해석한다. 오늘날 측정되는 연간 2 ㎝ 에서 10 ㎝의 느린 속도는 대격변적인 대홍수사건 후에 느려진 속도로 고정되어 있는 것이다.

격변적 판구조론에서 해양지각이 갈라진 곳에서 흘러나온 용암이 쌓여 수천 m 높이의 해령을 이루게 되었고, 해령을 경계로 마치 컨베이어벨트처럼 해양판이 양쪽으로 이동하면서 새로운 해양 지각이 형성된 것으로 본다. 새로 형성된 뜨거운 해양지각은 상대적으로 가벼워져 상승하게 되고, 해양지각의 상승으로 바닷물이 대륙으로 넘치게 되면서 이 물이 전 지구를 덮은 대홍수를 일으키게 되었다는 것이다.

격변적 판구조론에서는 전 지구를 덮었던 물의 출처를 40일간의 비와, 판을 뚫고 분출한 지하수와 해양지각의 상승으로 인한 바닷물의 넘침으로 해석한 것이다.

그런데 성경에 지판이 이동한 사건이 구체적으로 기록되어 있을까? 재미있게도 이 사건은 창세기가 아닌 다른 곳에서 만날 수 있다.

주께서 땅을 깊은 바다로 덮으시매 물이 산들 위로 솟아올랐으나, 주께서 꾸짖으시니 물은 도망하며 주의 우렛소리로 말미암아 빨리 가며, 주께서 그들을 위하여 정하여 주신 곳으로 흘러갔고 산은 오르고 골짜기는 내려갔나이다, 주께서 물의 경계를 정하여 넘치지 못하게 하시며 다시 돌아와 땅을 덮지 못하게 하셨나이다 (시편 104:6-9)

시편 104편의 내용이 창세기 대홍수를 묘사한 것인지에 대해서는 신학자들 사이에서도 약간의 논란은 있지만, 창세기 대홍수를 묘사한 것으로 볼 때, 기자는 창세기에 기록되어 있지 않은 구체적인 장면들을 마치 지켜본 듯 묘사하고 있고 이는 앞에서 소개한 해석들과 너무나 비슷하다.

거듭 이야기하지만 수증기층 이론, 수판 이론, 격변적 판구조론은 하나의 창조과학적 이론일 뿐이다. 그 이유는 우리가 창세기 대홍수사건을 직접 경험하지 못했기 때문이다. 그렇지만 나름의 타당성을 가지고 있고, 다양한 가능성을 열어두고 연구하는 과정에 있다.

반대론자들은 창조과학회의 수증기층 이론을 강하게 부정한다. 수증기층 이론이 물의 출처를 완벽하게 성명할 수 없다는 것은 우리도 안다.

수증기층 이론은 응결된 수증기가 비로 떨어지면서 발생하는 잠열의 문제나 두꺼운 수증기층으로 인한 온실효과 등의 문제점을 가지고 있다. 그렇다고 해서 성경에 기록되어 있는 물층의 존재가 부정되는 것은 아니다. 단지 이 이론이 해결해야 할 몇 가지 문제점을 가지고 있는 것일 뿐이다.

앞에서 이야기했듯이 물층에 관련된 이론은 창조과학적인 하나의 가설이다. 왜냐하면 물층은 오늘날에는 존재하지 않고 성경에 그 형태가 구체적으로 기록되어 있지 않기 때문이다. 그러나 물층은 성경에 분명히 기록되어 있고, 성경을 통해서 본 대홍수 전후의 달라진 지구 환경으로 미루어 어떤 형태로 존재했는지 추론해 볼 수는 있다.

과학 이론이 오류를 수정해가면서 발전하듯이 물층에 대한 성경적 이론도 발전하고 있다. 개인적으로 이 물층이 과거 수증기층 이론에서처럼 전 지구를 덮을 만큼의 두꺼운 수증기층이 아니라, 40일 정도의 비를 내릴 수 있는 얇은 수증기층으로 존재했으리라 본다.

수증기층의 두께를 정확하게 추산하기는 어렵지만, 얇은 수증기층도 햇빛이나 별빛을 가리지 않으면서도 지구 환경에 큰 영향을 끼칠 수 있다. 오존층(ozone layer)도 압축하면 약 0.3 cm 두께에 불과하지만 자외선으로부터 지구를 보호하고 있다.

지구에는 화산활동의 흔적이 많다. 화산 활동의 흔적인 칼데라의 규모로 미국 옐로스톤 초화산체(Yellowstone Supervolcano) 분출 에너지를 추정하면, 1980년에 폭발한 세인트헬렌스 산의 3,000배에 달했을 것으로 추정된다.[35] 만일 이런 규모의 화산이 몇 개만 동시에 폭발하면 그 위력은 전 지구적일 것이다.

화산폭발로 인한 비와 해일은 실제로 관찰이 되었는데, 1883년에 폭발한 크라카타우(krakatau) 화산의 용암과 화산쇄설물은 5 ㎞ 상공까지 솟구쳤고, 이로 인해 40 m 높이의 해일이 발생했으며, 화산폭발 후 6주 동안이나 전 세계적으로 호우가 계속되었다.[352] 이렇듯, 지구 곳곳에는 격변적 사건의 흔적들이 많다.

창세기 대홍수사건은 전 지구적인 대격변의 상황이었고 그 흔적들은 지구 전체에 남겨져 있다.

7장 17-20절 :

홍수가 땅에 사십 일 동안 계속된지라 물이 많아져 방주가 땅에서 떠올랐고, 물이 더 많아져 땅에 넘치매 방주가 물 위에 떠다녔으며, 물이 땅에 더욱 넘치매 천하의 높은 산이 다 잠겼더니, 물이 불어서 십오 규빗이나 오르니 산들이 잠긴지라

▶ 대홍수 후기, 그 많던 물은 어디로 갔을까?

대홍수 후기는 전 지구를 덮고 있던 물이 감해지는 기간이다. 그 많던 물은 어디로 갔을까?

7장 24절 :

물이 백오십일을 땅에 넘쳤더라

8장 1-5절 :

하나님이 노아와 그와 함께 방주에 있는 모든 들짐승과 가축을 기억하사 하나님이 바람을 땅 위에 불게 하시매 물이 줄어들었고, 깊음의 샘과 하늘의 창문이 닫히고 하늘에서 비가 그치매, 물이 땅에서 물러가고 점

점 물러가서 백오십 일 후에 줄어들고, 일곱째 달 곧 그달 열이렛날에 방주가 아라랏 산에 머물렀으며, 물이 점점 줄어들어 열째 달 곧 그달 초하룻날에 산들의 봉우리가 보였더라

8장 18-19절 :
노아가 그 아들들과 그의 아내와 그 며느리들과 함께 나왔고, 땅 위의 동물 곧 모든 짐승과 모든 기는 것과 모든 새도 그 종류대로 방주에서 나왔더라

물은 크게 두 가지 방법으로 감해진 것으로 본다. 한 가지 방법은 증발이고, 다른 한 가지 방법은 물의 이동이다.

창세기 8장 1절에는 '바람으로 땅 위에 불게 하시매 물이 감하였고'라고 기록되어 있다.

지구를 덮고 있던 물의 온도는 해저에서 발생한 화산활동으로 인해 대홍수 전보다는 높아져 있었을 것이고(해령의 존재로 유추), 분출된 화산재가 태양빛을 차단하여 기온은 낮았을 것이다. 그래서 물의 증발이 활발하게 일어났고, 기온의 차이로 발생한 공기의 이동, 바람이 증발을 촉진시켰을 것이다.

물층의 존재 여부는 지구 환경에 엄청난 변화를 가져왔다. 물층이 존재했던 대홍수 전에는 자외선이나 X선, 감마선 등 생물에게 해로운 고주파 우주선이 물층에 차단되어 오늘날에 비해 생물이 살기에 좋은 환경이었을 것이다. 날개 길이가 75 cm 이상이나 되는 거대잠자리화석이나 2 m에 달하는 거대암모나이트 화석, 천 년에 가까웠던 대홍수 전 선조들의 수명으로 미루어,

대홍수 전의 세상은 오늘날에 비해 살기 좋은 환경이었을 것으로 본다.

대홍수 때 궁창 위의 물층이 사라져 버렸기 때문에 지구의 환경은 대홍수 전과는 달라지고 만다. 물층이 다시 복구되지 않으면서 인체에 해로운 고주파 우주선들이 지표에 그대로 도달하게 되었고, 지구복사열이 외부로 방출되면서 위도에 따른 에너지 불균형이 발생하여 뚜렷한 사계절이 나타나게 된 것으로 본다.

거의 천 년 가까이 되던 선조들의 수명이 대홍수를 기점으로 줄어든 것을 알 수 있다.

▼ 창세기 족보

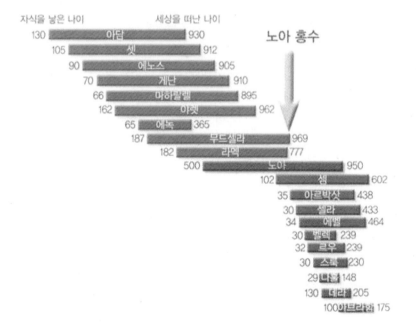

물은 순환하기 때문에 전 지구를 덮었던 물은 그대로 지상에 남아있다. 대홍수 후 물층의 형태로 복구되지 않았고, 지하수층으로도 복구되지 않았다. 그렇다면 그 많던 물은 어디로 간 것일까?

창조론자들에게 산맥의 형성은 전 지구를 덮었던 물이 어디로 사라졌는지를 보여주는 열쇠다. 물은 사라진 것이 아니라 대홍수 전보다 더 깊어지고 더 넓어진 바다에 고스란히 모여 있다. 대홍수 후 바다의 모양은 접시 모양에서 그릇 모양으로 바뀐 것이다.

진화론자인 미국의 '뉴웰(Norman D. Newell)'은 성경의 기록대로 에베레스트 산이 묻히려면 현재 총 지표수의 3배 정도가 필요하다며 창세기 대홍수사건의 사실성을 부정했다.[353] 그러나 수천 미터 높이의 산들로 이어진 높은 산맥들은 창세기 대홍수 이전에는 없었다. 높은 산맥들은 앞에서 살펴보았던 것처럼 대홍수 동안에 지판의 빠른 이동으로 생겨난 것이다.

웃기는 이야기 같지만, 오랜 연대설적 지질학자들도 히말라야, 알프스, 로키산맥 등과 같은 산맥들은 퇴적층이 모두 형성된 다음에 만들어진 오랜 연대설적으로도 비교적 최근에 형성된 것으로 해석한다.[354]

▲ 유라시아 판과 인도 판의 부딪힘

　오랜 연대설자들도 히말라야 산맥은 아프리카 대륙에서 떨어져 나온 인도 판이 유라시아 판과 부딪혀 형성된 것으로 보는데, 현재의 속도와 에너지로는 판을 밀어 올릴 에너지를 설명할 수 없다. 그러나 빠른 판의 이동이라는 격변적 판구조론으로 보면 타당성은 오히려 높아진다.

　이를 뒷받침하듯, 알프스산맥에는 원래 있었던 위치보다 높아진 것이 틀림없는 사람의 주거 유적지가 있으며,[355] 안데스산맥을 비롯한 다른 대륙의 산맥에서도 사람들이 살았던 주거지 유적이 비정상적으로 높은 고도에서 발견된다. 이는 조산 및 조륙 운동이 실제로 멀지 않은 과거에 일어났음을 보여주고 있다.[356]

　해양 지각이 해령을 중심으로 점점 벌어지게 되면서 바다는 넓어졌고, 해양판이 대륙판을 밀어올려 산맥이 형성되면서 바다는 상대적으로 깊어졌다.

　물은 높은 곳에서 낮은 곳으로 흐르기 때문에 대륙을 덮고 있던 물은 더 깊고 넓어진 바다로 빠르게 이동했을 것이다. 대홍수

▼ 물빠짐 지형

전기에 대륙으로 이동했던 물이 대홍수 후기에 다시 바다로 이동하게 된 것이다. 이때, 대홍수 전기에 만들어진 거대한 퇴적층들이 암석화되기 전에 침식을 겪게 된다.

지표의 약 80%를 차지하고 있는 방대한 퇴적암류는 창세기 대홍수사건 때 발생한 대격변의 사건으로 만들어진 퇴적물들이 물의 이동과 함께 쌓여서 만들어진 것이다. 동일과정설적 해석으로는 지표의 약 80%를 이루는 퇴적암류를 이룬 어마어마한 퇴적물의 출처와 이동을 제대로 설명하지 못한다. 그러나 창세기 대홍수사건은 방대한 퇴적물의 출처와 이동에 대한 구체적인 실마리를 제공하고 있다.

▼ 모뉴먼트 밸리

방주에 타지 못했던 사람들과 코로 숨쉬는 동물들은 죽게 되는데, 그것들의 일부가 대홍수 때 퇴적물에 묻히게 되면서 화석으로 만들어진 것이다.

오랜 연대설적 지질학에서는 각 퇴적층은 퇴적물이 쌓일 당시에 존재했던 생물의 화석을 포함하고 있는 것으로 해석했다. 그러나 그들의 해석과는 달리 서식지가 다른 다양한 생물이 좁은 지역에서 함께 화석으로 발견되기도 하는데, 프랑스 몽소레민

(Montceau-les-Mines)의 한 화석무덤에는 수십만 종의 바다생물들이 양서류, 거미, 전갈, 노래기, 곤충 및 파충류들과 함께 묻혀 있고, 미국 콜로라도 주 플로리선트(Florissant)에서도 곤충, 담수 연체동물, 물고기, 새, 수백 종의 식물이 함께 묻힌 채로 발견되었다.

서식지가 다른 바다 생물과 육지 생물의 화석이 한 곳에서 발견되는 이유는 무엇일까? 오랜 연대설자들은 그 이유를 재퇴적된 것으로 설명하고 있지만, 오히려 대홍수사건을 통해 특정한 장소에 함께 떠내려와 묻혔다고 설명할 때 더 잘 설명이 되지 않는가?[357]

화석은 진화론자들의 주장처럼 진화된 순서로 발견되는 것이 아니라 서식지나 대홍수 당시에 묻힌 위치에 따라 무작위로 발견된다. 화석의 분포는 이들이 점진적으로 진화되었다거나 퇴적층이 오랜 시간동안 쌓였음을 보여주는 것이 아니라 오히려 매몰 위치를 보여주고, 창세기 대홍수의 긴박한 상황을 보여준다.

이스라엘에 있는 사해와 터키 동부지방에 위치한 반(Van)호, 몽골의 고비 사막에 있는 수많은 소금 호수, 오랜 연대설적 지질학으로는 어떻게 바닷물이 내륙 깊숙한 곳까지 침범하였는지 제대로 설명하지 못한다.[358] 그러나 창세기 대홍수사건으로는 고지대에 위치한 염호에 대해서도 충분히 설명할 수 있다.

_ 젊은 연대적 지질학

우리는 선캄브리아대, 고생대, 중생대, 신생대와 같은 오랜 연대설적 지질 용어에 익숙하다. 그렇다면 대격변설을 주장하는 창조론자들은 암석층을 어떻게 해석할까? 이 해석을 알아보기 위해 『노아 홍수 콘서트』라는 책을 소개한다.

벌써 여러 차례 책의 내용을 인용했었던 『노아 홍수 콘서트』의 저자 '이재만'은 창조과학 전임사역자이다. 그는 일반 지질학을 공부했으나 미국 유학 중에 창조과학을 통해 진화론의 허구성을 깨닫고 하나님께서 성경대로 행하신 사실을 전하기 시작했다고 한다.[359] 그의 책 『노아 홍수 콘서트』는 대홍수사건이 먼 옛날 전설 속의 이야기가 아니라 실제로 약 4,500여 년 전에 일어난 역사적 사건임을 논리적으로 잘 설명하고 있다.

대격변설을 지지하는 성경적 지질학에서는 암석층을 크게 세 층으로 나누고 있다. 하나는 '대홍수 전'의 암석층이고 두 번째는 대홍수사건 동안에 형성된 대홍수층이고, 세 번째로 대홍수 이

▲ 대부정합

후에 형성된 '대홍수 후' 암석층이다.

'대홍수 전 층'과 '대홍수 후 층' 사이의 경계는 분명하고 지구 곳곳에서 발견된다. 지질학에서는 이 경계를 '대부정합(Great Unconformity)'이

라고 부른다.[361] 오랜 연대설적 지질학에서는 이 대부정합을 경계로 위아래의 암석층 사이에 엄청나게 오랜 시간적 차이가 있는 것으로 해석하지만, 젊은 연대에 근거한 지질학에서는 시간적 차이를 고작 수천 년 내외로 해석하고 있다.

이처럼, 오랜 연대설적 암석층의 구분과 젊은 연대입장에서 암석층의 구분은 동일한 암석층에 대한 해석 차이에 불과하다. 오랜 연대설적 생각 틀로 보느냐, 대격변론적 생각 틀로 보느냐에 따라 동일한 암석층이 '선캄브리아대 층'으로 불리기도 하고 '대홍수 전의 땅'으로 불리기도 하는 것이다.

대홍수에 대한 구체적인 이야기와 방주에 대한 이야기, 어떻게 그 많은 동물이 방주에 들어갈 수 있었으며, 그 안에서 지낼 수 있었는지, 그리고 대홍수 후에 지구의 환경이 어떻게 변했는지에 대해서는 뒤에 자세히 이야기하기로 한다.

반가운 것은 최근에 발표된 지질학 논문의 수에서 격변설에 근거한 논문이 동일과정설에 근거한 논문보다 많이 발표되었다는 사실이다.[363]

진화의 증거와
설계의 증거

4

4. 진화의 증거와
설계의 증거

진화론자들은 생물의 자연변화와 자연선택, 사람에 의한 생물의 변화인 인위선택, 생물 간의 유사성, 그리고 생물의 다양성, 특정 지역에만 사는 동물이 가진 고유성, 개체 안에서의 변화인 변이, 어떤 종류에서 다른 종류로 진화되었음을 보여준다는 중간단계 화석, DNA라는 공통의 시스템 등으로 생물이 자연 진화되었음을 주장한다.

이 장에서는 앞에서 공통적으로 소개한, 진화되었다는 증거나 창조되었다는 증거 외에 각 진영에서 주장하는 증거들에 대해서 구체적으로 이야기해 본다.

① 진화의
증거

진화의 증거 (1) _ 우리 몸에 남아있는 진화의 역사

19세기 진화론자들은 생물이 진화의 과정을 겪었기 때문에 생물체의 기관 가운데 과거에는 쓸모가 있었으나 현재는 쓸모없이 생물체 안에 남아있는 기관이 있다고 했고, 이런 쓸모없는 기관이 존재하는 이유는 생물이 진화되었기 때문이라고 했다. 진화론자들은 이런 기관을 '흔적기관'이라고 부른다.

진화론자들이 소개한 대표적인 흔적기관으로는 사람의 꼬리뼈, 귀를 움직이는 근육, 편도선, 맹장, 갑상선, 충수, 사랑니, 고래의 뒷다리 등이 있다.[364]

다윈이 활동하던 시기인 19세기 말 '헤켈(Ernst H. Haeckel)'과 '비더스하임(Robert Bidersheim)'은 사람의 몸에 180개의 흔적기관이 있다고 했다.[365]

당시 진화론자들의 이야기에 따르면, 큰창자와 작은창자가 만나는 지점인 막창자의 끝에 위치한 셀룰로오스를 분해하는 박테리아가 담겨 있는 조직인 충수는, 제거해도 아무런 부작용이 없는 흔적기관이라고 했다. 이 조직은 과거 채집생활을 했던 선조들에게는 필요한 기관이었으나, 지금은 필요가 없는 기관이 되고 말았다는 것이다. 고로 아직도 사람의 몸에 지금은 사용하지 않는 충수가 존재한다는 것은 사람이 진화되었음을 보여주는 것이라고 했다.

포유류가 보온과 몸집을 더 크게 보이기 위해 사용했던 털 세움 근육도 사람이 포유류에서 진화되었음을 보여주는 흔적기관이라고 했고, 사람의 꼬리뼈는 선조의 꼬리가 남긴 자취라고 했다.[366]

▲ 펭귄

이러한 생각은 20세기에도 이어졌다. 진화론자들은 날개를 가지고 있지만 날지 못하는 타조와 에뮤, 날개의 흔적만을 가지고 있는 키위, 뉴질랜드에 살았던 날개가 없는 대형 새 모아, 날려고 시도는 하지만 날지 못하는 뉴질랜드의 앵무새 카카포, 펭귄과 갈라파고스 가마우지의 날개들, 이것들의 날개도 진화의 흔적으로 해석했다.[367]

진화론자들의 해석에 따르면 이것들은 과거에 날개를 가지고 있었지만 사용하지 않아서 퇴화하는 방향으로 진화된 것이라고 한다. 재미있는 사실은 이것들이 대부분 뉴질랜드에 서식하는데, 진화론자들은 뉴질랜드에는 포유류가 없어서 새가 포유류를 피해서 날아다녀야 할 이유가 없었기 때문에 나는 새에서 날지 못하는 새로 진화된 것이라고 했다.[368]

이것들처럼 날개를 잃어버리는 방향으로 진화된 것으로 해석된 생물이 더 있는데, 벼룩과 이는 날개를 잃어버린 형태이고, 암컷 매미나방은 날개를 가지고 있지만 날지 못하는 형태이며, 파리는 한 쌍의 날개를 '평균곤'으로 바꾼 형태이고,[369] 암컷 일개미들은 날개를 버린 형태로 해석한다.[370]

지상에서는 전혀 찾아볼 수 없으며 오직 동굴에서만 사는 동물을 '진동굴성동물'이라고 한다. 이것들은 몸에 색소가 없고 움직임이 둔하며 주로 긴 다리를 가지고 있고 더듬이가 발달해 있는데 진동굴성동물로는 장님옆새우, 장님좀딱정벌레, 장님송장벌레, 잔나비거미류 등이 있다. 그런데 이것들은 필요도 없는 눈을 가지고 있다.

▲ 진동굴성동물

　　이것들의 눈은 대부분 멀어있다. 진화론자들은 이렇게 묻는다. '만약, 이것들이 창조되었다면, 눈을 쓸 일이 없는데 왜 눈의 흔적을 가지고 있는 걸까?' 진화론자들은 한때 사용했던 눈이 퇴화하는 방향으로 진화된 것으로 해석한다.[371]

　　리처드 도킨스는 '만약 창조자가 있다면'이라는 가정으로 합리적이지 않은 듯 보이는 피조물의 모습을 창조자의 실수라고 조롱한 다음, 창조주가 없다는 결론에 도달하게 한다. 도킨스가 말하는 창조주의 실수를 알아보자.

『지상 최대의 쇼』에서 '헤르만 폰 헬름홀츠'가 내린 사람의 '눈'에 대한 평가를 앞에서 언급했었다.[372] 다시 이야기하면, 눈은 광전셀이 뒤를 향하고 있는 구조여서 불합리하게 만들어졌다는 것이다. 이 불합리한 구조를 가진 듯 보이는 눈에 비해 현대의 디지털카메라는 광전셀이 화면 앞쪽으로 배치되어 있어서 합리적이라는 이야기와, 이것은 나쁜 설계를 넘어서 멍청이나 생각해냈을 설계라는 도킨스의 이야기까지…[373]

도킨스는 설계자가 존재한다면 이렇게 비합리적이고 지적이지 못한 설계는 있을 수 없다고 했다. 그래서 설계자는 존재하지 않는다는 것이다. 도킨스가 『지상 최대의 쇼』에서 든 예를 몇 가지 더 소개한다.

12쌍의 뇌신경 중 제10뇌신경인 '미주신경'은 인후두근육과 내부장기근육의 운동, 내장기관의 자율신경반사와 관련이 있는 신경이다.

미주신경은 뇌와 장기를 연결하기 때문에 다른 신경에 비해 길이가 길다. 미주신경은 뇌에서 나와서 여러 갈래로 갈라지는데, 그 중 두 갈래는 심장으로 가고 다른 두 갈래는 후두의 양옆으로 간다.

후두의 양 옆으로 가는 한 분지는 뇌에서 바로 후두로 연결되어 있지만, 다른 한 분지는 최단거리로 가지 않고 가슴까지 내려가서 심장에서 나오는 동맥 중 하나를 휘돌아서 후두로 가기 때문에 현대 의학에서는 그 신경을 '되돌이후두신경'이라 부른다.

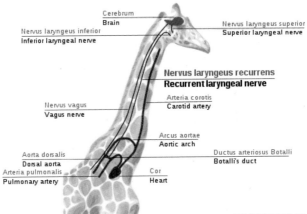

▲ 기린의 되돌이후두신경

　대부분의 척추동물은 되돌이후두신경을 가지고 있다. 사람의 경우에는 되돌이후두신경이 이름처럼 10 cm 정도를 돌아가는데, 기린의 경우에는 무려 4.6 m를 돌아간다. 진화론자들은 되돌이후두신경의 특이한 경로를 진화된 증거로 해석한다.[374]

　되돌이후두신경이 이렇게 비합리적인 경로를 가지게 된 이유는 과거 어류시절, 뇌에서 심장을 거쳐 아가미로 이어졌던 신경이 포유류로 진화되는 과정에서 아가미가 갑상선이나 후두로 진화되면서 아가미에 연결되어 있던 신경이 후두에서 심장으로 내려왔다가 다시 뇌로 돌아가게 되었기 때문이라는 것이다.[375]

　도킨스는 되돌이후두신경은 생물이 잘 설계되었다는 개념이 얼마나 사실과 먼가를 유감없이 보여주는 사례라고 말했다.[376]

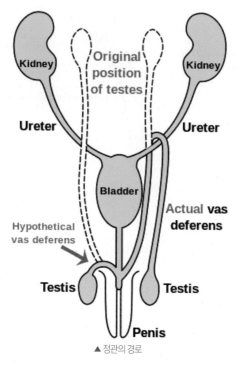

▲ 정관의 경로

　도킨스가 소개한 예를 하나 더 소개하면, 정자가 정낭으로 가는 가느다란 통로인 정관은 요관 위를 지나서 정낭으로 가는데, 이것도 정자가 정낭으로 가는 최단거리는 아니라고 말했다.[377] 이것은 요관 위에 걸쳐져 있는 듯 보이는 상식적으로는 이해하기 힘든 경로라는 것이다.

　도킨스는 만약 이것이 설계에 의한 것이었다면, 이 또한 설계자의 실수라고 했다.[378] 도킨스는 우리가 '설계라는 망상'을 버리고 진화되었다고 생각하면 모든 것이 이해된다고 말했다.

진화의 증거 (3) _ 잔인한 창조

　만약 신이 창조한 것이라면, 창조주는 왜 이렇게 잔인한 시스템의 세상을 창조했을까? 도킨스는 인애하신 하나님의 성품에 반하는 듯 보이는 피조계의 잔인함을 소개하며 하나님에 의한 설계, 창조를 부정한다[379]

> 살아있는 곤충 안에 알을 낳아서, 자신의 유충이 곤충의 내장을 먹고 살도록 하는 맵시벌, 유충이 성장함에 따라 결국 곤충은 서서히 죽게 되는데, 설계자는 맵시벌의 한살이를 왜 이토록 잔인하게 설계한 것일까?[380]

　사자에게 먹히지 않으려고 필사적으로 달아나는 새끼영양과, 쫓기는 새끼영양을 보면서도 달아나야만 하는 어미 영양들, 그리고 사냥이 잘 끝나기를 지켜보는 새끼 사자들, 과연 창조주는 누구의 편인가? 창조주는 왜 이런 잔인한 형태의 영양 섭취 과정을 만들었는가?

▲ 사냥하는 사자

　배다른 형제들을 둥지에서 밀어내는 어린 뻐꾸기, 노예 같은 일개미들의 일상 등 '잔인하고 불합리한 구조가 과연 인애하신 창조주에 의해 만들어진 것일까?'라는 윤리적인 문제로 도킨스는 신에 의해 설계된 것이 아니라 모든 것이 자연 진화되었음을 주장한다.[381] 과연 도킨스의 해석이 사실일까?

② 설계의 증거

_ 진화의 증거에 대한 반론들

진화와 창조에 관련된 글 아래에 달린 댓글들을 읽다보면, 창조론자들은 왜 창조의 증거를 제시하지 않고 진화를 부정하는 일에만 매달려 있냐는 댓글을 쉽게 발견할 수 있다. 그 질문에 대한 대답은 이미 앞에서 보여주었는데, 그 이유는 이 문제가 증거물의 문제가 아니라 패러다임에 의한 해석의 문제이기 때문이다. 그렇기 때문에 창조론자들은 진화론적 해석을 부정하는 일에 매달릴 수밖에 없다. 일단 앞에서 소개된 진화론적인 해석을 부정하는 것으로 이야기를 시작한다.

19세기의 진화론자들은 사람의 몸에 180개의 흔적기관이 있다고 했다. 그러나 그들이 쓸모가 없다던 흔적기관의 역할은 오늘날 거의 다 밝혀져 있다.

쓸모없다던 충수가 면역계에 중요한 역할을 하고 있음이 밝혀졌고, 꼬리뼈는 엉덩이 위에 자리 잡고 있어 꼬리뼈라는 이름을 가지고 있지만, 실제로는 꼬리와는 전혀 상관없이 다리와 아래 근육을 연결해 몸의 균형을 잡아주는 역할을 하고 있다. 이 뼈가 없으면 사람이 편안하게 앉을 수 없다.

갑상선은 영아기와 유년기의 정상적 신체 발육을 위해 필수적이라는 것이 밝혀졌고, 편도선은 감염으로부터 보호하는 기능이 있음이 밝혀졌다.

180개라고 했던 흔적기관은 현재 진화론자들 스스로 단 4개의 흔적기관만이 있다고 수정했고,[47] 그 4개도 진화론자들의 주장처럼 진화의 과정에서 쓸모가 없어진 기관이 아니라 기능이 밝혀지지 않은 것뿐이다. 이것들의 기능도 곧 밝혀질 것이다.(벌써 밝혀져 있는지도 모른다.)

생물은 뛰어난 아름다움을 가지고 있지만, 이해하기 어려운 생김새나 특성을 가지고 있는 생물도 있다. 이상한 눈을 가진 넙치, 수영하는 작은 날개를 가진 펭귄, 날개는 있지만 날지 못하는 카카포, 나는 이런 생물의 존재를 하나님의 유머로 본다.

이것들은 설계자의 실수가 아니다. 비록 우리가 볼 때, 이상해 보이기도 하고 쓸모없어 보이기도 하지만 그것들은 모두 최적의 기능을 하고 있다.

자연재해로 고통을 당하는 사람들, 전쟁으로 고통을 당하는 사람들, 사회에 만연해 있는 신분적 불평등과 경제적 불평등, 그로 인해 발생하는 상대적으로 가지지 못한 사람들의 고통, 더 가지기 위해 싸우는 사람들과 먹기 위해 그리고 먹히지 않기 위해 생존경쟁을 벌이는 동물들.

'왜 저들은 고통을 당합니까?', '하나님! 잔악한 저들을 왜 가만히 두십니까?', 나도 가끔 이런 질문을 하나님께 던지곤 했다.

창조과학을 하면서 발견한 사실은, 이 모습들은 하나님께서 천지만물을 창조하셨을 때의 모습이 아니라는 것이다.

고통은 사람의 범죄로 시작되었다. 성경은 아담과 하와의 범죄로 고통이 왔으며 땅이 가시덤불과 엉겅퀴를 냈고, 육식은 창세기 대홍수 이후에 하나님께서 허락하셨다고 기록하고 있다. 이 구절들로 미루어 설계자가 처음 설계한 시스템은 약육강식의 잔인한 시스템이 아니었음을 추론해 본다.

형제들을 둥지에서 밀어내는 뻐꾸기, 살아있는 곤충 안에 알을 낳아서 곤충을 죽이고 자신의 유충을 키우는 맵시벌, 도킨스는 이런 잔인한 구조가 '인애하신' 하나님의 성품과 맞지 않다며 하나님에 의한 창조를 부정했지만, 이들의 모습은 하나님의 성품을 닮은 것이 아니라 악한 우리의 모습과 너무나 비슷하다.

하나님께서 사람에게 땅을 다스리라는 명령을 하셨으나 사람은 그 명령을 잘 이행하지 않았고 그 결과 땅과 모든 생물은 사람들 때문에 심판을 받은 것이다. 우리는 늘 한 그루의 나무에만 매달려 있고, 하나님께서는 숲 전체를 위해 일하신다. 그래서 숲에 속해있는 우리가 숲 전체를 위해 일하시는 하나님의 뜻을 다 이해하기는 어렵다.

도킨스가 『지상 최대의 쇼』에서 진화된 증거라고 했던 되돌이 후두신경이 우회하는 이유나 요관에 걸쳐진 정관은 도킨스의 생각처럼 신체가 진화된 증거가 아니라 사람이 자궁에서 발생과정을 거치면서 자연스럽게 형성된 것이다.

생물은 조립을 완성한 다음 전원을 공급하는 로봇이 아니기에 발생하는 순간부터 모든 기관이 작동해야 한다. 그래서 기관들이 배아 상태에서부터 계속 생물체에 작용하기 위해서는 기관도

발생 과정에 따라 함께 성장해야 한다. 그 과정에서 되돌이후두
신경의 우회나 요관에 걸쳐진 정관과 같이 비합리적인 것처럼 보
이는 구조가 생겨날 수도 있다. 그것은 설계자의 실수가 아니다.

되돌이후두신경이 먼 거리를 우회하고 정관이 요관에 걸쳐져
있다고 해도 큰 지장은 없다. 어떤 사람은 정관이 걸쳐져 있기 때
문에 병에 걸리기 쉽다는 연구 결과를 발표할지도 모른다. 설사,
후두신경의 우회나 걸쳐진 정관 때문에 병에 걸리기 쉽다는 연
구 결과가 나오더라도 그것이 진화의 증거가 될 수는 없다. 그런
생각은 사람이 진화된 것이라는 생각에서 나온 결과임을 알기
때문이다.

설사 그런 구조 때문에 병에 걸리기 쉽다 하더라도, 그것조차
도 의도적으로 창조된 것이다. 하나님은 그렇게 창조하셨다.

성경에는 우리가 알고 싶어 하는 모든 내용이 구체적으로 기록
되어 있지는 않다. 가령 반대론자들이 궁금해 하는 박테리아는
몇째 날 창조되었는지, 아담의 범죄 전에 하루살이의 죽음이 있
었는지 등은 구체적으로 설명되어 있지 않다.

나도 가끔은 이해하기 어려운 현상들 때문에 답답하다. 실제
로 이런 이유로 신앙을 포기하는 사람도 있다. 그러나 이해할 수
없음이 진화되었음을 나타내는 것은 아니다. 거듭 이야기하지
만 성경은 과학책이 아니다. 미제는 미제일 뿐이지 미제 때문에
성경을 부정하거나 우리의 기원을 진화와 연결하는 것은 어리
석다.

'창조자'라는 명칭이 '창조'라는 작업을 강조한 별칭이라면 '설
계자'는 창조자의 능력을 강조한 별칭이다. 설계론자들은 모든

것이 우연히 발생할 수 없고, 세상은 확률적으로 생겨날 수 없는 고도의 복잡성을 가지고 있다고 보며, 이 한치의 오차도 없는 복잡성은 스스로 진화된 것이 아니라 뛰어난 설계자에 의해 창조된 것으로 본다.

이 부분에서는 글의 특성상 '창조주'라는 이름 보다는 '설계자'라는 이름이 더 많이 등장할 것이다. 내 글에서의 설계자는 곧 창조주이신 하나님이시다.

진화론에 대항하여 미국을 중심으로 일어난 '지적 설계(Intelligent design)운동'은 지적 원인이 존재하며, 지적 원인에 의해 설계된 결과는 객관적으로 증명할 수 있다는 생각에서 출발했다. 따라서 지적 설계운동은 최초의 검증 가능한 '목적론적 과학'이라 할 수 있다.[382]

이 운동을 이끌고 있는 '뎀스키(William Demsky)'는 '지적 설계운동이란 지적 원인의 영향을 연구하는 과학프로그램이고, 다윈주의와 다윈주의의 자연주의적 유산에 대해 도전하는 지적운동이며, 하나님의 역사하심을 이해하는 한 방법'이라고 정의했다.[383]

1988년도에 미국에서 고등교육을 받은 사람들을 대상으로 벌인 조사에 따르면, 그들이 하나님을 믿는 이유로 29%가 이 세계에서 훌륭한 설계와 복잡성을 보기 때문이라고 했다. 이는 종교가 위안이 되기 때문이라는 10%의 응답을 넘는데, 종교가 심리적인 것에서 이성적 직관으로 이동했음을 볼 수 있다.[384]

그럼 설계론자들이 제시하는 설계된 증거를 살펴보자.

설계의 증거 (1) _ 정교한 세포의 세계

진화론자들에게 세포의 진화는 굉장히 중요한 위치를 차지한다. 진화론에 따르면 최초의 생물은 단세포 생물이었으며, 이 단세포 생물이 오늘날과 같은 다양성을 이루었다고 보기 때문이다.

다윈은 세포가 작고 따스한 연못에서 만들어졌다고 했다. 그는 세포가 얼마나 복잡한지 몰랐다. 다윈이 살았던 19세기에는 세포학이 발달하지 않아 당시에는 세포가 그저 젤리 모양의 거품이라고 생각했었기 때문에 세포의 발생이나 복제가 그렇게 어렵게 여겨지지는 않았던 것 같다.[385] 만약 세포가 이렇게 복잡한 조직이라는 것을 알았었다면 신중했던 다윈은 세포의 발생과 진화에 대해서는 아무런 이야기를 하지 않았을 것이다.

진화론자들의 기대와는 달리, 앞에서 이야기 했듯이 세포는 매우 복잡한 구조이고 복제도 그리 간단한 일이 아니다.

이름처럼 평균 크기가 100분의 1 ㎜ 정도로 매우 작은 세포는 정밀한 단백질 공장이다. 그 작은 세포 안에 생물이 살아가는데 공통되는 기본 원리가 들어있다. 그래서 세포를 생명의 장치라 부르기도 한다.[386]

세포 안에는 유전정보를 보존하고 있는 핵과 다양한 소기관을 포함하고 있는 세포질, 세포 안에서 합성된 물질을 수송하는 소포체, 세포 안에서 합성된 물질을 세포 밖으로 운반하는 골지체, 세포가 활동하기 위한 에너지원을 만드는 미토콘드리아, 단백질을 합성하는 리보솜, 세포 안의 불필요한 것을 분해하는 작용을 하는 리소좀, 리소좀 부품의 합성이 이루어지는 핵소체, 골지체에서 세포 밖으로 운반되는 물질을 채워두는 분비소포, 세포 분열을 돕는 중심체 등의 작은 소기관이 있다.[387]

이게 끝이 아니다. 핵 안에는 유전정보가 있다. 사람의 경우 46가닥의 DNA가 있다. 이 유전정보로 다양한 종류의 단백질을 만든다.

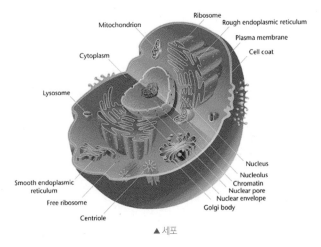

▲ 세포

모든 소기관이나 소기관들의 역할들을 일일이 적진 않았지만, 세포는 복잡하고 정밀한 시스템이다. 이런 시스템으로 100분의 1㎜ 크기의 박테리아도, 30m가 넘는 고래도 생명을 유지할 수 있다.

과연 이런 시스템이 자연적으로 발생할 수 있을까? 절대 불가능하다. 진화론에서 생명은 '작고 따스한 연못'에서 우연히 발생하여 바로 하나의 세포로 진화되어버린다. 물론 이 과정에서 오랜 시간을 넣어서 마치 그러한 일이 확률적으로 일어날 수 있을 것 같은 착각을 일으키게 한다.

진화론자들은 이 과정을 쉽게 일어나는 것처럼 묘사하지만,

이런 시스템이 저절로 발생할 수 있다고 생각하기 위해서는 엄청난 신념이 필요하다. 어떤 진화론자도 이 세포 진화의 구체적인 방법을 설명하지는 못했다.

설계론자들은 세포의 구조에서 설계자를 발견한다. 세포처럼 부품이 서로 맞물려서 움직이는 시스템은 모든 부품이 제자리에 있은 다음에야 비로소 작동할 수 있다. 유기물에서 소기관은 하나씩 나타나서는 안되고 - 다른 소기관이 진화될 때까지 생존하기 어려움 - 모두가 동시에 출현해야 하는데, 이것을 '환원 불가능한 복잡성(Irreducible complexity)'이라고 한다.[388]

세포의 소기관들은 동시에 출현해야 작동할 수 있다.
시계가 시계라는 목적을 수행하기 위해서는 모든 부품이 역할에 맞는 성분과 모양으로 준비되고, 순서대로 정확한 위치에 조립되어야만 정상적으로 작동하는 것처럼, 세포도 세포라는 역할을 수행하기 위해서는 모든 세포소기관들이 완벽한 기능으로 완벽하게 작동해야 한다.
우연의 사건들은 결코 규칙적인 정보를 만들어낼 수 없고 오히려 정보를 아무렇게나 섞어 버리는 경향이 있다. 이를 '지정된 복합성'이라고 한다.[389] 아무리 방대한 시간이 주어진다 해도 규칙적인 정보는 만들 수 없다. 규칙적인 정보가 구성되기 위해서는 반드시 설계자의 설계가 필요하다.

설계의 증거 ⑵ _ 우리를 위해 만들어진 우주

진화론자들은 생명체가 발생할 수 있는 최적의 환경이 맞추어 졌기 때문에 생물이 발생할 수 있었다고 생각하고 창조론자들은 환경이 생명체가 살 수 있도록 설계되었다고 생각한다.

▼우주

우주는 복잡한 균형을 이루고 있고, 모든 환경은 생명체가 살기에 최적의 조건으로 맞추어져 있다. 중력, 강핵력, 약핵력, 전자기력, 지구와 태양의 거리, 산소의 양 등 많은 조건이 생명체가 살기에 적합하게 맞추어져 있다. 이런 환경 조건을 하나만 살짝 바꾸어도 지구에 생물이 존재할 수 없게 된다.

중력이 조금만 더 강해지면 별이 모두 적색왜성이 되어 얼어버릴 것이고 조금만 더 약해지면 청색거성이 되어 순식간에 타버릴 것이다. 생명체가 살기에 적합하게 조정된 우주, 이것은 설계자의 설계가 아니면 있을 수 없는 일이다.

우주의 신비와 인체의 신비, 그리고 생물의 신비에 대해서 이야기를 늘어놓는다면 방대한 양의 글이 되어버릴 것이다. 그래서 이 부분은 짧게 마무리하려고 한다. 여기서 아무리 설계자의 놀라운 설계 증거를 소개한다 해도 진화론자들에게는 설계된 것이 아니라 그저 멋지게 진화된 것으로 보일 테니 말이다.

그들의 '진화된 것이라는 생각'이 바뀌지 않는 한 어떠한 증거를 내어 놓은들 창조된 것이라는 생각에 동의하지 않을 것임을 안다.

창조의 증거 (3) _ 기록된 자료 성경, 구체적인 창조이야기

추리소설을 좋아하는 아내에게 느닷없이 사건 해결에 있어서 가장 중요한 것이 무엇이냐고 물었더니, 아내는 '현장'이라고 대답했다. 현장검증 다음으로 중요한 것은 신뢰할 만한 증인이나 증언이라고 했다. 아내의 대답은 내가 듣고 싶었던 대답이었다.

우주의 시작이라는 사건이 발생했고 우리는 그 현장에 살고 있다. 진화론자도 창조론자도 동일한 현장을 검증한다. 그런데 진화론자들은 현장검증으로만 사건을 규명하려고 하는 반면 창조론자들에게는 사건 현장과 증인이 쓴 증언인 '성경'이 있다.

성경이 과학책은 아니지만, 천지만물의 기원을 사실적으로 담고 있는 증언이다. 성경이 과학적이지 않다는 생각은 무신론적이고 자연주의적인 현대 과학에 영향을 받은 합리성으로 하나님을 판단하는 교만이다. 하나님은 그런 사람들에게 이렇게 말씀하신다.

내가 땅의 기초를 놓을 때에 네가 어디 있었느냐 (욥기 38:4)

이 책을 통해 과학으로 성경이 사실임을 증명하려는 것이 아니다. 그저 성경이 과학적으로도 오류가 없다는 것을 이야기하려고 한다. 지금부터는 성경을 통해 천지만물의 기원을 과학의 언어로 접근해 본다.

창세기 1장 1절 :
태초에 하나님이 천지를 창조하시니라

성경은 태초에 '하나님'께서 천지를 '창조'하셨음을 공포함으로 시작된다. 나는 이 첫 구절을 사랑한다.

히브리어에는 창조를 의미하는 단어가 몇 개 있는데 1장 1절에 사용된 '바라'는 이미 있는 재료로 무엇을 만들 때 사용하는 '아싸', '야짜르', '바니'와는 달리 아무것도 존재하지 않는 무(無)로부터의 창조를 나타낼 때 사용하고, 오직 '하나님'이라는 주어와만 결합할 수 있다. 창세기 1장 1절은 천지만물이 물질로부터 스스로 발생한 것이 아니라 '하나님'으로부터 창조된 '사건'임을 명시하고 있다.

이 한 구절은 엄청난 의미를 포함하고 있는데, 하나님은 '태초'라는 시간과 '천(우주)'이라는 공간과 '지(지구)'라는 물질을 창조하셨다.

주목해야 할 것은 '시간'도 이때 창조되었다는 사실이다. 시간을 피조물로 보지 않을 때, 우리는 빈 공간에서 무료하게 지내시던 하나님을 상상하게 된다. 나 역시 과거에 그렇게 생각했다.

지구는 몇째 날 만들어진 것일까? 지구는 첫째 날에 창조되었다. 창세기 1장 1절에는 한자어 '지(地)'로 기록되어 있고 2절에서는 '땅'이라고 기록되어 있어서 '지'와 '땅'이 다른 것으로 생각할 수 있으나, 히브리어로는 둘 다 땅을 의미하는 '에레츠'로 기록되어 있고, 영어 성경에도 둘 다 'earth(땅, 지구)'로 번역되어 있다.[390] 고로 우주(천)와 지구(지)는 첫째 날 창조된 것이다.

태초에 하나님이 우주와 지구를 창조하셨다. 이 사건은 하나님에 의한 역사적 사건이다. 자연주의적 과학자들은 이 사건을 무시하고 관찰되는 물질들로만 우주의 기원을 설명하려다보니 우주를 만드는데 137억 년이라는 방대한 시간이 필요한 것으로 해석하고 있는 것이다.

대폭발이론 등의 우주 기원에 대한 모델들은 측정되는 데이터만으로 우주와 지구의 기원을 그려보려는 무신론적이고 자연주의적인 시도일 뿐이다.

마치 찰흙 놀이를 시작하기 직전에 찰흙판 위에 올려진 찰흙 덩어리처럼, 태초에 하나님에 의해서 창조된, 아직 사람이 살기에는 적당하지 않은 우주와 지구에 하나님은 말씀으로 서서히 질서를 세워나가신다.

창세기 1장 2절 :
땅이 혼돈하고 공허하며 흑암이 깊음 위에 있고 하나님의 영은 수면 위에 운행하시니라 하나님이 질서를 세우시기 직전의 모습은 혼돈하고 공허한 것으로 표현되었다. 한글 성경에서는 '혼돈'이라는 무질서해 보이는 의미로 번역되었지만 히브리어성경이나 영어성경으로 보면 '혼돈'은 '형태가 없다'는 뜻이고, '공허'는 '비어있다'는 뜻이다.

창세기 1장 1절에서 하늘과 땅이 창조되었고, 2절에서는 그 땅이 물속에 있었음을 알 수 있다. 하나님께서 태초에 하늘과 땅을 창조하시면서 물도 창조하신 것이다.

진화론에서 물은 굉장히 중요한 물질이다. 진화론자들은 생명이 작고 따스한 연못에서 시작되었다고 믿기 때문인데, 다윈은 물에서 생명이 기원한 것으로 생각했지만 생명을 탄생시킨 물의 기원에 대해서는 명확한 이야기를 하지 못했다.

오늘날 물의 기원을 고온의 초기 지구가 식는 과정에서 생겨난 것으로 보는 과학자들이 있다.(이 가설도 대다수의 지지를 받는 가설은 아니고 문제점이 많다.) 그러나 성경은 태초에 물이 있었음을 기록하고 있다.

창세기 1장 3절 :
하나님이 이르시되 빛이 있으라 하시니 빛이 있었고

이 최초의 빛은 태양빛이 아니다. 여기에 등장하는 빛은 히브리어로 '오르'로 기록되었는데, 오르는 빛을 내는 장치라는 의미의 '마우오르'와 다른, 말 그대로 그냥 빛이다.

'오르'는 첫째 날 등장하고 발광체인 '마우오르'는 넷째 날 등장한다. 성경은 빛과 빛을 내는 발광체를 구분하여 기록하고 있다. 창조이야기 중 빛을 발광체와 구별한 창조이야기는 오직 성경에서만 볼 수 있는데, 현대 과학에서도 빛과 발광체가 다르다는 사실은 비교적 최근에 알려진 사실이다.

여기서 잠깐, 창세기가 고대 메소포타미아의 신화들을 베낀 것이라는 주장이 있다. 그 이유는 창세기의 내용이 메소포타미아의 기록물들에 기록된 내용과 유사하며 기록물들의 추정 연대가 성경이 기록된 연대보다 앞선 것으로 보기 때문이다.

고대 메소포타미아 기록물들의 추정연대가 성경이 기록된 연대보다 앞서는 것은 사실이다. 고대 메소포타미아 기록물들은 대홍수 직후인 B.C. 2500년경부터 기록되었을 것이고, 창세기는 대홍수 한참 후인 B.C. 1400년경에 기록된 것으로 알려져 있다.

그렇다면 후대에 기록된 성경이 그것들을 베낀 것일까? 메소포타미아의 기록물들과 창세기의 내용이 유사하다는 것은 다르게 생각하면 오히려 성경의 사실성을 높여준다.

그렇다면 메소포타미아 기록물들의 내용은 어떻게 받아들여야 하는가? 그것들은 대홍수 이후, 노아의 가족으로부터 재번성한 후손들을 통하여 구전되던 창조사건을 자신들의 세계관(신관)으로 구성하여 기록한 것이다. 반면 성경, 창세기는 이집트의 왕자 자격으로 당대 최신 학문을 배웠던 모세가 하나님의 영감을 받아 기록한 것임을 성경을 통해 알 수 있다.

성경은 사실적인 기록이다. 사실, 기록물의 연대로도 창세기의 기록이 메소포타미아의 기록물보다 후대의 것이라고 단정 지을 수는 없다. 왜냐하면 모세가 기록했다는 것은 모든 기록의 과정들이 모세에서 시작하여 모세가 마무리를 지은 것이 아니라 모세에 의해서 모양을 갖추게 되었다는 의미를 가지고 있기 때문이다.

최초의 빛은 에너지이기도 하다. 오늘날 최신 물리학에서 에너지는 곧 물질이라는 것은 상식이다. 빛은 하나님에 의해서 우주에 투입된 에너지일 것이다.

창세기 1장 4절 :
빛이 하나님이 보시기에 좋았더라 하나님이 빛과 어둠을 나누사

창조된 빛이 어둠을 동반한 것으로 보아 첫째 날 창조된 빛도 태양처럼 지구를 한쪽 방향에서 비추고 있었음을 추론할 수 있다. 지구는 둥글고, 빛을 받은 쪽은 밝고 빛을 받지 않은 쪽은 어둡다. 그래서 지구는 밝음과 어둠을 가질 수 있었을 것이다.
창조된 빛은 하나님이 보시기에 좋았다. 하나님이 보시기에 좋을 정도로 좋았다.

창세기 1장 5절 :
하나님이 빛을 낮이라 부르시고 어둠을 밤이라 부르시니라 저녁이 되고
아침이 되니 이는 첫째 날이니라

최초의 하루가 지났다. 어떤 사람은 태양이 없이 계산되는 하루이기 때문에 이 부분은 오늘날의 하루와 다르다고 주장하기도 한다.

하루는 어떻게 계산될까? 하루는 태양으로 계산하는 것이 아니라 지구의 자전으로 계산한다. 태양이 있어야만 하루를 계산할 수 있다고 생각하는 사람은 아직도 단편적인 천동설적 사고에 빠져 있는 사람이다.

앞에서 이야기한 것처럼, 여기서 날을 의미하는 히브리어 '욤'은 '하루'를 의미하기도 하고 '기간'의 의미로도 쓰인다. 그러나 '욤'은 숫자와 결합될 때에는 반드시 '하루'의 의미로 쓰였다. 대부분의 신학자들은 이 구절에 사용된 '욤'을 오늘날과 같은 '하루'로 해석한다.

창세기 1장 6절 :
하나님이 이르시되 물 가운데에 궁창이 있어 물과 물로 나뉘라 하시고

창세기 1장 7절 :
하나님이 궁창을 만드사 궁창 아래의 물과 궁창 위의 물로 나뉘게 하시
니 그대로 되니라

궁창은 땅과 인접하여 생물들이 살아가는 공간으로서 하늘에 속하였으며 아마 오늘날의 대기권과 같은 역할을 했을 것이다.

궁창 아래의 물은 바닷물과 강물, 지하수를 포함한 지표면의 물들일 것이다. 하나님은 궁창 아래의 물과 궁창 위의 물로 나뉘게 하셨다. 이 궁창 위의 물층이 대홍수 때 지표로 유입되어 오늘날 그 실체를 확인하기 어렵게 되었다.

창세기 1장 8절 :

하나님이 궁창을 하늘이라 부르시니라 저녁이 되고 아침이 되니 이는 둘째 날이니라

창세기 1장 9절 :

하나님이 이르시되 천하의 물이 한곳으로 모이고 뭍이 드러나라 하시니 그대로 되니라

2절과 조화시켜 볼 때, 9절을 통해서 알 수 있는 것은 땅이 물 속에 있었다는 것이다. 대홍수 때 물이 감해진 방식처럼 하나님께서 대륙의 융기로 물이 한곳으로 모이게 하셨는지도 모른다. 중요한 것은 이런 방식으로 뭍이 드러났다는 것이다.

창세기 1장 10절 :

하나님이 뭍을 땅이라 부르시고 모인 물을 바다라 부르시니 하나님이 보시기에 좋았더라

창세기 1장 11절 :

하나님이 이르시되 땅은 풀과 씨 맺는 채소와 각기 종류대로 씨 가진 열 매 맺는 나무를 내라 하시니 그대로 되어

하나님은 '종'이 아니라 '종류'대로 창조하셨다. 개역개정성경에서 '종류'로 번역된 히브리어 '민'은 '한계가 지어졌다'라는 의미를 가지고 있다.

하나님은 생물을 '종류'대로 창조하셨고 창세기 대홍수사건 때

'종류'의 대표가 방주에 들어가게 된다.

창세기 1장 12절 :
땅이 풀과 각기 종류대로 씨 맺는 채소와 각기 종류대로 씨 가진 열매
맺는 나무를 내니 하나님이 보시기에 좋았더라

창세기 1장 13절 :
저녁이 되고 아침이 되니 이는 셋째 날이니라

나무는 씨앗이 아닌 나무로 창조되었고 새는 알이 아닌 '새'로
창조되었으며, 우주는 완전체로 창조되었다. 창조의 6일째 되는
날, 아담은 갓난아기가 아닌 남성으로 창조된다.

창세기 1장 14절 :
하나님이 이르시되 하늘의 궁창에 광명체들이 있어 낮과 밤을 나뉘게
하고 그것들로 징조와 계절과 날과 해를 이루게 하라

창세기 1장 15절 :
또 광명체들이 하늘의 궁창에 있어 땅을 비추라 하시니 그대로 되니라

창세기 1장 16절 :
하나님이 두 큰 광명체를 만드사 큰 광명체로 낮을 주관하게 하시고 작
은 광명체로 밤을 주관하게 하시며 또 별들을 만드시고

창세기 1장 17절 :
하나님이 그것들을 하늘의 궁창에 두어 땅을 비추게 하시며

창세기 1장 18절 :
낮과 밤을 주관하게 하시고 빛과 어둠을 나뉘게 하시니 하나님이 보시기에 좋았더라

창세기 1장 19절 :
저녁이 되고 아침이 되니 이는 넷째 날이니라

넷째 날 광명체들이 창조되면서 첫째 날 나타난 빛의 역할은 광명체들에게 인계되어진다. 이 광명체들이 빛과 구별된, 빛을 내는 장치인 '마우오르'다. 알다시피 우주에는 태양처럼 빛을 만들어내는 별이 많다.

고대로부터 태양은 늘 숭배의 대상이지만, 성경은 태양이 하나님에 의한 피조물임을 선포하고 있다.

하나님이 만드신 두 광명체는 지구의 입장에서 보면 다른 광명체들과는 비교할 수 없을 정도로 크게 보인다. 그래서 창세기의 기록자는 태양과 달을 두 큰 광명체로 표현했을 것이다. 실제로 우주에는 태양보다 큰 광명체들이 많은 것으로 알려져 있다.

태양과 달 중 어느 것이 더 클까? 지구에서 보면 두 광명체는 거의 비슷하게 보인다. 하지만, 측정된 결과를 보면 큰 차이가 난다. 이렇게 큰 차이를 보이는 두 광명체가 비슷한 크기로 보여지

는 이유는 두 광명체의 적절한 거리 때문이다. 어떻게 두 광명체의 거리를 조절했기에 두 광명체가 비슷한 크기로 보여 지는 걸까? 이것이 그저 우연의 일치일까?

▼우주

우주는 얼마나 거대한가? 별의 거리를 나타내는 단위인 광년은 빛이 1년 동안 진행한 거리를 나타낸다. 빛이 1초에 약 30만 km를 진행한다고 하니, 1광년을 km 단위로 나타내면 약 9조 4천억 km나 된다.

천체물리학에 따르면 지구로부터 1만 광년 떨어진 곳에 있는 별을 보려면 1만 년의 시간이 필요하고 10만 광년 떨어진 별을 보려면 10만 년의 시간이 필요하다.

지구에서 멀리 떨어진 별들은 거리가 100억 광년이 넘는 별도 있는데, 천체물리학자들은 우리가 100억 광년이나 떨어져 있는 별을 볼 수 있다는 것은 우주의 나이가 100억 년이 넘었기 때문이라고 한다.

오랜 연대설을 주장하는 사람들은 이 별의 거리 문제로 젊은 연대입장의 창조론을 부정한다. 세속적 천체물리학에 따르면, 우주의 나이는 137억 년이다.

　별의 거리가 젊은 연대입장의 창조론을 반박할 수 있을까? 별의 거리 문제는 젊은 연대입장의 창조론을 조금도 부정할 수 없다.

　일단, 별의 거리를 측정하는 방식에 오류는 없을까?

　별의 거리를 추정하는 시차방법은 빛의 휨이나 에너지의 손실이 없다는 가정 하에서 측정된다. 그러나 아인슈타인의 일반상대성이론에 의하면 우주의 공간은 휘어져 있다. 만일 빛이 통과하는 공간이 타원공간이나 쌍곡공간이라면 측정결과는 모두 달라져야 한다.[395]

　별빛의 색을 보고 먼 거리에 있는 별의 움직임을 관찰한다는 것도 쉬운 일이 아닌데, 별빛의 색은 별의 움직임을 나타내는 것이 아니라 별의 온도를 나타내기 때문이다.[396] 고로 먼 거리에 위치한 별빛의 색으로 거리를 추정하는 방식에는 오류가 발생할 수밖에 없다.

　아직까지 우주의 운행에 있어서 명확하게 밝혀진 것이 그다지 많지 않기 때문에 우주의 운동을 측정하여 얻은 데이터는 객관성을 갖기 어렵다.

　아인슈타인은 질량과 에너지가 많을수록 공간과 시간이 그 주위에서 좀 더 많이 휜다고 했다. 이를 아인슈타인의 '일반상대성이론'이라고 한다. 시간은 절대적인 것이 아니라 중력과 공간의 영향을 받는 상대적인 것이다.

▼ 상대성 이론

별의 거리 문제가 데이터를 산출하기 위해 임의로 설정한 가정들과 상대적인 데이터들을 사용하기 때문에 별이 지구 가까이에 있다거나 별의 거리가 6천 광년 이하라고 말하려는 것은 아니다. 단지 우리가 우주에 대해서 알고 있는 것이 그리 정확한 것은 아니라는 이야기를 하고 싶다. 별은 우리가 알고 있는 것과는 완전히 다른 위치나 다른 거리에 있을 가능성도 있다. 시간, 거리, 속도, 공간은 절대적인 개념이 아니라 상대적인 개념이라는 것이다.

성경의 기록으로 이 문제를 보자. 별의 거리와 연대도 성경의 기록을 '믿음'으로 해결할 수 있다. 어떤 사람들은 과학의 문제를 믿음으로 해결할 수 있다는 표현이 불편할지도 모르겠다. 나는 이 부분에서 '믿음'이란 표현을 사용하는 것에 대해 심사숙고했다.

'과학'으로 해결할 수 있다고 표현해도 되지만, 굳이 '믿음'이란 표현을 고수한 이유는 어차피 우주의 기원에 대한 천체 물리학 이론들도 자연주의적 신념에서 나온 가설에 불과하기 때문이다. 오늘날 빅뱅이론이 마치 우주 기원에 대한 법칙처럼 군림하고 있지만, 우주 기원에 대한 하나의 자연주의적 이론에 불과하다. 과학자도 아닌 내가 무슨 근거로 빅뱅을 하나의 자연주의적 가설로 치부하는가? 라고 반문을 할 수도 있다.

내가 빅뱅이론을 하나의 가설로 치부하는 이유는 일단 빅뱅이론은 성경의 내용과 다르고, 빅뱅이론을 부정하는 물리학자들이 있으며, 내가 그들의 생각을 성경적이면서 과학적인 생각으로 받아들였기 때문이다.

빅뱅이론에 대한 이야기는 나중에 더 하기로 하고 일단 성경으로 별의 거리 문제를 풀어보자.

▼ 빅뱅 이론(종형 우주론)

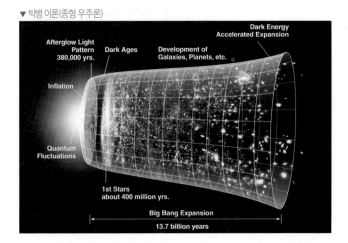

이 부분에서 과학적 결과를 기대하는 사람에게는 실망으로 다가올 수는 있겠지만, 나는 이 부분을 과학적으로 풀지 않으려 한다. 물론, 이 부분에 대한 '러셀 험프리(Humphreys, D. Russell)' 박사의 '무시간 영역 이론'과 '권진혁' 박사의 '씨앗 우주론' 등의 창조과학적 이론이 있지만, 여기서는 성경으로만 풀어 가려고 한다.

이 부분을 해결하는 열쇠는 바로 성인으로 창조된 아담이다. 아담은 배아나 아기의 과정 없이 창조의 6일째 되던 날 성인으로 창조되었다.

아담 창조의 당일, 아담의 외모를 통해 아담이 창조된 시점을 알 수 있을까? 아담의 외모로 창조된 시점을 찾으려고 한다면 추정된 시점은 실제 아담이 창조된 시점보다 최소 몇 십 년 뒤로 추정될 것이다. 그들이 가진 자연주의적 측정 도구들과 데이터는 동일한 결과, 몇 십 년 전에 창조된 것이라는 데이터를 제시할 것이다. 이 문제의 해결점은 '물질'을 들여다보는 것이 아니라 '사건' 을 보는 것이다.

▲아담

창조론은 하나님에 의한 창조라는 사건에 주목하고, 진화론은 아담이라는 물질, 생명체에 주목한다. 다르게 말하면 창조론은 성경에 기록된 대로 아담이 창조되었음을 믿는 것이고, 진화론은 아담의 신체만을 통해 기원을 밝히려는 시도인 것이다.

거듭 이야기하지만, 하나님께서는 아담을 성인으로, 씨앗이 아닌 나무를, 새끼가 아닌 성체를 창조하셨듯이 우주와 지구도 처음부터 작동 가능한 완전체로 창조하셨다. 우주는 창조 직후부터 완벽하게 운행되었고 지구의 환경은 생물이 무리 없이 살 수 있도록 잘 갖추어져 있었다.

창조된 우주와 지구는 처음부터 작동 가능한 완전체였다. 무신론적 자연주의에 입각한 세속적 천체물리학은 완전체인 우주를 역으로 추적하여 우주의 기원을 알아보려는 시도이며, 진화론적 지질학은 완전체인 지구의 물질로 지구의 기원을 추적하려는 시도이다.

이것들이 진화된 것으로 착각하게끔 유사성을 보이는 이유는 하나님께서 천지만물을 법칙에 따라 질서 있게 창조하셨기 때문이다.

생물은 세포, DNA라는 공통분모를 가지고 있고, 모든 물질은 원소라는 공통분모를 가지고 있다. 하나님이 창조하신 피조물들은 모두 공통분모를 가지고 있고, 이 공통분모의 유사성이 진화론자들의 눈에 진화된 것으로 보인 것이다.

하나님은 하루가 아니라 1초, 1각에도 우주를 만드실 수 있다. 하나님이 1각에도 하실 수 있는 일을 왜 이렇게 나누어서 진행하셨는지는 잠시 후에 이야기하겠다.

일부 창조론자들은 이 부분을 과학적으로 해결하기 위해 자의적인 해석들을 내어 놓는다. 하나님은 우리가 아직 이해하기 어려운 방식으로 천지를 창조하셨다. 이것을 '완전하지 않은' 무신론적이고 자연주의적인 현대 물리학으로 설명하려는 무리한 시도는 자칫 천동설처럼 창조론 전체에 타격을 줄 수 있다.

수천 년 동안 수정 없이 그대로 이어져온 성경에 비해 과학 이론은 언제나 뒤집어질 가능성을 가지고 있다. 이런 자연주의적 기원론에 당신의 인생을 담보한다는 것은 어리석은 태도다.

성경은 하나님의 말씀이다. 창세기는 미개했던 고대인들의 신앙소설이 아니라 영감을 받아 기록한 사실적인 기록이다. 성경을 하나님의 말씀으로 여기지 않는 태도와 성경에 대한 자의적인 해석은 지적 교만이다. 하나님은 그런 지적 교만의 태도를 좌시하지 않으실 것이다.

창세기 1장 20절 :
하나님이 이르시되 물들은 생물을 번성하게 하라 땅 위 하늘의 궁창에
는 새가 날으라 하시고

창세기 1장 21절 :
하나님이 큰 바다짐승들과 물에서 번성하여 움직이는 모든 생물을 그
종류대로, 날개 있는 모든 새를 그 종류대로 창조하시니 하나님이 보시
기에 좋았더라

물에서 번성하여 움직이는 모든 생물과 날개 있는 모든 새는
같은 날 창조되었다. 다시 한 번 하나님이 생물을 종류대로 창조
하셨음을 볼 수 있다. 하나님은 생물을 '종류'대로 창조하셨다.

창세기 1장 22절 :
하나님이 그들에게 복을 주시며 이르시되 생육하고 번성하여 여러 바닷
물에 충만하라 새들도 땅에 번성하라 하시니라

창세기 1장 23절 :
저녁이 되고 아침이 되니 이는 다섯째 날이니라

창세기 1장 24절 :
하나님이 이르시되 땅은 생물을 그 종류대로 내되 가축과 기는 것과
땅의 짐승을 종류대로 내라 하시니 그대로 되니라

창세기 1장 25절 :

하나님이 땅의 짐승을 그 종류대로, 가축을 그 종류대로, 땅에 기는
모든 것을 그 종류대로 만드시니 하나님이 보시기에 좋았더라

성경은 땅의 생물을 '가축'과 '기는 것'과 '땅의 짐승'으로 구분
한다.

창세기 1장 26절 :

하나님이 이르시되 우리의 형상을 따라 우리의 모양대로 우리가 사람
을 만들고 그들로 바다의 물고기와 하늘의 새와 가축과 온 땅과 땅에
기는 모든 것을 다스리게 하자 하시고

여기서 말하는 하나님의 형상은 외적인 모습만을 말하는 것이
아니라 한정적이긴 하지만 생명, 인격, 진리, 지혜, 사랑, 거룩함,
공의 등의 하나님과 영적인 교제를 할 수 있게 창조된 것을 말한
다.[397]

진화론에서 사람의 위치는 다양한 종 중 하나에 불과하지만,
창조에서 사람의 위치는 특별하다. 하나님은 생물의 창조 방식
과는 다르게, 하나님 당신의 형상대로 사람을 창조하셨다.

진화론에서 사람은 35억 년 마지막 무렵에 진화된 하나의 종
에 불과하지만, 창조에서 사람은 환경이 다 갖춰진 후에 특별히
창조된 존재이다.

하나님의 형상을 닮은 아담은 성경에서 굉장히 중요하다. 최초
의 사람이며, 죄 없이 이 땅에 등장한 최초의 사람이기 때문이

다. 신약성경에서는 아담을 오실 자, 즉 예수님의 표상이라고 소개하고 있다.

창세기 1장 27절 :
하나님이 자기 형상 곧 하나님의 형상대로 사람을 창조하시되 남자와
여자를 창조하시고

진화론은 남성과 여성, 수컷과 암컷이 나눠진 이유를 명확하게 설명하지 못한다. 그저 무수한 진화론적 추측만 있을 뿐이다. 그렇지만 성경은 동등한 모습으로 - 아담 돕는 배필이 없으므로(창세기 2:20), 아담이 가로되 이는 내 뼈 중의 뼈요 살 중의 살이라(창세기 2:23), 그의 아내와 합하여 둘이 한 몸을 이룰지로다(창세기 2:24) - 남성과 여성을 창조하셨다.

기독교가 남성 우월주의를 표방한다고 오해하는 사람들이 있는데, 하나님은 남자와 여자를 다른 방법이었지만 동등하게 하나님의 형상대로 창조하셨다.

창세기 1장 28절 :
하나님이 그들에게 복을 주시며 하나님이 그들에게 이르시되 생육하고
번성하여 땅에 충만하라, 땅을 정복하라, 바다의 물고기와 하늘의 새와
땅에 움직이는 모든 생물을 다스리라 하시니라

하나님이 사람에게 주신 임무는 모든 생물을 다스리라는 명령이다. 이는 윤리와 환경적인 측면을 포함한다. 그렇지만 아담과 하와의 불순종으로 지구와 지구의 생물들은 함께 고통을 당하

고 있다. 인류의 조상 아담과 하와가 죄를 지어서 땅이 벌을 받은 것처럼, 사람의 직무유기로 인해 전 지구가 함께 고통을 당하고 있는 것이다.

창세기 1장 29절 :
하나님이 이르시되 내가 온 지면의 씨 맺는 모든 채소와 씨 가진 열매 맺는 모든 나무를 너희에게 주노니 너희의 먹을거리가 되리라

창세기 1장 30절 :
또 땅의 모든 짐승과 하늘의 모든 새와 생명이 있어 땅에 기는 모든 것에게는 내가 모든 푸른 풀을 먹을거리로 주노라 하시니 그대로 되니라

이 구절들로 미루어 타락 이전의 사람과 동물은 채식만을 했었음을 알 수 있다. 식물은 사람과 동물의 먹거리로 주어졌다.
오늘날의 육식 시스템은 대홍수 이후에 공식적으로 허락된다.

모든 산 동물은 너희의 먹을 것이 될지라 채소 같이 내가 이것을 다 너희에게 주노라 (창세기 9:3)

육식동물이 가지고 있는 육식을 위한 시스템들은 대홍수 후에 나타난 개체의 환경적응 현상일 것이다. 채식을 하던 동물들이 어떻게 육식의 시스템을 가지게 되었는지도 나중에 자세히 이야기하겠다.

창세기 1장 31절 :
하나님이 지으신 그 모든 것을 보시니 보시기에 심히 좋았더라 저녁이 되고 아침이 되니 이는 여섯째 날이니라

창세기 2장 1절 :
천지와 만물이 다 이루어지니라

창세기 2장 2절 :
하나님이 그가 하시던 일을 일곱째 날에 마치시니 그가 하시던 모든 일
을 그치고 일곱째 날에 안식하시니라

하나님의 창조 사역은 일곱째 날에 안식하시면서 마무리된다.
하나님이 피곤하셔서 안식하신 것이 아니다. 눈 깜짝할 사이에
도 하실 수 있는 일을 이렇게 여섯으로 나누어서 하시고 안식하
신 이유는 우리에게 6일간의 일과 하루의 안식이라는 일주일 시
스템을 직접 보이시려고 하신 것이다.

우주에는 일주일을 나타내는 장치가 없다. 하루는 지구의 자전
으로 알 수 있고, 한 달은 달의 공전으로 알 수 있으며, 일 년은 지
구의 공전으로 알 수 있다. 하지만 일주일은 직접 세어야 한다. 고
로 안식일은 사람이 하나님의 창조를 기억하는 날이며, 안식일
에 쉰다는 것은 하나님의 창조를 인정한다는 의미가 된다.

아담의 범죄 이후에 사람에게는 수고하여야 소산을 먹을 수 있
는 형벌이 주어지게 된다. 놀랍게도 안식일의 쉼은 아담이 범죄
함으로 받은 형벌의 기간 중에도 동일하게 적용되어 오늘날 안
식일은 형벌로 받은 수고를 쉬고 하나님을 예배하는 날이 된다.

사실, 주일인 일요일은 성경에 나오는 안식일이 아니다. 주일은
예수님이 부활하신 날이다. 신약을 사는 기독교인들에게 7일마
다 돌아오는 주일은 하나님의 창조와 예수 그리스도의 부활을
기념하는 기쁨의 날이다.

창세기는 하나님의 창조사건에 대한 증언이다. 역사적인 창세기에 대한 믿음은 대단히 중요하다. 성경이 신화로 전락하는 순간 우리의 믿음은 날아가고 만다. '윌더미스'는 『성경의 신뢰성』에서 이렇게 말했다.

> 성경은 과학교과서도 아니고 과학적 전문 용어로 쓰여지지도 않았다. 하지만 성경은 여러 과학적 현상들을 누구나 이해할 수 있는 평범한 어휘들로 명확하고도 무오하게 기록하였다.[398]

▶ 욥기로 구경하는 빙하기와 공룡

아이들은 공룡을 좋아한다. 거대한 크기 - 물론 작은 공룡도 있지만 - 때문일까? 무시무시함 때문일까? 이유는 잘 모르겠지만, 아이들은 공룡을 무척 좋아한다. 내 아들도 유치원에 다니던 시절, 발음하기도 어려운 공룡의 이름을 상당히 많이 알고 있었다.

그렇다면 공룡에 대한 이야기가 성경에 기록되어 있을까? 놀랍게도 성경에는 공룡과 닮은 피조물에 대한 이야기가 있다. 오랫동안 성경을 읽어왔지만 그 사실을 알지 못했던 나는 성경에 빙하기에 대한 언급과 공룡과 닮은 피조물에 대한 내용이 나온다는 사실을 알고 나서 깜짝 놀랐다.

지금부터 성경에 기록되어 있는 '빙하기'와 '공룡'에 대한 이야기를 『빙하시대 이야기』란 책을 통해 알아보자.

공룡은 과거에는 존재했으나 현재는 멸종된 것으로 널리 알려져 있으나, 사실 공룡을 어떻게 정의하느냐에 따라서 멸종하지 않았다고 보는 학자들도 있다. 공룡에 대한 정의가 다소 애매하여 분류하는 학자에 따라 달라지기 때문이다.

오늘날 공룡을 진화의 아이콘으로 사용하고 있지만, 공룡의 존재는 진화의 증거가 될 수 없다.

『빙하시대 이야기』는 『노아 홍수 콘서트』의 저자 '이재만' 선교사와 LA에 있는 창조과학선교회 전임사역자인 '최우성' 박사가 공동으로 집필한 책이다. 이 책에는 성경의 '욥기'에 등장하는 '빙하시대'와 '공룡'을 소개하고 있다.

욥기에 공룡을 닮은 피조물이 등장한다는 사실은 다른 책을 통해서 이미 알고 있었지만, 빙하시대를 배경으로 하고 있다는 것은 이 책을 통해서 처음 알게 되었다.

▼ 빙하시대

빙하시대는 빙하의 면적이 지금보다 더 넓었던 기간을 말한다. 19세기 중엽까지 지구에 단 한 번의 빙하기만 있었다고 알려져 있었지만,[399] 20세기에 들어서면서 4번의 빙기와 3번의 간빙기가 있었다는 가설이 일반화되었다가, 오늘날에는 250만 년 전에 빙

하기가 시작되어 약 십만 년 단위로 빙기와 간빙기가 규칙적으로 있었다는 오랜 연대설적 가설이 일반적이다.[400]

빙하기에 대한 가설들 역시 오랜 연대설자들의 동일과정설이라는 패러다임에 의한 것이기 때문에 추정 기간이 상당히 길게 마련이다. 4번의 빙기와 3번의 간빙기가 있었다는 것도 얼음코어(ice cores)를 동일과정설적으로 해석한 결과이다.

오늘날 지구의 표면은 10%가 빙하로 덮여있다. 빙하가 이동하면서 침식된 지형인 호른, 서크, U자 계곡, 드럼린, 모레인 등을 통해 빙하시대에는 육지 표면의 약 30% 정도가 빙하로 덮였던 것으로 추정한다.[401] 그 양으로 미루어보면 빙하시대의 평균 해수면은 지금보다 120 m 정도 낮았을 것이고,[402] 해수면이 낮았기 때문에 대륙의 면적은 지금보다 훨씬 넓었을 것이다.

빙하시대가 있었다는 것이 사실이라면 젊은 연대입장에서는 빙하시대를 어떻게 해석할까?

빙하시대에 대한 창조과학적 이론은 크게 두 가지가 있다. 하나는 대홍수 직후에 서서히 빙하시대로 진입했다는 이론과 다른 하나는 홍수 기간에 갑자기 돌입했다는 이론이다.

'홍수 후 빙하시대'이론을 먼저 살펴보면, 빙하시대가 되기 위해서는 낮은 기온과 비교적 선선한 여름, 그리고 따뜻한 바다라는 세 가지 조건이 필요하다.[403]

낮은 기온과 비교적 선선한 여름, 그리고 따뜻한 바다는 앞에서 언급했던 하나의 큰 사건을 떠올리게 한다. 바로 창세기 대홍수사건이다.

대홍수 때 분출된 화산재가 태양복사에너지를 반사시켜 지구 전체의 기온은 낮아졌을 것이고, 바다의 수온은 분출된 마그마를 식히느라 높아져 있었을 것이다. 낮은 기온과 높은 수온으로 물의 증발이 늘어났고, 증발된 물은 비나 눈으로 다시 지표로 내렸을 것이다. 기온이 낮은 지역에서 내린 눈이, 눈이 녹지 않을 만큼의 선선한 여름이 지속되면서 서서히 빙하시대로 진입한 것으로 해석한다.

'대홍수 직후 빙하시대' 이론은 '홍수 후 빙하시대' 이론과 달리 빙하시대로 급격히 돌입한 것으로 해석한다. '대홍수 직후 빙하시대'이론은 수판이론과 연결이 되는데, 지각을 뚫고 올라온 엄청난 압력의 지하수가 대기권까지 쏟아 올랐고, 쏟아 오른 지하수가 냉각되어 다시 지표로 떨어지면서 지구가 급격하게 빙하시대에 들어가게 된 것으로 본다.

급격하게 동사한 것으로 보이는 매머드, 지구의 중력장을 벗어나 태양계 내에 존재하는 얼음으로 된 행성, 소행성, 유성들의 존재를 대기권까지 상승했던 지하수의 분출과 급격한 냉각의 증거로 본다.

홍수 후 빙하시대 이론, 대홍수 직후 빙하시대 이론, 두 이론 모두 나름의 타당성을 가지고 연구 중에 있다.

『빙하시대 이야기』는 성경의 '욥기'에 주목한다. 욥기는 지금의 중동지역에 살았던 '욥'이라는 사람의 이야기로, 고난을 받던 욥과 그를 위로하기 위해 찾아온 친구들의 대화가 주를 이루는, 그의 일대기를 다룬 책이다.

그런데 욥기에는 '얼음, 눈, 폭풍' 등과 같은 추위에 관련된 단어들이 종종 등장한다.[404] 알다시피 오늘날 중동지방은 추운 지방이 아니다. 물론 스키장도 있긴 하지만, 욥이 살았던 이스라엘의 사해 남쪽에 위치한 '우스'는 얼음이나 눈을 떠올리기에는 어려운 지역이다. 그럼에도 불구하고 추위와 관련된 단어들은 단순히 묘사된 것이 아니라 이 단어를 사용하고 있는 당사자가 실제 경험하고 있는 상황을 표현하고 있는 것처럼 보인다.[405]

> 얼음이 녹으면 물이 검어지며 눈이 그 속에 감추어질지라도 따뜻하면 마르고 더우면 그 자리에서 아주 없어지나니 (욥기 6:16-17)

> 내가 눈 녹은 물로 몸을 씻고 잿물로 손을 깨끗하게 할지라도 (욥기 9:30)

> 가뭄과 더위가 눈 녹은 물을 곧 빼앗나니 (욥기 24:19)

> 눈을 명하여 땅에 내리라 하시며 적은 비와 큰비도 내리게 명하시느니라 (욥기 37:6)

> 폭풍우는 그 밀실에서 나오고 추위는 북풍을 타고 오느니라 하나님의 입김이 얼음을 얼게 하고 물의 너비를 줄어들게 하느니라 (욥기 37:9-10)

이들이 경험한 추위는 무엇이었을까? 이들이 빙하시대를 살고 있었던 것은 아닐까? 자세한 이야기를 알고 싶으면 『빙하시대 이야기』를 보기 바란다.

욥기에 나타난 과거의 모습은 '눈, 얼음, 추위'에만 그치지 않는다. 욥기에는 오늘날 우리 주변에서 볼 수 없는 동물들이 등장한다.[406]

날을 저주하는 자들 곧 리워야단을 격동시키기에 익숙한 자들이 그 밤을 저주하였더라면 (욥기 3:8)

내가 바다니이까 바다 괴물이니이까 주께서 어찌하여 나를 지키시나이까 (욥기 7:12)

이제 소같이 풀을 먹는 베헤못을 볼지어다 내가 너를 지은 것 같이 그것도 지었느니라, 그것의 힘은 허리에 있고 그 뚝심은 배의 힘줄에 있고, 그것이 꼬리 치는 것은 백향목이 흔들리는 것 같고 그 넓적다리 힘줄은 서로 얽혀 있으며, 그 뼈는 놋관 같고 그 뼈대는 쇠막대기 같으니, 그것은 하나님이 만드신 것 중에 으뜸이라 그것을 지으신 이가 자기의 칼을 가져오기를 바라노라, 모든 들짐승들이 뛰노는 산은 그것을 위하여 먹이를 내느니라, 그것이 연잎 아래에나 갈대 그늘에서나 늪 속에 엎드리니, 연잎 그늘이 덮으며 시내 버들이 그를 감싸는 도다, 강물이 소용돌이칠지라도 그것이 놀라지 않고 요단 강물이 쏟아져 그 입으로 들어가도 태연하니, 그것이 눈을 뜨고 있을 때 누가 능히 잡을 수 있겠으며 갈고리로 그것의 코를 꿸 수 있겠느냐 (욥기 40:15-24)

네가 낚시로 리워야단을 끌어낼 수 있겠느냐 노끈으로 그 혀를 맬 수 있겠느냐, 너는 밧줄로 그 코를 꿸 수 있겠느냐 갈고리로 그 아가미를 꿸 수 있겠느냐.... 그것의 모습을 보기만 해도 그는 기가 꺾이리라, 아무도 그것을 격동시킬 만큼 담대하지 못하거든 누가 내게 감히 대항할 수 있겠느냐...(중략)...네가 그것의 지체와 그것의 큰 용맹과 늠름한 체구에 대하여 잠잠하지 아니하리라, 누가 그것의 겉가죽을 벗기겠으며 그것에게 겹재갈을 물릴 수 있겠느냐, 누가 그것의 턱을 벌릴 수 있겠느냐...(중략)...세상에는 그것과 비할 것이 없으니 그것은 두려움이 없는 것으로 지음 받았구나, 그것은 모든 높은 자를 내려다보며 모든 교만한 자들에게 군림하는 왕이니라 (욥기 41:1-34 중)

개역한글성경에서 '악어', '용', '하마'로 번역되었던 것을 개역개정성경에서는 번역하지 않고 히브리어 원문 그대로 기록해 놓았다. 이들이 개역한글성경에서는 '악어'로 번역되었다가 개역개정성경에서는 다시 '리워야단'으로 기록된 이유는 번역자가 번역 과정에서 이 히브리어의 해석에 대한 합의가 이루어지지 않았기 때문일 것이다.

일부 신학자들은 이것들을 악한 영의 상징물로 이해하고 있다. 그러나 욥기를 보면 이것들의 생김새나 특성이 생생하게 묘사되어 있다.

이것들은 과거 이 땅에 사람들과 함께 살았고, 지금은 화석으로 발견되는 공룡일 것이다. 현재 공룡은 1,000속(genus)이 넘게 분류되어 있는데, 욥기에 소개된 '베헤못'은 '브라키오사우르스(brachiosaurus)'가 아닐까 싶다.

25 METERS (82 FEET)

1.8 METERS
(6 FEET)

이 그림을 보면서 다시 욥기 40장을 읽으면 욥기의 내용이 실
감나게 다가올 것이다. 어쩌면 전율을 느끼게 될지도 모른다.

  욥기의 기록에서처럼 공룡이 사람과 함께 살았다는 증거는 많
다. 사람과 공룡이 함께 살았다면 진화론은 부정된다. 그 이유는
오랜 연대설적으로 500만 년 전부터 나타난 사람은 6,500만 년
전에 멸종한 것으로 해석된 공룡과 함께 살 수 없었기 때문이다.
  사람과 공룡의 발자국이 화석으로 함께 발견되었고, 그랜드
캐니언 부근 하바수파이(Havasupai) 계곡의 바위에는 공룡과
사람이 같이 그려져 있으며, 아프리카 로데지아의 살즈버리 동
굴에도 사람과 공룡이 함께 그려져 있었다. 멕시코 아캄바로
(Acambaro)에서는 흙으로 만든 공룡 토우들이 대량으로 발견
되었다.

▲ 하바수파이 공룡 그림 　　　　▲ 아캄바로의 공룡토우

500만 년 전부터 나타난 사람이 어떻게 6,500만 년 전에 멸종한 것으로 해석된 공룡을 볼 수 있었을까? 그들이 공룡의 뼈를 보고 상상하여 그림을 그리거나 토우를 만든 것일까?

오랜 연대설적으로 선조들이 공룡을 본적이 없었음에도 불구하고 그들이 남긴 그림들과 토우들은 오늘날 최첨단 장비를 이용해 재현한 공룡의 이미지와 너무나 비슷하다. 사실, 학자들이 공룡의 모습을 그리기 위해 참고한 것은 고대 선조들이 그린 그림과 토우들이었다.

선조들은 직접 본 것을 그리거나 만들었을 것이다. 공룡은 창조되었고 사람들과 이 땅에서 함께 살았다는 것이 가장 합리적인 생각이다.

무신론의 생각 틀로 보면 창세기에 기록된 모든 이야기가 하나의 신화로 여겨질 것이다. 그러나 창세기는 과거에 발생한 사건을 후세들에게 이해시키려는 목적으로 쓴 글이라기보다는 그저 발생한 사건을 사실적으로 기록한 글이다.

우리의 이해를 막는 근본적인 장벽은 각자가 가진 '합리성'이다. 합리성이라고 부르는 자신의 지식 범위 안에서 성경의 내용을 평가하기 때문에 어떤 이들에게는 신화가 되어 버리고 어떤 이들에게는 전능하신 하나님의 말씀이 된다. 후자의 사람들에게 성경이 거룩한 하나님의 말씀이 된 이유는 그들이 합리성이라는 잣대를 넘어서는 '믿음'을 우선적으로 사용했기 때문이다.

태초에 하나님이 천지를 어떻게 만들었느냐고? 만든 걸 가지고 만들었다는데 구체적인 방법을 설명한들 이해할 수 있을까?

DNA라는 개념이 일반인들에게 알려진 것도 불과 100년이 안되는 마당에, 하나님이 창조의 원리들을 과학적으로 기술해 놓은들 일반인들이 얼마나 이해할 수 있을까?

조선시대 사람에게 여기 대구에서 서울에 사는 사람과 실시간으로 대화할 수 있다고 말한다면 그 사람은 어떤 반응을 보일까? 화상통화라도 시켜준다면 나를 신으로 여기진 않을까?

지구가 둥글다는 것과 중력이라 부르는 힘으로 지구 반대편의 사람들은 거꾸로 매달려 산다는 사실과 지구가 엄청난 속도로 자전과 공전을 하고 있다는 사실은 유치원생들도 아는 상식이 되어있지만, 만약 당신이 이 사실을 모르고 있는 사회에서 이 사실을 전달한다면 그들은 어떤 반응을 보일까?

거듭 이야기하지만, 이해할 수 없는 일이라고 해서 일어나지 않았던 일이라고 생각하는 것은 잘못된 생각이다. 성경을 자신의 지식 범위 안으로 집어넣으려는 무리한 추론은 위험하다. 이런 추론이 지나치면 이단이 된다. 태초에 하나님이 천지를 창조하셨다.

5. 종교가 되어버린
진화라는 상상

① 책상에서 하는
과학

    오늘날, '진화'는 과학의 영역으로, '창조'는 종교의 영역으로 구분하여 둘 사이의 대립을 정리하려는 사람들이 많다. 그렇지만 진화론은 과학이 아니라 종교이다. 왜냐하면, 진화론은 앞에서 살펴보았던 것처럼 과학적 방법에 의해 정립된 것이 아니라 진화되었을 것이라는 신념에 의해 정립된 것이기 때문이다.

    진화는 실제로 관찰된 적이 없지만, 진화되었을 것이라는 신념은 관찰되지 않는 현상을 관찰할 수 있게 만든다. 진화라는 상상은 생물이 자연 발생하였을 것이라는 생각과 더불어 신에 의해서 창조된 것이 아니라는 강력한 부정에서 나온다.

    우연히 발생한 생명체, 그리고 그 사건이 시작된 '작고 따스한 연못'을 소개한 진화 진영의 책들에는 '~일 것이다'라는 가정의 어미가 넘쳐난다. 진화론자들이 가정한, 그들이 생명의 탄생에 필요하다고 생각하는 모든 물질과 환경조건이 완전히 맞추어졌을 때, 그때 그 작고 따스한 연못에서 생명체가 탄생한다. 그리고 그 과정은 전적으로 '우연'에 기인한다.

    다시 이야기하지만, 이것은 관찰이나 증거에 의한 것이 아니라 단순히 그들의 진화론적인 신념에 의한 것이다.

    다윈이나 도킨스, 수많은 저명한 진화론자들도 해결하지 못한 원시세포의 진화를 발생하는 것으로 '믿고' 있다면, 당신의 진화라는 신념은 굉장히 강한 것이다. 결국, 가장 큰 문제는 당신이 가진 패러다임(paradigm)의 문제이다.

진화라는 신념은 어떤 도구가 자신들의 진화라는 생각을 지지한다고 판단이 되면 그 도구의 정확성에 대해서는 조금도 의심하지 않는다. 진화론자들이 즐겨 사용하는 도구가 바로 '방사성 연대측정법'과 '지질주상도'이다.

진화론 쪽의 어느 책을 보아도 두 측정 도구의 한계성과 문제점에 대해 설명하고 있는 책은 없다. 그들이 가진 진화라는 신념이 이러한 도구들을 신뢰하게끔 만들었고, 이 도구로 도출된 데이터 중에서 그들의 가설을 지지하는 데이터들만 채택이 된다. 이것은 진화론자들의 순환논리이다.

일반 과학자들도 이 불완전한 도구에 대해 비판하고 있고, 두 도구의 오류를 주장하는 학자 중에는 기독교인이 아닌 사람들도 있다.

진화론자 중에서도 이 도구들의 문제점을 알고 있는 학자도 있으리라 본다. 그러나 문제점을 밝히려고 생각하지는 않을 것이다. 만약 그들이 자백해 버린다면, 그들이 이루어놓은 과학적 성과가 한꺼번에 무너질 것이기 때문이다. 그들로서는 굳이 그렇게 할 아무런 이유가 없다.

이제 여기서 도킨스의 책에서 발견한 '비약적 가정'들을 몇 가지 소개하고자 한다.

지구의 나이는 약 46억 년으로 추정된다. 이것은 100년이 4,600만 번 흐른 시간이다. 모든 현생 포유류의 공통 선조가 지구 위를 걸었던 시기로부터 지금까지는 약 2억 년이 흘렀다. 이것은 100년이 200만 번 흐른 시간이다. 우리에게는 100년도 충분히 길어 보인다. 그런데 100년이 200만 번이나 줄줄이 이어진 것을 상상이나 할 수 있겠는가? 우리의 어류 선조가 물에서 기어 나와 뭍에 오른 때로부터 지금까지는 약 3억 5,000만 년이 흘렀다. 이것은 100년이 350만 번 흐른 시간이다. 다시 말하자면, 모든 개의 공통 선조로부터 다양한, 정말이지 몹시 다양한 개 품종이 생겨나는데 걸린 시간의 2만 배쯤 되는 것이다.…(중략)…진화적 변화를 머리에 그린 채, 그것을 과거로 2만 배 확장해보자. 그렇게 하면 진화가 물고기를 사람으로 변형시키는 수준의 변화도 이뤄낸다는 사실을 충분히 받아들일 마음이 들 것이다.[408]

이것이 진화론자들이 부리는 '마술'이다. 진화는 46억 년이라는 진화의 시간을 이용하여 비약적 사고의 마술을 펼치고 있다. 우리의 시선을 한 손에 고정해 놓고 다른 손으로 재빨리 속임수를 부리는 것이다.

진화론자들의 생각에 따르면 세포는 복제라는 방법을 스스로 고안해 냈고, 자신을 그대로 복제하는 방법(무성생식)에서 더 안정적인 복제 방법인 자신의 정보와 다른 세포의 정보를 섞는 방법(유성생식)을 고안해 냈다.

도킨스는 『이기적 유전자』에서 그것은 세포가 스스로 어떤 목적과 방향성을 가지고 있는 것이 아니라 우리가 보았을 때, 목적과 방향이 있는 것처럼 보일 뿐이라는 이야기를 했는데, 그것도 생각의 차이일 뿐, 진화론적 해석은 세포가 스스로 목적과 방향성을 가지고 있는 것으로 보인다. 이런 목적과 방향성을 세포 스스로 만들 수 있을까?

우리는 늘 보기 때문에 본다는 것이 얼마나 놀라운 발상인지 모른다. 본다는 개념은 놀라운 발상이다. 세포가 어떻게 이런 놀라운 발상을 했을까? 진화론자들은 눈이 우연히 발생했고, 이것이 생존에 유리했기 때문에 자연선택되어 유전되었다고 할 것이다. 하지만, 눈은 획기적이며 복잡한 구조이다.

물속에서 생활하던 세포는 땅을 기어 다니는 방법을 터득했다. 그것도 네 발로 기어 다니는 것이 세 발이나 다섯 발로 기어 다니는 것보다 안정적이라는 것을 실험이나 시행착오 없이 알아냈다. 진화론자들은 생존에 유리하지 않았던 변이를 가진 개체들은 선택되지 않았기 때문에 시행착오를 거친 것이라고 말하겠지만, 이것도 말장난에 불과하다

세포는 하늘을 나는 방법을 터득했다. 하늘을 난다는 발상 자체만으로도 놀랍다. 하늘을 날기 위해서는 어떤 장치가 필요할까? 단순히 날개를 갖추는 것만으로 날 수 있는 것은 아니다. 기본적으로 날개를 갖추어야 하고, 신체에 비해 가벼운 뼈와 두 발로만 설 수 있는 완벽한 균형과 새로운 호흡법 등의 조건이 필요하다.

육상 생물이 나는 생물이 되기 위해서는 모든 기관이 난다는 목적 아래에 협력해야 한다. 이런 협력은 생물 스스로 할 수 있는 것이 아니라 오직 설계자의 설계에 의해서만 이루어질 수 있다.

세포는 네 발 보다는 두 발을 이용해서 이동하는 것이 편리하다는 것을 알고 두 발을 이용해서 이동하는 방법을 연습했다. 결

국, 세포는 신체를 이용하는 방법 보다는 다른 도구들을 이용하기 시작했는데, 그들이 만든 도구들은 우주선과 같은 도구에서부터 '신'이라는 관념의 도구로까지 진화했다.

> 개울이 말라붙고, 이듬해가 되어서야 다시 물이 넘치는 환경을 상상했다. 그렇다면 평소 물에서 살지만, 땅에서도 잠시나마 살 수 있는 물고기들이 유리할 것이다. 당장 말라버릴 듯한 얕은 호수나 연못을 떠나 더 깊은 물로 옮김으로써 다음 우기까지 생존할 수 있을 테니 말이다.[409]

말꼬리를 잡고 늘어지는 것을 별로 좋아하진 않지만, '상상했다.'라는 부분에서 요즘 말로 '빵' 터졌다. 이것이 저명한 과학자가 할 소리고 이것이 책에 실릴 내용인가? 사실 알고 보면 과학이란 것이 이런 경우가 많다. 말꼬리를 잡고 늘어지는 것을 별로 좋아하지 않는다고 했음에도 불구하고, 『지상 최대의 쇼』의 내용을 몇 건 건드려야겠다.

> '에리크 야르비크(Erick Jarvik)'라는 스웨덴 고생물학자가 1955년에 처음으로 익티오스테가를 재구성했는데, 현대 전문가들이 생각하는 것보다 훨씬 육상동물에 가까운 형태로 녀석을 묘사했다.[410]

'묘사했다'. 나는 이 단어에 화가 난다. 왜 이런 것들은 사진으로 제시하지 않고 그림으로 제시했을까? 그 이유는 화석 사진보다는 직접 그리는 편이 훨씬 더 자신들의 가설에 맞게 보일 것이기 때문이다.

진화론자들은 이빨 하나를 가지고도 개체는 물론이고 배우자까지도 그릴 수 있는 엄청난 상상력을 가지고 있다. 『지상 최대의 쇼』에도 익티오스테가, 아칸토스테가, 유수테노프테론은 모두 그림으로 묘사되어 있다. 이 시점에 악명 높은 화가 한 명을 소개하고자 한다.

_ 화가 헤켈

사실 '헤켈(Ernst H. Haeckel)'은 화가가 아니다. 독일 예나 대학교(University of Jena)의 비교해부학 교수였던 헤켈은 다윈의 진화론이 진실임을 증거하기 위해 일생을 보냈던 사람이다.[411]

다윈은 동물 배아의 생김새가 서로 닮았다는 것은 이것들이 공통조상으로부터 유래했기 때문이라며 배아의 유사성을 가장 강력한 진화의 증거라고 했다.

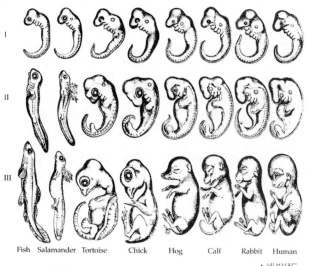

Fish Salamander Tortoise Chick Hog Calf Rabbit Human

▲ 배 발생도

다윈 이후의 진화론자들도 최근까지 이것을 진화의 가장 강력한 증거로 내세웠다.[412] 헤켈은 다윈을 흡족하게 했던 '배아 그림'을 그렸다.

물고기, 도롱뇽, 거북, 병아리, 돼지, 송아지, 토끼, 사람 배아가 비슷하게 그려진 헤켈의 배아 그림은 마치 생물의 진화과정을 그대로 보여주는 듯했다. 그러나 그 그림이 잘못 그려진 것임을 알아내는 일은 그리 어렵지 않았다. 실제 배아의 초음파 사진들을 보면 그가 의도적으로 조작한 것임을 한눈에 알 수 있다.[413]

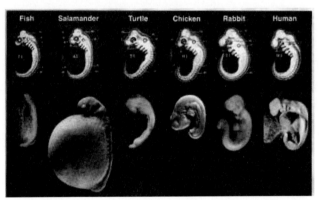

▲ 헤켈이 그린 배아들과 초음파 사진의 비교

헤켈은 다윈이 세운 가설에 가장 잘 들어맞는 것처럼 보이게끔 유사한 배아들만을 골라서 그렸는데, 양서류의 대표로는 가장 흔한 양서류인 개구리의 배아를 그리지 않고 도롱뇽의 배아를 선택하여 그렸다. 왜냐하면, 개구리의 배아가 다른 배아들과 매우 다르게 생겼기 때문이다.

헤켈의 그림에서 모든 배아의 크기는 비슷했지만 이는 명백한 조작이었다. 그는 크기가 최고 10배 이상이나 다른 배아들을 크기가 비슷하게 보이도록 그린 것이다.

헤켈이 그린 배아 발생도는 명백한 조작이었고, 과학 논문 변조로 인해 '빌헬름 히스(Wilhelm His)'와 여러 사람에 의해 고소를 당했었다.[414] 그렇지만 여전히 헤켈이 그린 배아 발생도는 진화의 증거로 사용되고 있다.

> 초기의 사지동물들은 발가락 수를 이러저러하게 달리 해보는 '실험'을 요즘보다 더 자유롭게 즐겼던 듯하다. 그러다가 발생학적 과정의 어느 시점에서 다섯 개로 고정되었을 것이고, 한번 그 단계가 진행되자 다시 물리기 어려웠을 것이다. 물론 절대 불가능할 정도로 어려운 것은 아니다. 요즘도 가끔 발가락이 여섯 개인 고양이가 있고, 사람도 그렇다. 잉여의 발가락은 발생 중에 실수로 중복현상이 일어난 결과일 것이다.[415]

'즐겼던 듯하다.', '고정되었을 것이고', '어려웠을 것이다.', '결과일 것이다.' 그러나 아무런 증거는 없다.

기린, 시조새, 말과 함께 진화론의 아이콘으로 널리 사용되는 사례 중 하나로 갈라파고스 군도에 사는 핀치(finches)라는 새의 변이현상이 있다. 다윈은 이 핀치의 부리가 종에 따라 약간씩 변해 있는 점에 주목했고 다양한 부리의 모양에 따라 13종의 핀치로 분류했다.

다윈은 13종의 핀치가 공통조상에서부터 서식환경에 따라 다양하게 진화된 것으로 생각했다.[416] 『완전한 진리』의 내용에 의하면 진화론자들이 소개한 핀치의 부리 변화는 겨우 밀리미터의 10분의 1단위로 측정 가능한 정도의 작은 크기에 불과하다.[417]

비가 다시 내리기 시작해 본래 있었던 다양한 씨앗들이 맺히면 부리의 크기는 원래 크기로 되돌아간다. 핀치 부리의 변화는 진화론자가 소개했던 잔가지 형태의 진화 모형이 아니라 순환적인 변이였다. 이것은 핀치가 다양한 기후 환경에 적응할 수 있도록 환경적응 시스템이 작동한 사례일 뿐이다.[418]

핀치는 날개를 가지고 있기에 먹기 알맞은 먹이가 있는 곳으로 날아갈 수 있다. 먹이에 따라 특정 지역에 몰려 살게 된 것은 그저 자연의 모습일 뿐이다.

진화론자들은 바이러스의 내성을 진화의 증거로 즐겨 사용하지만, 그것은 바이러스가 진화된 것이 아니라 내성이 없는 바이러스는 죽고 내성이 있는 바이러스는 살아남아 번식하게 되면서 체내의 바이러스 비율이 바뀐 것뿐이며, 신종 바이러스라 불리는 것은 기존의 DNA 정보를 잃어버리거나 다른 정보와 섞이거나, 다른 정보를 사용하는 등의 방법으로 생김새나 특성이 표현된 것이지 기존에 없었던 새로운 박테리아가 만들어진 것은 아니다. 이것은 바이러스가 진화된 것이 아니라 바이러스가 가진 특성일 뿐이다.

어떤 생물은 독특한 특성을 가지고 있는데, 도마뱀은 자신의 꼬리를 자를 수 있고, 플라나리아(planaria)는 몸을 자르면 잘라진 부분이 재생된다. 이것들은 진화된 것이 아니라 이것들이 가지고 있는 생물학적 특성이다.

반세기에 걸쳐 과학자들이 실험실에서 인위적으로 다양한 돌연변이 초파리를 만들었으나 초파리가 아닌 다른 종류의 피조물을 만들어 내지는 못했다.

미국 공영 방송인 PBS의 '진화' 시리즈에서는 네 개의 날개가 달린 돌연변이 초파리가 등장했지만, 추가된 날개를 움직일 수는 없다는 사실에 대해서는 전혀 언급하지 않았다.[419] 움직이지 않는 날개가 무슨 소용일까? 진화론자들에게 물으면 - 묻기 전에는 대답하지 않을 것이다 - 오랜 시간이 지나면 이 날개도 움직일 수 있게 진화될 것이라고 대답할 것이다. 날개가 여섯 개가 달리든, 눈이 두 쌍이 생겨나든, 눈의 색이 무지개색이 되든, 결국 그것들은 다른 생물이 아닌 초파리일 뿐이다.

진화론자들은 산업혁명으로 갑자기 많은 공장이 생겨난 영국 맨체스터지역에서 어두운 색의 나방이 더 많아지는 방향으로 진화되었다고 했다. 어두운 색의 나방이 많아지게 된 이유는 공장에서 뿜어져 나온 그을음 때문에 나무의 몸통이 까맣게 되어 버려 밝은 색의 나방이 어두운 색의 나방보다 새의 눈에 잘 띄어서 잡아먹혔기 때문인 것으로 해석했다. 이 이야기는 내가 고등학생 때 교과서에도 실려 있었다.

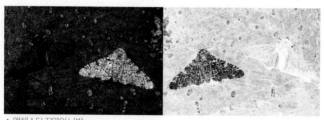

▲ 맨체스터 지역의 나방

그러나 얼룩나방은 야생에서 나무의 몸통에 앉지 않는다는 사실이 밝혀졌고, 교과서에 나오는 사진은 텔레비전다큐멘터리 제작을 도왔던 한 과학자가, 자신이 죽은 나방을 나무에 붙인 것이라고 시인하면서 연출된 사진으로 판명되었다.[420]

과학자들은 왜 이런 거짓말을 하는 것일까? 언론인 '주디스 후퍼(Judith Hooper)'는 과학 연구에 이런 가짜가 허용되는 이유는 과학자가 절실하게 그것을 믿고 싶어 하기 때문이라고 했다.[421]

② 창세기로 시작하는
역사

역사책의 시작 부분은 역사의 기록이라기보다는 저자가 가지고 있는 세계관에 대한 기술이다. 우리는 하나님에 의한 창조로 시작하는 역사보다는 작고 따스한 연못에서 시작하는 상상에 오랫동안 노출되어 왔다.

하나님으로부터 시작되는 역사는 오직 교회에서만 들을 수 있다. 그러나 성경은 작고 따스한 연못에서 우연히 발생하거나 초신성의 폭발로 발생하는 역사보다 생명의 기원을 구체적이고 사실적으로 묘사하고 있으며, 오늘날의 피조계는 우연히 발생한 생물의 점진적인 진화를 증거한다기보다는 성경에 기록된 대로 하나님에 의한 창조를 나타내고 있다.

▲ 천지창조

　태초에 '하나님'이 천지를 창조하셨다. 일곱째 날의 '안식'을 창조활동으로 보면, 하나님의 창조기간은 오늘날과 같은 일주일이 된다.

　하나님께서는 첫째 날 시간과 우주라는 공간, 지구라는 물질, 빛을 창조하셨다. 시간과 공간과 물질은 피조물이다.

　하나님께서는 둘째 날 물을 하늘 아래의 물과 하늘 위의 물로 나누셨다. 물은 창조의 첫날 이미 창조되어 있었다.

　하나님께서는 셋째 날 물의 이동으로 땅과 바다를 만드셨다. 그리고 하나님께서는 땅에 풀과 씨 맺는 채소와 씨 가진 열매 맺는 과목을 창조하셨다. 하나님께서는 식물을 씨의 형태가 아니라 풀과 채소와 과목의 형태로 창조하셨다.

　하나님께서는 넷째 날 해와 달과 별을 창조하셨다.

　하나님께서는 다섯째 날 물의 생물과 하늘의 새를 그 '종류'대로 창조하셨다. 하나님은 명백히 진화의 방법으로 창조하시지 않고, 처음부터 그 '종류'대로 창조하셨다.

　하나님께서는 여섯째 날 땅의 생물을 '종류'대로 창조하셨다. 자연환경과 생물환경이 모두 만들어진 다음, 마지막으로 생물을 창조하신 방식과는 다르게 하나님의 형상대로 흙으로 빚어

354

생기를 코에 불어넣는 방식으로 사람, 남자를 창조하셨다. 그리고 남자의 갈빗대로 여자를 창조하셨다.

하나님께서는 일곱째 날 안식하셨다.

선조들은 '에덴'이라는 동산에 살게 되었다. 선조들은 에덴동산에서 동산을 다스리고 지키는 역할과 선악과를 먹지 말아야 할 규칙을 부여받게 된다.(신학적인 해석들은 생략하고 사건 중심으로 이야기를 이어나간다.)

그러나 선악과를 먹어버림으로써 하나님의 명령에 불순종하고 말았다. 그 결과 동산 밖으로 쫓겨나게 되었고 사람에게 죽음과, 수고하여야 소산을 먹을 수 있음과, 출산의 고통이 크게 더해지는 등의 형벌이 주어진다. 거꾸로 보면, 불순종으로 타락하기 전에는 사람에게 죽음과 소산을 먹기 위한 수고, 출산의 큰 고통이 없었음을 추론할 수 있다.

선조들의 불순종으로 말미암아 땅도 저주를 받아 이때부터 먹기 좋은 식물이 쉽게 나지 않았고, 창조기간에는 등장하지 않았을 가시덤불과 엉겅퀴가 생겨나게 된다.

인류는 빠르게 번성했다. 성경은 아담과 하와의 자녀 이름을 가인, 아벨, 셋, 단 세 명만 기록하고 있지만 '아담은 셋을 낳은 후 팔백 년을 지내며 자녀들을 낳았으며'라는 기록으로 보아 다른 자녀들이 있었음을 알 수 있다.

'가인의 부인은 어디서 왔을까?'라며 성경을 공격하는 사람이 종종 있는데, 가인의 부인은 아담의 자녀 중 한명이었다. 오늘날의 상식으로는 이해하기 어렵겠지만 이런 가족혼의 풍습은 상당히 오랫동안 이어져 왔으며 오늘날에도 일부 지역에서 이루어지고 있다.

　인류의 번성과 더불어 인간의 문화도 빠르게 발전했다. 창세기에 기록된 족보에 의하면 단 여덟 세대 만에 악기를 만들었고, 청동기와 철기를 사용하였다. 창세기로 알 수 있는 선조들의 생활 모습은 오늘날과 별반 다를 것이 없었다.

　갓 태어난 아기가 아닌 성인으로 창조된 최초의 사람, 아담은 유창한 언어를 구사했고, 동물을 구분하여 이름을 붙일 정도로 뛰어난 지능을 가졌음을 볼 수 있다.

　선조들의 모습은 진화론적 인류학자들의 주장처럼 돌도끼를 든 털 빠진 유인원의 모습이 아니다. 진화론적 인류학에서는 도구의 발달이나 주거 형태의 발달에 오랜 시간이 걸린 것으로 해석하지만, 여기에 오랜 시간을 부여하는 근거는 그저 오랜 시간 동안 진화되었을 것이라는 진화론적 신념뿐이다. 왜냐하면 지구상 어디에서도 석기와 철기가 한 지역에서 뚜렷한 시대적 구분을 가지고 발견된 적은 없기 때문이다.[472] 발견된 도구들은 각각 다른 지역에서 발견된 것이다. 그것은 정보나 재료의 차이에 불과하다.

　인간의 문화가 발전하면서 선조들은 하나님이 원하셨던 모습에서 점점 벗어나게 된다. 최초의 선조는 하나님과의 약속을 깨어버렸으며 다음 세대에서는 살인 사건이 발생했고, 일부다처의 가족형태가 발생했으며 어떤 선조는 살인을 공개적으로 자랑하기도 했다.

　권력이 탄생하면서 수평적이었던 문화가 수직적으로 변해갔다. 고작 몇 세대 만에 인류의 죄악이 도를 넘어섰고, 급기야 하나님이 '사람의 죄악이 세상에 가득함과 그의 마음으로 생각하는 모든 계획이 항상 악할 뿐임을 보시고' 땅 위에 사람 지으셨음을 한탄하셨다.

하나님은 당시 하나님이 보시기에 의인이었던 10대 선조 '노아'를 통해 땅을 다시 회복시킬 계획을 세우셨고, 노아에게 직육면체 모양의 큰 배, 방주를 만들 것을 명령하셨다.

노아와 그의 가족들은 하나님이 가르쳐주신 대로 길이 137 m, 폭 23 m, 높이 14 m 안팎의 3층으로 이루어진 방주를 만들었고, 코로 숨쉬는 동물들의 대표와 함께 방주에 승선하게 된다.

방주의 제작 과정에 얼마나 많은 사람들이 참여했을까? 노아와 그의 가족들은 대홍수가 나면 모든 것이 끝날 것을 알았을 것이고, 아마 그들이 가진 전 재산을 동원하여 방주를 만드는 일에 쏟아 부었을 것이다. 그리고 앞에서 이야기했듯이 노아의 아버지 라멕과 할아버지 므두셀라가 방주의 제작 과정에서 살아있었고, 제작 과정에 적극 참여했을 것으로 본다.

노아의 아버지인 라멕은 대홍수가 있기 5년 전에 자신의 아버지인 므두셀라보다 먼저 죽었고, 노아의 할아버지인 므두셀라는 '그가 죽을 때 심판'이라는 이름대로, 대홍수가 일어난 바로 그 해에 죽는다.

어떤 사람들은 방주에 현존하는 모든 종의 동물이 탈 수 없었다며 방주 사건의 사실성을 부정한다. 하지만 그것

▲ 방주 모형

은 오해이다. 동물들은 '종'대로 들어간 것이 아니라 성경에 기록된 분류 단위인 '종류'대로 방주에 들어갔고, 모든 종류의 동물이 들어갈 필요 없이 코로 숨쉬는 종류의 '대표' 몇 쌍만 들어가면 된다.

성경의 표현에 의하면 동물들은 그저 방주로 나아갔다. 철새들은 상상을 초월한 거리를 매년 이동할 수 있고, 환경의 신호에 따라 함께 이동하는 동물들의 모습을 매스컴을 통해 본 적이 있을 것이다. 방주를 만들라 지시하신 하나님이 동물들을 필요한 만큼 이동시키지 못하실 이유가 없다.

어떤 사람들은 방주에 승선하기 전후에 사자가 양을 잡아먹지 않았겠냐고 비아냥거리지만, 성경의 기록으로 보면 당시 사람과 동물들은 채식을 했었다. 육식은 대홍수 이후에 허락하신다.

그러면 오늘날 육식동물이 가지고 있는 이빨이나 발톱은 왜 만들어진 것일까? 날카로운 이빨은 육식을 하는 데만 유용한 것이 아니라 식물이나 과일을 자르고 찢는데도 사용할 수 있다. 팬더는 날카로운 이빨과 발톱을 갖고 있으면서도 채식만 하고, 박쥐 중에는 초식만 하는 박쥐가 있는데 육식을 하는 박쥐와 구조상 아무런 차이가 없다. 이것들이 대홍수 후에 육식을 하는 데 사용할 수 있는 기관들은 그 기관을 만드는 정보가 DNA에 기록되어 있다면 '육식'이라는 '환경'에 의해서 얼마든지 나타날 수 있다.

육식동물이 초식의 환경에서 초식동물로 변화된 사례나 초식만 하는 사자, 초식의 시스템을 여전히 가지고 있는 육식동물 등의 사례는 인터넷으로 쉽게 찾을 수 있다.

펭귄은 방주에 타기 위해 다른 동물들보다 먼 거리를 이동해야만 했을까? 일단 모른다. 그러나 진화론자들의 염려처럼 많은 거리를 이동할 필요가 없었을지도 모른다. 왜냐하면, 대홍수 이전의 대륙은 하나로 뭉쳐져 있었고, 지구 전체의 기온은 거의 비슷했다고 보면 방주 주변에서나 방주에서 멀리 떨어진 곳에서나 비슷한 종류의 동물이 살고 있었을 것이다. 그렇다면 다른 동물보다 먼 거리를 이동해야 할 동물은 없었을 것이다. 설사 특정 동물이 많은 거리를 이동해야 한다고 한들, 이런 사실이 창세기 대홍수사건의 사실성을 부정할 수 있는 것은 아니다.

어떤 사람들은 마치 그 시대를 살아본 양 당시 기술로는 거대한 배를 만들 수 없었다고 한다. 하지만 방주는 일반적인 배와는 달리 돛이나 노, 엔진같은 어떤 추진체도 필요가 없고 그저 안전하게 떠 있기만 하면 된다. 당시에 이런 거대한 배를 만들 수 없었을 것이라는 생각은 대홍수 이전의 고대인들을 미개하게 보는 진화론적 사회학에 영향을 받은 해석이다.

창세기에는 대홍수 이전에 이미 철기를 사용하였음을 기록하고 있고 성경의 기록을 보면 대홍수 이전의 사람들은 천 년 가까운 생애를 살았기 때문에 지식과 기술이 현대인들에 비해 개인에게 훨씬 더 많이 축적될 수 있어서 상당한 기술력을 가지고 있었으리라 본다. 만약 한 분야를 천 년 동안 연구한다면 어떻게 될까?

방주의 제작에 사용된 '역청(pitch)'은 석탄이나 석유에서 추출되는 것이기 때문에 석탄이나 석유가 없었던 대홍수 전에는 역청을 사용할 수 없었다며 성경의 기록을 부정하는 사람들도 있다. 그러나 역청은 반드시 화석연료로만 만들 수 있는 것이 아니라 송진이나 다른 재료로도 만들 수 있다. 물론 노아 시대에 송진으로 역청을 만들었다는 성경의 기록은 없다.

방주의 제작에 사용된 '고페르'도 개역한글성경에서는 잣나무로 번역되어 방주의 재료로 적합하지 않다는 비판론자의 공격을 받았으나, 개역개정성경에는 히브리어 그대로 '고페르'로 기록되어 있다. 사실, 우리는 고페르의 정확한 의미에 대해서도 모른다. 그런데 그 발음이 히브리어로 역청과 비슷하여 나무의 이름이 아니라 역청을 이용한 제작 방식이라는 해석이 있다.

창세기 대홍수사건을 역사적 사건이 아니라고 주장하는 사람들은 어떻게 그 많은 동물이 1년간 살 수 있었는지, 단 8명의 사람이 어떻게 그것들을 돌볼 수 있었는지, 30 m가 넘는 공룡들은 어떻게 14 m 높이의 배에 탈 수 있었는지, 그 많은 동물들의 배설물은 어떻게 처리하였는지 등 다양한 문제를 제기한다. 거기에 대한 궁금증은 대홍수사건이 역사적 사건이라는 생각을 가지고 조금만 찾아보면 얼마든지 해결할 수 있다.

이런 점에서 오늘날 인터넷 시대에 살고 있는 것이 참 감사하다. 어떤 자료라도, 약간의 시간만 투자하면 양질의 자료를 찾을 수 있으니 말이다. 단, 창세기 대홍수사건이 역사적 사건이라는 생각을 가지고 있어야만 한다. 그렇지 않으면 어떤 과학적이고 정확한 자료를 만나더라도 의심이 앞서게 되고, 그런 의심들은 건전하게 진리로 접근하게 하기보다는 부정적인 생각만 키우게 될 테니 말이다.

깊음의 샘이 터지며 비가 시작되었고, 40일 간의 비와 대규모의 격변으로 전 지구는 물에 잠기게 되었으며, 150일 후부터 물은 점점 감하여졌다. 한 덩어리였던 대륙은 여러 개의 판으로 쪼개어졌고, 바다는 대홍수전보다 더 넓어졌으며, 쪼개진 판들은 엄청난 에너지로 서로 빠르게 부딪혀 산맥들이 만들어졌다.

대홍수 후기, 지구를 덮고 있던 물이 지판의 이동으로 더욱 넓어진 바다로 모이게 됨에 따라 땅은 드러나고 바다는 더 깊어지게 되었다. 이 과정에서 발생한 물의 이동으로 지구는 엄청난 침식과 퇴적을 겪게 된다. 지표의 대부분을 차지하고 있는 엄청난 규모의 퇴적층, 해령들과 섭입대, 사층리, 잔류지형, 습곡, 퇴적층 사이의 화산과 운석공들은 전 지구적이었던 대격변의 상황을 우리에게 이야기하고 있다.

오직 물 위에 떠 있던 방주만이 요동했지만 안전했을 것이다. 방주의 비율을 이용하여 제작한 모형으로 한국창조과학회와 해사기술연구소가 공동으로 실험한 결과, 방주는 30 m의 파고에서도 견딜 수 있는 매우 안전한 구조라는 것이 밝혀졌다.[422]

▼ 창세기 대홍수

물이 감해졌고, 방주가 오늘날 터키 지역의 아라랏산 – 혹은, 아라랏 산지(아르메니아 지역) – 에 멈추자 노아의 가족들과 동물들이 방주에서 나왔다. 그들이 다시 마주한 세상은 대홍수 전의 아름다운 세상이 아니었다. 세상은 거대한 무덤이었고, 이전에 경험하지 못했던 낯선 환경이 살아남은 가족들을 엄습했다.

대홍수 후, 방주에서 나온 동물들은 방주를 중심으로 빠르게 서식지를 넓혀갔다. 살아남은 사람들과 마찬가지로 동물들도 대홍수 이전에는 경험하지 못했던 낯선 환경에 적응해야만 했다.

대홍수 후 달라진 환경은 생물의 생김새와 특성을 다양하게 변화시켰을 것이다. 다윈이 관찰한 진화는 바로 이 환경적응 시스템의 작동으로 인한 변화였을 것이다.

동물들은 대홍수 이후의 환경에 적응해 나갔다. 이 비상식적으로 빠른 생태계의 회복 속도는 오늘날에도 관찰되었는데, 『창조와 격변』에 의하면 1883년 인도네시아 크라카타우 섬의 화산폭발로 당시 섬의 동물들이 완전히 멸종하였으나 지금은 많은 동식물이 살고 있고,[423] 1980년에 폭발한 세인트헬렌스 산도 폭발 후 3년도 되기 전에 원래 살고 있었던 식물 종의 90%가 회복되었으며 동물들도 급속히 회복되었다.[424]

1400년경에 화산활동으로 만들어진 뉴질랜드의 랑기토토 섬은 불과 600년 사이에 울창한 숲과 각종 동물이 서식할 수 있는 섬이 되었고,[425] 한라산이 폭발하여 분출된 마그마가 식어 생긴 제주도의 만장굴에도 식물이 빽빽하게 자라고 있다.[426]

> 생명은 우리가 상상할 수 없는 속도로 이동할 수 있다. 이런 것들을 생각한다면 대홍수 이후 수천 년 동안 각종 동식물이 온 세계에 퍼지게 된 것은 결코 놀라운 일이 아니다.[427]

재번성하기 시작한 인류에게 하나님은 다시는 대홍수로 멸하지 않으리라는 약속, 무지개 약속을 주셨다. 그러나 다음 세대에서 사람들은 이 약속의 말씀을 잊어버렸고 흩어짐을 피하기 위해 탑을 쌓는다. 그 탑이 바로 바벨탑이다.

하나님은 바벨탑 사건으로 단 하나였던 언어를 혼잡케 하심으로 인류를 강제로 흩어지게 하신다. 언어가 서로 통하지 않게 된 선조들은 같은 언어를 사용하는 선조들끼리 이동하게 된다. 동물이 서식지를 이동한 것처럼, 사람의 대이동이 시작된 것이다.

진화론적 사회학에서는 어떻게 이렇게 다양한 언어가 갑작스럽게 나타나게 되었는지에 대해 명쾌하게 설명하지 못하지만 성경을 믿는 우리는 그 이유를 분명하게 알고 있다.

메소포타미아 문명의 발생 지역으로 알려진 지금의 중동에서 이동을 시작한 인류는 남쪽으로 이동하여 이집트 문명을 이루었고, 동쪽으로 이동하여 황하 문명을, 서쪽으로 이동하여 그리스 문명을 탄생시켰다. 현대 인류학에서 문명의 시작을 지금으로부터 약 5-6,000년 전으로 보고 있다는 사실이 이를 뒷받침하고 있다. 이는 성경의 기록과 비슷하다.

인구가 늘어감에 따라 다양한 지역으로의 정착과 이동이 이루어졌을 것이다. 자신들이 만든 지도에 없던 아메리카를 처음 발견한 유럽인들은 그 대륙을 신대륙이라 불렀지만, 그 대륙은 신대륙이 아니라 사람이 살고 있던 대륙이었다. 그들은 어떻게 바다로 분리된 대륙에 살게 된 것일까? 그 비밀은 빙하시대에 있다.

대홍수로 인해 지구는 빙하시대로 진입하게 된다. 빙하가 확대될수록 지구의 물이 액체 상태에서 고체 상태로 바뀌면서 해수면은 점점 낮아지게 된다.

빙하시대의 절정기에 빙하는 지구의 30%를 덮게 되었다. 30%의 빙하로 당시 바닷물의 양을 추산하면 해수면은 지금보다 120 m 정도 낮았을 것이다. 해수면이 120 m 낮아진다면 모든 대륙은 육지의 연장선인 대륙붕으로 서로 연결될 수 있고 연결된

▲ 대륙붕

대륙으로 사람과 동물들이 걸어서 이동할 수 있게 된다. 오늘날 아시아와 아메리카를 잇는 베링해협의 평균 깊이는 겨우 30-50 m 정도이다.

오늘날처럼 각 대륙이 바다로 나뉘어져 건널 수 없는 형태로 된 것은 얼었던 빙하들이 다시 녹아버렸기 때문이다. 현재 빙하는 지구의 10%만을 덮고 있다.

사람은 현재 몇 종류의 피부색을 가지고 있다. 성경에는 피부색의 유래에 관한 구체적인 기록은 없다. 노아의 세 아들인 셈과 함과 야벳의 후손이 거주했던 지역으로 미루어 셈은 황인종의 조상으로 함은 흑인종, 야벳은 백인종의 조상으로 볼 수 있으나, 그렇다고 해서 셈과 함과 야벳의 피부색이 명확하게 구분되었다고 단정 지을 수는 없다.

피부색은 다양한 요인에 의해 좌우되는데, 피부색의 본격적인 다양화는 바벨탑 사건 이후에 발생했으리라 본다. 하나님께서는 언어를 친족별로 혼잡케 하셨고, 친족끼리 이동하게 하셨다.

셈계의 자손들은 성경의 족보에서처럼 중동 지역과 동쪽으로 이동하게 되었고, 함계의 자손들은 오늘날의 아프리카 지역으로 이동하였으며 야벳계의 자손들은 유럽 쪽으로 이동하였다. 하나님은 멜라닌이 상대적으로 많아서 자외선이 많은 환경에 적응하기 쉬웠던 '함'과 그의 자손들을 아프리카 쪽으로 이주하도록 못하실 이유가 없다.

▲ 바벨탑

　같은 언어를 사용하는 친족
끼리의 이동은 그들만의 특징
적인 DNA와 그 지역의 특수한
환경, 그들끼리의 결혼을 통해
민족 고유의 특성을 형성하게 된다. 그래서 우리는 황인종과 흑
인종을 쉽게 구분할 수 있고, 황인종이라 해도 한국인과 베트남
인을 어느 정도는 구별할 수 있게 된 것이다.

　성경의 첫 책인 창세기는 모두 50장의 이야기로 구성되어 있
는데, 1장에서는 천지창조 이야기가, 2장에서는 땅의 이야기가
조금 더 구체적으로 쓰여 있고, 3장에서는 선조가 에덴동산에
서 쫓겨나게 된 이야기가, 4장에서는 가인의 살인사건을 다루
고, 5장에서는 선조에서부터 방주를 만들었던 노아에 이르는 족
보를, 6장에서 8장 까지는 대홍수사건이, 9장에서는 대홍수 이
후의 노아 가족 이야기, 10장에서는 노아의 후손들과 메소포타
미아 문명을, 11장에서는 바벨탑 사건과 그에 따른 인류의 확산
을 기록하고 있다. 그리고 12장에서 믿음의 조상이라고 불리는
아브라함의 이야기가 등장한다.
　성경으로 알 수 있는 선조들의 생활 모습은 오늘날의 중동 사
람들과 크게 다를 것이 없다. 이것이 창조론적인 세계관이다. 진
화론적인 세계관은 사람이 단세포생물에서 점진적으로 진화된
것으로 보기 때문에 문화도 유인원보다 조금 발전된 형태로, 네
발을 사용하는 형태에서 두 발을 사용하는 형태로, 뇌의 용량이
늘어나는 형태로, 굽은 허리가 펴지는 형태로, 이동에서 정착의
형태로, 석기에서 철기의 형태로 줄 세우기에 혈안이 되어 있다.

성경으로 본 선조들은 처음부터 사람이었고, 현대인들에 비해 훨씬 더 복잡한 언어를 구사했으며 더 높은 수준의 사고를 하고 살았음을 볼 수 있다.

성경의 기록은 문명의 발생으로 세계사 안으로 들어온다. 정확하게 말하면 세계사가 성경 안으로 들어오는 것이다. 성경의 사실성을 증거라도 하듯이 문명은 메소포타미아에서 시작된 것으로 알려져 있다. 그곳은 과거 노아의 방주가 멈춘 아라랏 산지, 아르메니아 지역이었다.

▲ 아르메니아

일반적인 세계사에 따르면 최초의 문명은 B.C.4000년 경, 수메르인이 메소포타미아 평원 남부의 기름진 땅에 정착함으로 시작 되었다. 그리고 B.C.3000년 경에 이집트 문명, 인더스 문명, 황하 문명이 비슷한 시기에 발생했고, 고대 아메리카 문명은 B.C.1000년 경에 발생한 것으로 알려져 있다. 문명의 발생 연대가 바벨탑에서 이동한 선조들의 이동 경로와 일치하는 것을 볼 수 있다.

세계사 안으로 들어온 성경은 인류 최초의 국가이며 최초의 강대국이었던 이집트를 시작으로 세계사의 중심인 서아시아와 유럽, 북아프리카를 한때 장악했던 강대국과 밀접한 관련을 가진다.

창세기 12장에 등장하는 20대 조상인 아브라함은 오늘날 메소포타미아 서쪽 약 10 km 지점에 있는 고대 도시인 '우르' 사람이다. 이 지명은 성경의 사실성을 뒷받침해준다.

이제 개인적으로 매우 좋아하는 책 '조병호' 박사의 『성경과 5대 제국』으로 성경이 서양사와 어떤 관련이 있는지 살펴본다.

성경은 최초의 국가였던 이집트와 밀접한 관련이 있다. 앞에서 이야기했었던 것처럼, 이집트의 시조는 노아의 손자이자 함의 아들인 '미스라임'이다. 창세기 12장에는 아브라함이 이집트를 방문한 이야기가 나오고, 37장부터는 이스라엘에서 이집트로 팔려 간 야곱의 아들 요셉이 이집트의 흉년 문제를 해결하여 이집트의 총리가 된 사건이 전개된다.

이스라엘 민족은 족장 야곱을 따라 메소포타미아 지역의 흉년을 피하고자 야곱의 아들 요셉이 총리로 있던 이집트로 이주하게 된다.

정착 초기에는 평안했던 이스라엘 민족에게 이집트의 압제가 시작되었고, 약 400년 동안 이집트에 살았던 이스라엘 민족은 지도자 모세를 따라 다시 메소포타미아 지역으로 돌아오게 된다.

고향으로 돌아온 야곱의 후손들은 이스라엘이라는 이름으로 국가를 이루었고, 2대 왕 '다윗'과 3대 왕 '솔로몬' 시대에 반짝 전성기를 누렸으나, 4대 왕 '르호보암'시대에 우리나라처럼 남과 북, 양쪽으로 분단되었고 이후 메소포타미아 지역을 장악했던 제국들에 의해 고난을 받게 된다. 이로써 작은 부족이었던 이스라엘이 국제사회에 종종 등장하게 된다.

메소포타미아 지역을 최초로 장악했던 제국은 '앗시리아(앗수르)'였고 이 앗시리아에 의해 북이스라엘이 패망한다. 앗시리아 다음으로 메소포타미아 지역을 장악한 제국은 '바빌로니아(바벨론)'였다. 이때, 남이스라엘(성경에는 유대라고 기록된)도 바빌로니아에 패망하고 많은 사람들이 바빌로니아의 포로 정책에 따라 강제로 이주된다. 이 포로들 중에 유대인이었지만 바빌로니아의 총리가 된 '다니엘'이 포함되어 있었다.

바빌로니아 다음으로 메소포타미아를 장악한 제국은 '페르시아(바사)'였다. 이스라엘 민족은 페르시아의 속국 정책으로 다시 고향으로 돌아와 국가를 형성하게 된다.(물론 하나님의 뜻이 있었지만, 사건 중심으로 써 내려간다.)

페르시아 다음으로 중동을 장악한 제국은 알렉산더의 헬라제국이었다. 이 시기에 히브리어로 기록되었던 성경이 당시 국제어였던 헬라어로 번역되어 헬레니즘과 함께 전 세계로 전파된다.[429]

강력했던 헬라제국은 알렉산더의 죽음으로 분열되고 말았고, 헬라제국 다음으로 메소포타미아 지역과 유럽을 장악한 제국은 로마제국이었다. 이 로마제국의 분봉 왕 체제였던 이스라엘 베들레헴에서 성경의 예언에 따라 '예수 그리스도'가 탄생하시게 된다.

신약성경은 로마 제국을 배경으로 기록되었고, 예수 그리스도는 로마의 법정에 서셨으며, 로마의 사형법에 따라 십자가에 달려 돌아가시고 부활하시게 된다.

로마의 시민권자였던 바울은 유대교에서 기독교로 개종한 뒤 서아시아와 유럽으로 기독교를 전파하고 다녔고, 로마의 극심한 박해를 받던 소수의 기독교는 마침내 로마의 국교가 되어, 로마제국을 통해 전 세계로 전파된다.

과거에는 앗시리아와 바빌로니아를 고대 신화에 등장하는 상징적인 국가로 보는 학자가 많았으나 오늘날 두 국가가 성경에 등장하는 것처럼 강대하였음을 아무도 부인하지 않는다. 또 이야기하지만, 성경에 등장하는 지명들과 인물들, 사건들이 실제로 일어난 사건임을 보여주는 증거는 쉽게 찾을 수 있다. 성경은 분명한 사실적 기록이다.

오늘날 성경의 사실성 부수기가 마치 유행처럼 번지고 있다. 포스트모더니즘에 의해 성경도 벗어나야 할 권위로 여기고 있지만, 우리가 벗어나야 할 것은 성경이 가진 권위가 아니라 성경을 이용하여 다른 것을 얻으려고 했던 기득권층의 잘못된 생각들이다.

성경의 사실성 부수기는 비단 오늘날에만 행해진 것이 아니다. 성경은 오랜 시간 동안 반대론자들의 거센 공격을 거뜬히 견뎌낸 하나님의 말씀이다.

오늘날 어떤 저명한 과학자는 과학으로, 어떤 저명한 신학자는 신학으로, 어떤 저명한 역사학자는 역사학으로 성경의 사실성을 무너뜨리려고 애쓰는데, 그들은 과학 이론이나 신학, 역사가 틀렸다고는 생각하지 않는다.

성경이 무오하다는 과학자도 있고 신학자도 있고 역사학자도 있다. 내 주변에는 그런 사람들이 많다. 나는 그들의 이론과 증거를 신뢰한다. 성경은 우리에게 말씀하시고자 하시는 하나님의 분명한 말씀이다.

❸ 무서운
진화론

　공식적인 역사는 짧지만 오늘날 진화론은 생명의 기원에 대한 하나의 가설이 아니라 세계를 이해하는 철학이 되어있다.[430] 그런데 진화론은 굉장히 위험한 철학이다.

　진화론에서는 모든 생물을 하나의 단세포생물에서 진화된 것으로 보기 때문에 식물과 동물, 사람을 수직관계로 분리하는 기독교에 비해 모든 피조물을 동등하게 여기는 것으로 비칠 수 있으나 실제로는 인종 우생학과 인종차별을 지지한다.

　진화론의 열렬한 신봉자였던 '헤켈'은 파푸아뉴기니 원주민이 유인원과 사람의 중간단계라고 발표했다.[431] 사람이 아니라는 이야기다. 진화론자인 '헉슬리'도 흑인은 백인과 동등하지 않다고 공개적으로 선언했다.[432] 이런 진화론적인 생각이 당시 흑인 노예제도를 정당화시켰다. 기독교 국가인 미국이 노예제도를 오랫동안 유지할 수 있었던 근거와 지금까지도 내려오는 인종차별 문제가 바로 이 진화론이라는 생각의 틀로 성경을 해석했기 때문이다.

다윈의 사촌 동생인 '갤튼'은 우수종인 백인 위주로 인종을 개량해야 한다고 했고, 나치는 1933년 전당대회에서 진화론을 당의 지도이념으로 채택했다.[433]

진화론의 광신자였던 '히틀러'는 게르만족의 번영을 위해 유대인을 제거해야 한다는 논리로 600만 명의 유대인을 학살했다.[434]

오늘날에는 진화론의 범위가 더 확장되어 진화론이 모든 학문을 장악하고 있다고 해도 과언이 아니다. 요즈음 가장 빨리 성장하는 분야 중 하나는 '진화심리학'으로 다윈주의를 사회적·문화적 이슈에 적용하는 것이다.[439]

진화심리학은 거의 모든 분야로 빠르게 퍼져가고 있으며, 새로운 책이 너무 많이 쏟아져 나와 따라잡기조차 힘들 지경이다.

『완전한 진리』에 소개된 내용을 보면, 『강간의 자연사: 성적 강제 행위의 생물학적 기초』라는 책에서는 강간이 생식의 성공을 극대화하려는 진화론적 적응현상이라고 했고,[440] '스티븐 핑커'는 『뉴욕 타임즈』에 젊은 여성의 영아살해 문제에 대해 '신생아가 병들었거나 그 생존이 불확실할 경우에는 손실을 감수하고 가장 건강한 놈들을 선호하거나 나중에 다시 시도할 수 있다.'고 진화론적으로 해석하는 글을 기고했다.[441] 이들의 생각에 의하면 강간이나 영아살해는 범죄라기보다는 진화론적 현상에 불과하다.

오늘날 과학자들은 다른 행성에서 물을 찾는 일에 몰두하고 있다. 지구에 물이 부족하기 때문이 아니라 그들이 가지고 있는

'작고 따스한 연못'에서 생물이 발생했다는 진화론적 신념 때문이다. 그들의 신념에 의하면 물이 존재한다는 것은 35억 년 전 지구의 '작고 따스한 연못'에서 우연히 생명이 발생했던 것처럼, 생명이 발생할 수 있는 가능성이다.

미항공우주국(NASA)이 2012년 12월 4일에 중대발표를 할 것이라고 발표했고, 발표에 앞서 화성에 착륙한 화성 탐사로봇인 큐리오시티의 책임자인 '존 그롯징어(John Grotzinger)'교수가 '역사책에 남을 만한 발견을 했다.'고 말한 것 때문에 인터넷에는 중대발표에 대한 온갖 추측이 난무했다.

▲ 큐리오시티

국내외의 언론들은 나사(NASA)의 발표에 촉각을 곤두세우며 외계 생명체의 존재나 이미 사실이 아닌 것으로 결론이 난 로스웰사건(Roswell incident) 등을 들추어내면서 중대발표에 대한 다양한 추측들을 쏟아냈다. 나도 이 발표를 간절히 기다린 사람 중 하나였다.

> 미항공우주국 나사(NASA)는 3일(현지시각) 화성 탐사로봇인 큐
> 리오시티가 전송해 온 샘플을 분석한 결과, 화성 토양 구성 물질
> 에 물과 유황, 염소가 포함됐다고 발표했다. 하지만 화성 생명체
> 의 존재를 입증할 만한 유기물은 발견하지 못했다고 밝혔다.
>
> (헤럴드 생생뉴스 2012-12-04-08:07)

나사(NASA)의 발표는 내 예상을 빗나가지 않았다. 발표 내용
은 예상보다 더 시시했다. 그러나 나사에서 화성 생명체의 존재
를 입증할 만한 유기물은 발견하지 못했다고 밝혔음에도 불구
하고, 진화론적 신념을 가진 언론들은 물과 유황, 염소의 발견으
로 마치 생명체의 존재를 발견한 듯 기사들을 쏟아냈다.

> 나사(NASA)는 3일(현지시각) 기자회견을 통해 큐리오시티의 화
> 성토양에 대한 분석 결과, 물, 황과 염소성분을 함유한 물질을 발
> 견했다고 설명했다. 생명체를 구성하는 유기화합물은 반드시 탄
> 소를 포함하기 때문에 만약 이번에 검출된 탄소 성분이 화성 토
> 양에서 검출된 것으로 최종 확인되면 과거 생명체가 존재했거나
> 존재하고 있을 가능성이 매우 높다는 것을 의미한다. 추가 조사
> 를 통해 화성에 탄소를 함유한 유기화합물의 존재가 사실로 최종
> 확정된다면 과학계에 엄청난 파장이 예상된다.
>
> (노컷뉴스 2012-12-04-15:39)

물과 유황, 염소가 유기물을 이루는 성분의 일부이긴 하지만
재료의 일부가 발견되었다고 해서 유기물이 발생할 수 있다고 생
각하는 것은 대단한 비약적 사고가 아닐 수 없다. 이 화합물은
단순히 탄소가 포함된 화학물질에 불과하고 이것들은 우주에서
쉽게 발견할 수 있는 물질이다. 이 화합물이 유기물이 될 수 있다

는 생각은 진화론적인 신념이다.

앞에서 나는 밀러의 실험으로 만든 아미노산은 단백질을 만들 수 있는 아미노산이 아니며, 아미노산이 단백질이 되려면 스무 가지나 되는 다양한 아미노산이 규칙에 따라 정확하게 합성되어야 한다고 이야기했었다.

기사 아래에 달린 댓글은 더 가관이다. '이로 인해 성경책은 인류 최고의 판타지 소설이 되는 것이다.', '이로써 개독들의 성경은 완전 개소리라는게 증명되는군.' 등의 댓글과 그 댓글에 달린 추천들, 무식하면 용감하다고, 이들의 무지가 나를 슬프게 만든다.

허블 망원경으로도 관측할 수 없는 그야말로 상상에 불과한, 이 우주와 비슷한 우주가 1,000억 개나 있다면 생명이 있는 별은 1,000억 개라는 가설과 모든 만물이 외계에서부터 기인했다는 외계기원설 등, 내가 말하면 미친 소리가 되고 천문학자가 말하면 이론이 되는 이 불편한 진실, 이 모든 가설들은 하나님의 창조를 부정하고 싶은 자연주의적 신념에서 발생한 것이다.

4 우주론, 진화주의

우주의 기원에 관한 이야기는 이 글의 최고봉이 될 것이다. 나는 감히 세계 최고의 석학이 당대 최신의 과학 지식을 동원하여 수립한 우주 기원에 대한 가설들을 향해, 그것들은 그들이 가진 '자연주의'라는 '생각 틀'에 의한 물리학적 상상에 불과한 것이라고 주장한다.

여기서 '과학'의 탐구 범위를 다시 한 번 확인할 필요가 있다. 과학의 탐구 범위는 과학 스스로 정할 수 없는데, 이를 알기 위해서 우리는 또다시 고대 철학자들의 생각과 만나야 한다. 이것이 '과학'이 '철학'에서 벗어날 수 없는 이유이다.

현대 과학은 자연을 유일한 현실로 간주하는 '자연주의' 철학을 입고 있다. 자연주의에서 유일한 현실은 자연(물질)이며 모든 현상과 변화의 근본 원리가 자연(물질)에 있다고 본다. 그래서 '자연주의'를 입고 있는 과학은 그 대상을 관찰 가능한 사실만으로 제한한다.

『완전한 진리』에 소개된 미국 고등학교 교과서의 인용문에서는 '많은 사람이 초자연적 세력이나 신성이 생명을 창조했다고 믿는다. 그러나 그런 설명은 과학의 범주에 들지 않는다.[442]'며 신에 의한 창조가 거짓이라는 말 대신 '과학의 범주에 들지 않는다'라고 이야기하고 있다.

그들이 원하는 탐구 대상은 오관으로 관찰 되어야 하며 누구나, 언제 어디서나 똑같이 재현할 수 있는 현상이어야 한다. 그래서 '신'과 같은 보편적이지 않은, 특수한 대상은 탐구의 범위에서 제외되는 것이다.

오늘날은 '자연주의'를 바탕으로 세워진 '과학주의' 시대이다. 그렇기 때문에 관찰 가능한 자연(물질)만이 탐구의 대상이 되며, 모든 문제를 과학적인 방법으로 해결하려고 시도하고, 과학적인 방법으로 해결된 것을 합리적인 것으로 간주한다.

오늘날 주도적인 철학은 본질주의에서 상대주의로 바뀌고 있고, 관찰 불가능한 관념론보다는 관찰 가능한 유물론이 합리적인 사상이 되어버렸다. 이런 사조에 진화론은 너무나 잘 어울린다.

'진화론'은 '진화'라는 몇 가지 방향을 가지고 있다. 그 첫 번째로 진화는 무신론을 기반으로 하고 있다. 진화라는 현상에 신은 필요하지 않다. 두 번째 방향은 첫 번째 방향의 연장으로, 자연(물질)으로 자연(물질)의 원인을 찾는다. 세 번째 방향은 진화론자가 주로 사용하는 '방법론적'인 방향으로, 현재에 대한 관찰이나 측정 결과를 과거와 미래에 동일하게 적용한다. 이 세 가지 '진화'적 방향으로 문제를 해결하려고 하는 것이 '진화주의'다.

이제 우주로 가보자. 앞에서 소개한 '진화주의'는 우주의 기원 문제를 해결하는데도 사용이 된다. 우주의 기원론들은 하나같이 '진화주의'를 사용하고 있다.

일단 모든 우주 기원론은 무신론을 전제로 우주의 기원을 주변의 관찰 가능한 에너지와 물질로부터 설명하려는 시도이다. 그러나 그들이 만들어 낸 관찰 가능한 몇 개의 사실들로부터 추론된 가설들은 말 그대로 하나의 가설에 불과하고, 수립된 가설들이 현대 과학 이론들과도 완벽하게 조화되지 않는다는 사실을 알게 된다면 무척 놀라게 될 것이다.

우주의 기원에 관한 다양한 가설들은 몇 개의 관찰 가능한 데이터를 이용한 자연주의적 추론에 불과하다. 회전하는 가스 구름에 의해 우주가 형성되었다는 성운설, 지나가는 혜성이 태양과 부딪혀 물질을 형성했다는 충돌설, 고밀도 물질에서 폭발하여 우주가 형성되었다는 대폭발이론 등, 다양한 가설들이 있지만 한 발짝만 뒤로 물러나 보면 이것들이 단순히 물리학자들의 있을법한 상상에 불과한 것임을 발견하게 될 것이다.

무슨 근거로 전공자도 아닌 내가 저명한 물리학자들의 가설을 상상으로 취급하는 걸까? 그것은 우주에 존재한다는 '암흑물질 (Dark Matter)'과 '암흑에너지(Dark Energy)' 때문이다.

우주 전체에서 작동되는 에너지를 100으로 보았을 때, 물리학자들에 의해 측정된 에너지는 고작 4에 불과하다. 우주에 있어야 할 이 정체불명의 96을 물리학자들은 암흑 물질과 암흑 에너지라 한다. 왜 이들이 '암흑(Dark)'이라는 이름을 가지고 있는 것일까? 한마디로 '모른다'는 이야기다. 암흑은 '모른다'의 과학적 표현이다.

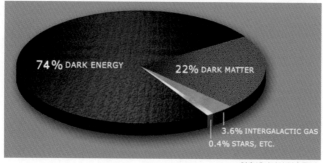

▲ 암흑에너지와 암흑물질

  우주의 기원에 관한 가설들은 이 정체불명의 암흑 물질과 암흑 에너지에 대한 천체물리학자들의 자연주의적 상상인 셈이다.

  오늘날 빅뱅이론이 마치 우주의 기원에 대한 법칙처럼 군림하고 있다. 그러나 아직까지 빅뱅이론이 가지고 있는 폭발과 팽창을 유발할 수 있는 어떠한 에너지도 제대로 규명되지 않았다. 그저 빅뱅이란 가설을 지지하는 몇 가지 데이터를 가지고 있을 뿐이다. 그들이 내세우는 데이터들도 해석자에 따라 빅뱅의 증거가 되기도 하고, 증거가 되지 않기도 한다.
  빅뱅이론은 그저 관찰된 우주의 팽창을 거꾸로 돌려 우주가 하나의 점으로 모이는 과거의 시점을 그려본 우주 기원에 대한 하나의 아이디어에 불과하다.
  우주는 하나님에 의해서 창조된 것이다. 이 단 하나의 사실만 받아들인다면, 더 이상의 설명은 필요가 없다.

  성경에는 자연법칙을 뛰어넘는 사건이 종종 등장한다. 현실에서도 물리학적으로 설명되지 않는 사건이 종종 발생하는데, 우리는 이것을 '기적'이라고 한다. 바다가 갈라지고, 병이 고쳐지고, 죽은 사람이 살아나는 등의 초자연적인 사건들은 우리에게 당신의 존재를 나타내셔서 우리와 교제를 누리기 원하시는 하나님의 역사하심이다.

하나님은 이신론자들의 생각처럼 그저 창조 후에 모든 것들을 창조하신 법칙대로 흘러가도록 구경하고 계시는 분이 아니다. 하나님은 초자연적인 현상들을 보이시며 당신의 존재를 알리신다. 다만, 그런 초자연적인 현상들은 보편적이지 않기 때문에 측정하기가 어렵지만, 우리는 과학적 방법이 아니라 믿음으로 그것이 하나님에 의한 것임을 안다.

현대 과학은 '과학주의'와 '진화주의' 위에 세워진 견고한 성이다. 그 성은 너무나 견고해서 공략하기가 쉽지 않다. 『E=mc²』에 소개된 '세실리아 페인 (Cecilia Payne)'이라는 여성 과학자의 일화로 이 견고한 성에 대해 비판하고자 한다.

▲ 세실리아 페인

페인이 활동할 당시의 천문학자들은 태양이 철로 구성된 것으로 알고 있었다. 그러나 그녀는 태양 빛의 스펙트럼을 분석하여 태양이 가벼운 수소와 헬륨으로 구성된 것이라 주장했다.[448] 그러나 태양이 철을 함유하고 있다고 확신하고 있었던 다른 천문학자들은 동일한 방법을 사용했음에도 불구하고 이 사실을 발견하지 못했고 페인의 연구 결과를 무시했다. 만약 페인의 연구 결과처럼 태양이 철이 아니라 수소로 구성된 것이라면 태양에 관한 가설들은 송두리째 바뀌어야 했다.

책에 있는 표현을 그대로 옮기면 나이 든 과학자들은 완강하게 페인의 연구 결과를 부정했고 페인의 지도교수는 그녀의 연구가 틀렸다고 공언했으며, 당대 이 계통의 권위자였던 '러셀'은 그녀의 연구 결과를 오류라고 단언했다고 한다.[449]

하지만 몇 년 후, 페인의 연구 결과가 사실임이 인정되었고, 태양이 수소로 이루어져 있다는 사실은 오늘날 상식이 되어 있다.

이처럼 생각의 틀은, 글의 서두에서 이야기했었던 것처럼 학문에 큰 영향을 미치고, 학문은 더 높은 권위를 가진 생각 틀에 반대되는 생각들은 쉽게 차단되어지는 구조로 되어있다. 그래서 '쿡'이 말한 것처럼, 지구나 우주의 젊은 연대를 다룬 이론들은 인정받기가 쉽지 않은 것이다.

'자연주의'라는 범위 안에서 미지의 에너지를 '과학'으로 해결하려는 '과학주의'는 '진화주의'와 함께 자연(물질)으로 자연(물질)을 설명하려는 탐구체계이다. 이 체계에서는 자연주의적이거나 과학주의적인 방식만이 합리적인 방식이 된다. 결국, 합리성에 의존하는 것도, 또 다수의 의견을 따르는 것도 진리를 추구하는 올바른 방법은 아니다.

어쩌면 우리도 은연중에 익숙하고 친숙한 생각 틀을 입고 있는지도 모른다. 이런 생각 틀에 성경을 끼워 맞추는 행태들을 자주 본다. 대표적인 것이 유신진화론이다.

유신진화론은 '과학주의'를 입고 있다. 그들에게 있어 과학적 방법은 진리의 척도이다. 하지만 나에게 과학은 생각 틀에 의해서 좌우되는 유연한 도구에 불과하다.

나를 과학을 부정하는 맹신도로 착각하지는 말기 바란다. 나는 과학을 좋아하고, 현대 과학이 빚어낸 이기들을 즐겨 누리는 사람 중 하나이다. 내가 부정하는 것은 과학이 아니라 무신론적이고 반성경적인 생각 틀에서 나오는 '진화론적 해석'이다.

무신론이나 유신진화론이라는 생각 틀은 자기 생각을 뒷받침하는 결과를 산출하기 적합한 실험환경을 꾸미게 하며, 잘못된 도구를 검증 없이 사용하게도 하고, 결과를 선별하여 자신에게 유리한 결과만을 취하게도 한다. 그리고 단편적인 결과를 제시하기도 하고, 관찰 가능한 몇 가지의 사실만을 소개하며, 몇 가지의 사실들을 상상력으로 메워, 있을 법하게 포장하기도 하고, 측정된 자료를 주물러서 자기 생각에 어울리게 만들어 낸다.

나와 반대의 생각 틀을 가진 사람에게 이 글은 쓰레기 같은 글이 되어 버릴 것이고, 그들은 내 글의 오류를 찾기 위해 눈을 부릅뜨고 달려들 것이다. 또 찾은 오류들로 나를 공격할지도 모른다.

어떤 이는 성운설에서 가스 구름이 별이 되는 과정을 물리학적으로 설명하려고 할지도 모르며 빅뱅이론의 구체적인 증거를 제시하고 싶을지도 모른다. 그리고 그런 결과들은 유명한 대학의 저명한 물리학자들의 연구에 의한 결과이며 그 결과가 『네이처』나 『사이언스』 등의 권위 있는 잡지에 실린 것이라고 소개할 것이다.

그러나 나는 조금도 흔들리지 않는다. 그들이 저명하든, 그 분야에서 어떤 권위를 가지고 있고, 어떤 학술지에 실렸는지가 중요한 것이 아니라 그들이 어떤 생각 틀을 가지고 있느냐가 중요하다. 사실 나도 어떤 사실을 거론할 때, 그 사실을 이야기한 학자들의 학위나 권위, 가설이 실린 학술지를 소개했었다. 그 이유는 창조론적인 생각 틀을 가진 저명한 학자들도 있으며 창조론적인 해석도 전문 학술지에 실리기도 한다는 것을 보여주기 위함이었지 그들이 가진 권위로 그것이 사실이라고 선전하기 위해서가 아니었다.

거듭 이야기하지만, 나는 다양한 생각 중 가장 성경적이면서 과학적인 생각을 선택한 것뿐이다.

생각 틀은 우리의 오관을 조정하는데, 사람들은 자신의 오관은 절대 조종당한 것이 아니라 그냥 자연스럽게 그렇게 관찰되는 것이라고 믿는다. 그리고 자신의 생각 틀로 관찰한 사실을 '주관적'이 아닌 '객관적'사실인 것으로 주장한다.

나도 내가 가진 하나님의 창조라는 생각 틀로 모든 것이 하나님의 창조를 나타내는 증거로 주장한다. 다시 말하지만 그렇다고 당신의 생각도 맞고 내 생각도 맞다는 상대주의를 주장하는 것은 절대 아니다. 비록 생각 틀에 의해 다르게 보이긴 하지만 분명히 보편적인 진리는 존재한다.

첨단 과학시대를 살고 있음에도 현대 과학은 한 장의 고지도가 진짜인지 가짜인지를 판별하지 못한다. 그 이유는 이 문제가 정치와 경제, 개인이나 집단의 이익이나 자존심 등 여러 가지 문제와 얽혀 있기 때문이다.

1958년 겨울, '로렌스 위튼'이라는 사람이 미국 예일 대학교에 가로 40 cm, 세로 28 cm의 낡은 양피지 위에 그려진 한 장의 세계지도를 가지고 왔다. 그는 이 지도가 진짜인지 알고 싶었다.

▲ 2,500만 달러짜리 지도

이 지도의 상단에는 A.D.1000년 경 바이킹이 신대륙을 발견했고 이 지도는 1440년에 만들었다고 적혀 있었다. 아메리카 대륙이 빈랜드란 이름으로 그려져 있는 이 지도가 만일 진품으로 밝혀진다면 콜럼버스가 1492년에 신대륙을 발견하기 약 500년 전에 바이킹이 먼저 아메리카 대륙을 발견한 것이 되는 역사적으로 중요한 자료가 되는 셈이었다.

고문서 학자들에게 진위 여부를 연구하게 했고, 이 지도가 진품이라 판단한 예일대 연구팀은 재미있게도 콜럼버스가 아메리카 대륙을 발견한 것을 기념하는 미국의 국경일인 '콜럼버스데이(Columbus Day)'의 하루 전에 이 지도를 공개해버렸다. 이것은 미국 사회에 엄청나게 충격적인 사건이었고 이 때문에 예일 대학교는 곤경에 빠지게 된다.

예일 대학교의 발표 이후 많은 학자들이 지도의 진위에 관심을 가지게 되었고, 1972년 미량분석 전문가인 '월터 맥크론' 박사가 지도에 사용된 잉크를 분석하여 1914년 이후에 사용된 예추석이 발견된다며 이 지도를 가짜라고 주장하였다.

미국의 역사학자 '키어스틴 시버' 역시 이 지도는 고지도 전문가인 독일인 '요제프 피셔' 신부가 히틀러를 조롱하기 위해 1930년대에 만든 것이라고 주장했다.

게르만족의 조상인 바이킹족을 우상화하고 있던 히틀러가 이 지도를 정치적 도구로 사용하게 한 후, 지도가 가짜임을 밝혀 히틀러를 웃음거리로 만들기 위해 신부가 제작한 가짜 지도라는 것이다.

지도가 가짜라는 의혹이 제기되었고, 곤경에 빠지게 된 예일 대학교는 급기야 이 지도가 진짜가 아닐 수도 있다고 발표했다.

그런데 캐나다의 뉴펀들랜드 주에서 바이킹이 사용한 둥근 청동 고리가 달린 쇠못과 함께 11세기 바이킹 유적이 발견되었고, 13세기 바이킹 역사서에 '레이프 에릭손'이 그린란드 서쪽에 있는 신대륙을 발견하여 포도주의 땅이라는 의미로 빈랜드라는 이름을 붙였다는 기록이 발견됨에 따라 지도는 다시 진품으로 인정받게 된다.

1985년 캘리포니아 대학의 역사학자 '톰 케히힐'은 원자분석법으로 지도를 연구한 결과, 예추석이 검출되지 않음으로 맥크론 박사의 실험이 오류였다고 주장하였다.

1995년에는 지도에 쓰인 양피지를 탄소 연대측정법으로 측정하여 진품으로 확인되었으며 2009년 덴마크 왕립 예술학교 '르네 라슨'교수는 5년의 연구 끝에 이 지도는 진품이라는 결론을 내렸다.

이 지도의 진위 논란은 결론을 내리지 못한 채 여전히 진행되고 있다.

2012년 12월 23일에 MBC TV에서 방영된 『신비한 TV 서프라이즈』의 549회 '2,500만 달러짜리 지도'의 내용을 간추려 보았다.

앞에서 이야기했었던 것처럼 이 첨단 과학시대에 과학은 한 장의 고지도가 진짜인지 가짜인지 조차도 결론을 내리지 못한다. 왜냐하면 이 문제가 정치와 경제, 개인이나 집단의 이익이나 자존심 등 여러 가지 문제와 얽혀 있기 때문이다.

이제 더는 할 말이 없다. 우주는 미세하게 조율되어 있다. 무신론자에게는 스스로 조율된 것으로 보이며, 자연주의자에게는 자연(물질)에 의해서 진화된 것으로 보인다.

당신은 우주의 기원을 어떻게 보는가? 다양한 우주 기원론들을 중 단 하나의 진실을 발견하기 위한 과정은 당신의 이성에 전적으로 달려 있는 것이 아니라 우선적으로 당신의 이성을 조종하는 당신이 가진 신념에 달려있다.

⑤ 진화론과 창조론의 공개적인 논쟁

1860년, 다윈이 영국에서 『종의 기원』을 출간한 바로 다음 해, 영국 옥스퍼드 대학에서 진화론자들과 창조론자들의 공개적인 논쟁이 있었다. 진화론의 대표로는 생물학자인 '헉슬리'가 나왔고 창조론의 대표로는 '윌버포스' 주교가 나왔다.

이들의 직업에서 알 수 있듯이, 생물학자인 헉슬리는 진화론의 증거들을 나열하였고, 신학자인 윌버포스 주교는 성경의 사실성을 나열하였다. 결국, 헉슬리의 인종과 생물의 다양성에 대한 진화론적 해석을 성경으로 풀어내지 못한 윌버포스 주교는 논쟁에서 공개적으로 지고 말았다.

진화론과 창조론 사이에서 가장 유명한 싸움인 '원숭이 재판'이라고 불리는 '스콥스 재판(Scopes Trial)'은 1925년 미국 테네시 주의 '존 스콥스'라는 공립학교 체육교사가 당시 진화론을 가르치는 것이 금지되어 있었던 테네시 주에서 진화론을 가르치면서 발생하게 되었다.[450]

이 법정 싸움은 창조론과 진화론을 대표하는 두 거장들의 싸움으로 이어졌는데, 창조진영의 '브라이언'이 가인의 아내가 누구냐는 진화진영의 '대로우'의 질문에 대답하지 못했고, 오늘날에는 거짓으로 판명된 필트다운인과 네브라스카인 및 헤켈의 배아 발생도 등의 자료에 힘입어 진화론을 가르친 교사에게 가벼운 벌금형이 주어지면서 사실상 진화론의 승리로 재판은 종결되었다.[451]

이 재판은 미국 사회에 하나의 커다란 상징적 전환점이 되었는데,[452] 재판 후 진화론이 미국의 교육계에 급속도로 확산되었다.[453]

이 사건은 '바람의 상속자(Inherit the wind)'라는 제목의 영화로 제작되었고 1960년에 미국 전역에 개봉되어 아카데미상 후보에 오를 정도로 세간의 주목을 받았는데, 체육 교사였던 스콥스가 영화에서는 생물교사로 둔갑되었고, 진화론 측 변호사는 부드럽고 지적인 지성인으로 묘사한 반면 창조론 측 변호사는 꽉막힌 근본주의자로 묘사하는 등 재판의 과정과 결과까지도 모두 실제 사건과 다르게 연출되었다.[454]

▲ 바람의 상속자

공교롭게도 영화가 개봉된 1960년부터 미국의 공립학교 교과서에 본격적으로 진화론이 실리게 된다. 이 결과 1950년대에 부흥기를 구가하던 미국의 기독교는 1960년대 이후로 하향세로 접어들게 된다. 교실 안에 침투한 진화론이 영향을 주기 시작한 것이다.[455]

오늘도(2012.7.6.) 신문에는 시조새를 교과서에서 삭제하라는 창조론자들의 주장에 대한 반대글이 올라왔다. 제목은 '창조론으로 교과서 수정하면 세계적 웃음거리'라는 글과 함께 오전 시간임에도 불구하고 수천 건의 댓글이 달려져 있다. 댓글의 내용은 거의 기독교를 욕하는 글이다.

어떤 근거로 저런 욕을 하는지 일일이 답을 달고 싶은 심정이나, 답을 단들 수긍할 사람들이 아닌 것을 알기에 그냥 참고 만다. 이것이 지금 우리 사회의 모습이다. 이 논란이 이 글과 상관이 있기에 신문의 내용을 그대로 발췌해 보았다.

창조론으로 교과서 수정하면 세계적 웃음거리
'최근 진화생물학 성과도 충실히 반영해야'

생물학계가 고등학교 과학 교과서에서 '시조새'와 '말의 진화' 부분을 삭제·수정하라는 교과서진화론개정추진위원회(이하 교진추)의 청원을 기각해 달라고 정부 당국에 공식 요청했다.

한국생물과학협회는 6일 '진화와 관련 고등학교 과학 교과서 개정 청원에 대한 기각 청원서'를 교육과학기술부장관에게 제출했다고 밝혔다. 청원서에는 교진추가 지난해 12월과 올해 3월 과학 교과서 개정을 청원한 내용이 현대 진화생물학의 관점에서 볼 때 과학적으로 전혀 타당성이 없으므로 기각해달라는 내용이 담겼다.

생물과학협회는 이와 함께 일부 과학 교과서에서 시조새와 말의 진화에 관한 보완 요청 사항이 발견됐다며 최근 진화생물학의 성과가 보다 충실히 반영될 수 있도록 수정·보완해달라고 청원했다.

생물과학협회는 청원서에서 "과학 교과서는 당대의 과학적 지식과 성찰을 **객관적이고 정확하게 반영해야 한다.**"고 강조하면서 "현대 진화생물학이 최근 새로운 사실을 많이 발견했으나 과학 교과서가 제때 개정되지 못했고 그 빈틈을 교진추가 파고들었다."고 지적했다.

생물과학협회는 "과학적인 관점에서 볼 때 교진추의 청원은 **종교적 교리에 입각한 주장**으로 진화생물학을 심하게 왜곡하고 폄하하고 있다."며 "절대로 받아들여선 안 된다."고 주장했다.

생물과학협회는 이어 "창조론에 입각해 진화학과 진화생물학을 공격하는 사례는 전 세계적으로 거의 찾아보기 어려울뿐더러, 기독교 근본주의가 왕성한 미국에서조차 창조론자들의 요구로 교과서가 개정된 경우는 없었다."고 목소리를 높였다.

생물과학협회는 "이번 교과서 논쟁은 국내는 물론 저명한 과학저널 네이처(Nature)에서도 기사화돼 전 세계 네티즌이 조롱했다."며 "만약 교진추 청원으로 과학 교과서가 수정된다면 이는 세계적인 웃음거리가 되고, 과학 한국의 위상도 크게 실추될 것"이라고 우려했다.

방재욱 한국생물과학협회장(충남대 교수)은 "교과서는 국가의 장래를 짊어지고 나갈 청소년에게 **바르고 정확한 지식을 제공해야 한다.**"며 "특정 집단이 넣어라, 빼라 할 수 없고 만약 개정한다면 관련 전문가들에게 의견을 물어야 할 사항이지 창조론 대 진화론의 논쟁거리가 아니다."고 말했다.

생물과학협회는 한국통합생물학회, 한국유전학회, 한국생태학회, 한국동물분류학회, 한국하천호수학회, 한국생물교육학회 등 6개 학회가 참여하는 공동 학술단체이다. 생물과학협회는 이번 청원을 위해 진화생물학특별전문위원회를 구성하고 현행 교과서에서 수정 및 보완이 필요한 사항 등을 논의해왔다.

(연합뉴스 2012.07.06.)

기사의 제목에서부터 생각의 차이는 발생한다. 진화론자들은 창조론으로 쓰인 교과서는 세계적인 웃음거리가 된다고 생각하겠지만, 창조론자들은 이제야 교과서가 제대로 쓰여 지겠구나 하고 기뻐할 것이다.

(사)교과서진화론개정추진위원회의 시조새와 말 등의 진화론 아이콘들의 삭제 주장은 창조론자가 단순히 종교적 교리에 입각한 근거 없는 주장이 아니다. 앞에서 이야기했었던 것처럼 새에 대한 최고의 권위자인 '페두시아'는 『사이언스』에서 다음과 같이 결론을 내렸다.

> 고생물학자들은 시조새를 날개를 가진 공룡으로 해석해 왔다. 그러나 그렇지 않다. 이는 한 마리 새이며 작은 가지에 앉을 수 있는 새다. 어떤 말로도 이를 바꿀 수 없다.[456]

전후 사정에 대한 일말의 지식도 없이 무조건 반대하고 보는 오늘날의 세태가 한심하기 짝이 없다. 『지울 수 없는 흔적』에서 진화론자인 '제리 코인'은 지식보다 무지가 더 큰 확신을 낳는다고 했다.[457]

'교과서는 국가의 장래를 짊어지고 나갈 청소년에게 바르고 정확한 지식을 제공해야 한다'는 그들의 생각, 그래서 진화론을 가르쳐야 한다? 진화론은 바르고 정확한 지식이다? 그렇다면 창조론은 바르지 않고 부정확한 지식이라는 이야긴데, 그들에게는 이를 뒷받침할 어떠한 증거도 없다. 그저 창조된 것이 아니라는 신념만 있을 뿐이다. 그들의 신념을 깨고자 오늘도 이 글을 쓰고 있다.

6 결국, 믿음이다

　생물학에서 시작한 진화론과 창조와의 싸움은 모든 분야로 확대되었다.

　유전자 정보의 분석결과 모든 여성의 조상은 한 명이라는 연구 결과와 모든 남성의 조상 역시 한 명이라는 결과는 널리 알려져 있다. 사람이 여러 종에서 수렴 진화했다던 진화론자들은 지금 무엇을 하고 있을까? 아직도 어느 강의실에서 사람의 수렴 진화를 제자들에게 강의하고 있을 것으로 생각된다.

　공룡이 발굴되는 퇴적층에서 다양한 종류의 생물 화석들이 함께 발견된다. 진화론에 따르면 몇 종류의 공룡 이외의 화석들은 그곳에 있어서는 안 된다.

　진화론자들이 소개하는 1억 년 전의 오리너구리 화석은 오늘날의 오리너구리와 전혀 다르지 않고 1억 년 전의 문어 화석도 오늘날의 문어와 전혀 다르지 않다. 그것들은 왜 1억 년 이라는 방대한 시간 동안 조금도 진화하지 않았을까?

　2001년 8월 9일자 국내 신문들은 호모 하빌리스와 호모 에렉투스가 공존했다는 사실을 일제히 전했다.[473] 신문의 내용이 사실 이라면, 그 사실을 소개한 신문 기사의 제목처럼 인류의 진화사는 다시 써져야 한다.

　닭의 난소에 존재하는 단백질 오보클레디딘-17을 통해 닭이 달걀보다 먼저라는 사실이 밝혀지면서 둘 중 무엇이 먼저인가에 대한 오랜 논증은 과학적으로 끝이 났다.[474]

나는 유전정보를 분석하지 않고도 성경을 통해 인류가 한 조상에 의해 시작되었다는 사실을 알고 있었고, 단백질 분석을 하지 않고서도 닭이 달걀보다 먼저 있었다는 사실을 알고 있었다.

내용이 달라지지 않은 성경과는 달리 진화론적인 해석은 계속 달라지고 있고, 달라진 해석은 성경과 멀어지는 것이 아니라 성경에 점점 더 접근하는 형태를 보이고 있다.

객관, 진리로 다가가면 다가갈수록, '우리가 지금은 거울로 보는 것 같이 희미하나 그때에는 얼굴과 얼굴을 대하여 볼 것이요 지금은 내가 부분적으로 아나 그 때에는 주께서 나를 아신 것 같이 내가 온전히 알리라(고린도전서 13:12)'라는 성경의 표현처럼, 하나님에 의한 창조를 만나게 될 것이며 진리이신 하나님을 만나게 될 것이다.

지금까지 진화론이 '진실'이 아님을 살펴보았다. 진정한 믿음, 건강한 믿음은 믿을만한 대상을 믿는 것이다. 진화론은 믿을만한 대상이 아니기에 진화론을 믿는 것은 잘못된 신념이다. 앞에서 살펴보았던 것처럼 진화론은 스스로도 많은 논란을 가지고 있다.

어떤 대상의 신뢰성 여부를 확인하려면 대상의 현재와 과거에 대해 알아보아야 한다. 그리고 그 대상의 현재와 과거가 어떻게 연결되었는지를 살펴보아야 한다.

내용이 변하지 않은 성경과는 달리, 진화론은 늘 눈앞에 보이는 현상을 진화라는 키워드로 설명하는 데 급급하기 때문에 변화가 심하다. 19세기 진화론자들이 소개했던 진화의 증거들은 대부분 오늘날에 와서는 진화의 증거가 될 수 없음이 밝혀져 있고, 오늘날 진화의 증거라고 소개되는 것들도 곧 진화의 증거가 될 수 없는 것으로 밝혀질 것이다.

이런 부실한 가설에 당신의 삶을 맡기는 것은 어리석은 태도이다.

반면, 창조는 변함없는 자료인 성경에 근거하고, 무신론적이고 자연과학적이라는 한계를 가지고 있는 현대과학의 범위에서 벗어나서 그렇지, 현재를 설명하기에 부족함이 없다.

앞으로 이어질 진화론과 창조론 간의 싸움에서 이길 수 있는 도구는 단편적인 반진화론적 과학 지식이 아니라 '믿음'이다. 이 공부를 통해 성경이 왜 그토록 믿음을 중요하게 생각하고 있는지를 깊이 알게 되었다.

'믿음은 바라는 것들의 실상이요 보이지 않는 것들의 증거(히브리서 11:1)'라고 했다.

우리는 믿음으로 본다. 이 믿음은 우리의 한계를 뛰어넘을 수 있게 만든다. 그리고 믿음은 창조자와 닿을 수 있는 끈이기도 하다.

> 믿음으로 모든 세계가 하나님의 말씀으로 지어진 줄을 우리가 아나니
> 보이는 것은 나타난 것으로 말미암아 된 것이 아니니라 (히브리서 11:3)

성경은 '눈에 보이는 것'이 '나타난 것', 즉 눈에 보이는 그것에서 발생한 것이 아님을 일찍이 이야기하고 있다. 그러므로 하나님의 기록된 '말씀'으로 세계가 하나님에 의해 창조된 것을 '믿음'으로 안다고 말하고 있다. 그러면서 조상들이 어떻게 믿음으로 살았는지, 그리고 믿음으로 사는 사람에게 어떤 복이 있는지를 소개하면서 믿음으로 살라고 한다.

믿음으로 아벨은 가인보다 더 나은 제사를 하나님께 드림으로 의로운 자라 하시는 증거를 얻었으니

믿음으로 에녹은 죽음을 보지 않고 옮겨졌으니

믿음으로 노아는 아직 보이지 않는 일에 경고하심을 받아 경외함으로 방주를 준비하여 그 집을 구원하였으니

믿음으로 아브라함은 부르심을 받았을 때에 순종하여 장래의 유업으로 받을 땅에 나아갈새 갈 바를 알지 못하고 나아갔으며

믿음으로 사라 자신도 나이가 많아 단산하였으나 잉태하는 힘을 얻었으니 이는 약속하신 이를 미쁘신 줄 알았음이라

아브라함은 시험을 받을 때에 믿음으로 이삭을 드렸으니

믿음으로 이삭은 장차 있을 일에 대하여 야곱과 에서에게 축복하였으며

믿음으로 야곱은 죽을 때에 요셉의 각 아들에게 축복하고 그 지팡이 머리에 의지하여 경배하였으며

믿음으로 요셉은 임종 시에 이스라엘 자손들이 떠날 것을 말하고 또 자기 뼈를 위하여 명하였으며

믿음으로 모세가 났을 때에 그 부모가 아름다운 아이임을 보고 석 달 동안 숨겨 왕의 명령을 무서워하지 아니하였으며

믿음으로 모세는 장성하여 바로의 공주의 아들이라 칭함 받기를 거절하고 도리어 하나님의 백성과 함께 고난 받기를 잠시 죄악의 낙을 누리는 것보다 더 좋아하고

믿음으로 애굽을 떠나 왕의 노함을 무서워하지 아니하고 곧 보이지 아니하는 자를 보는 것같이 하여 참았으며

믿음으로 유월절과 피 뿌리는 예식을 정하였으니 이는 장자를 멸하는 자로 그들을 건드리지 않게 하려 한 것이며

믿음으로 그들은 홍해를 육지 같이 건넜으나 애굽 사람들은 이것을 시험하다가 빠져 죽었으며

믿음으로 칠 일 동안 여리고를 도니 성이 무너졌으며

믿음으로 기생 라합은 정탐꾼을 평안히 영접하였으므로 순종하지 아니한 자와 함께 멸망하지 아니하였도다

— 히브리서 11장 중에서 —

믿음은 눈앞에 보이는 현실을 하나님의 말씀을 믿음으로 뛰어넘는 것이다. 그것은 현대 물리학으로는 설명할 수 없는 현상이다. 히브리서 11장에는 이런 믿음의 모습이 '믿음으로'라는 서두와 함께 나열되어 있다.

선조들은 눈앞에 닥친 어려운 현실을 하나같이 하나님의 약속을 믿음으로 이겼다. 하나님의 명령에 순종해서 큰 배를 만들어야 했고, 고향을 떠나라는 명령에 순종하여 정확히 어딘지도 모르는 길을 나서야 했다. 또한, 경수가 끊겼지만 아들을 주신다는 명령에 순종하여 기다려야 했고, 바다를 눈앞에 둔 진퇴양난의 상황에서도, 견고한 성 앞에서도 순종하며 하나님의 뜻을 기다렸고, 하나님이 가르쳐주신 방법대로 했다.

하나님이 가르쳐주신 방법대로 했을 때, 모세가 바다 위로 손을 내밀자 홍해가 갈라지고, 여리고 성의 외곽을 빙빙 돌다가 마지막 날 소리를 쳤을 뿐인데 성이 무너지는 등의 초과학적인 일이 일어났다.

오늘날 우리도 이런 초상식적이고 초과학적인 승리를 경험할 수 있다. 하나님은 눈에 보이는 것들에 매여 있는 우리에게 자신을 나타내고자 원하시고, 우리가 당신의 능력으로 우리를 둘러싸고 있는 물질적이고 과학적인 세상을 이기기 원하신다.

우리의 모든 생각과 행동을 창조주이신 하나님의 말씀에 일치시키면 어떠한 상황에서도 우리는 넉넉히 이길 수 있다.

이미지 출처

참고 문헌

1장

[1] 리처드 도킨스 저, 김명남 역, 『지상 최대의 쇼』, 김영사 1판 2쇄, 2009. 6쪽

[2] 리처드 밀턴 저, 이재영 역, 『다윈도 모르는 진화론』, AK 초판 1쇄, 2009. 15쪽

[3] 요제프 라이히홀프 저, 박병화 역, 『자연은 왜 이런 선택을 했을까』, 이랑 1판 1쇄, 2012. 표지

[4] 요제프 라이히홀프 저, 박병화 역, 『자연은 왜 이런 선택을 했을까』, 이랑 1판 1쇄, 2012. 190쪽

[5] 요제프 라이히홀프 저, 박병화 역, 『자연은 왜 이런 선택을 했을까』, 이랑 1판 1쇄, 2012. 42쪽

[6] 요제프 라이히홀프 저, 박병화 역, 『자연은 왜 이런 선택을 했을까』, 이랑 1판 1쇄, 2012. 46쪽

[7] 리처드 도킨스 저, 김명남 역, 『지상 최대의 쇼』, 김영사 1판 2쇄, 2009. 220쪽

[8] 리처드 도킨스 저, 김명남 역, 『지상 최대의 쇼』, 김영사 1판 2쇄, 2009. 486쪽

[9] 리처드 도킨스 저, 김명남 역, 『지상 최대의 쇼』, 김영사 1판 2쇄, 2009. 307쪽

[10] 리처드 도킨스 저, 김명남 역, 『지상 최대의 쇼』, 김영사 1판 2쇄, 2009. 308쪽

[11] 제리코인 저, 김명남 역, 『지울 수 없는 흔적』, 을유문화사 초판 2쇄, 2012. 80쪽

[12] 데즈먼드 모리스 저, 김석희 역, 『털 없는 원숭이』, 문예춘추사 개정 1쇄, 2011. 27쪽

[13] 임번삼, 『창조과학 원론(하)』, 한국창조과학회 개정판, 2007. 28쪽

[14] 양승훈, 『창조와 격변』, 예영커뮤니케이션 개정 1쇄, 2010. 112쪽

[15]~[16] 양승훈, 『창조와 격변』, 예영커뮤니케이션 개정 1쇄, 2010. 113쪽

[17] 양승훈, 『창조와 격변』, 예영커뮤니케이션 개정 1쇄, 2010. 119쪽

[18] 강금희 번역, 『Newton Highlight: 다윈진화론』, 뉴턴코리아 초판 2쇄, 2010. 110쪽

[19] 엠마타운센드 저, 김은영 역, 『다윈의 개』, 더난출판 초판 1쇄, 2011. 66쪽

[20] 장대익 저, 『다윈의 식탁』, 김영사 1판 14쇄, 2012. 161쪽

[21] 엠마타운센드 저, 김은영 역, 『다윈의 개』, 더난출판 초판 1쇄, 2011. 90쪽

[22] 강금희 번역, 『Newton Highlight: 다윈진화론』, 뉴턴코리아 초판 2쇄, 2010. 70쪽

[23] 리처드 도킨스 저, 김명남 역, 『지상 최대의 쇼』, 김영사 1판 2쇄, 2009. 471쪽

2장

[24] 낸시 피어시 저, 홍병룡 역, 『완전한 진리』, 복 있는 사람 초판 6쇄, 2007. 45쪽

[25] 낸시 피어시 저, 홍병룡 역, 『완전한 진리』, 복 있는 사람 초판 6쇄, 2007. 206쪽

[26] 리처드 도킨스 저, 김명남 역, 『지상 최대의 쇼』, 김영사 1판 2쇄, 2009. 471쪽

[27] 리처드 도킨스 저, 김명남 역, 『지상 최대의 쇼』, 김영사 1판 2쇄, 2009. 470쪽

[28] 리처드 도킨스 저, 김명남 역, 『지상 최대의 쇼』, 김영사 1판 2쇄, 2009. 471쪽

[29] 리처드 도킨스 저, 김명남 역, 『지상 최대의 쇼』, 김영사 1판 2쇄, 2009. 472쪽

[30] 리처드 도킨스 저, 김명남 역, 『지상 최대의 쇼』, 김영사 1판 2쇄, 2009. 30쪽

[31] 리처드 도킨스 저, 김명남 역, 『지상 최대의 쇼』, 김영사 1판 2쇄, 2009. 30쪽

[32]~[33] 리처드 도킨스 저, 김명남 역, 『지상 최대의 쇼』, 김영사 1판 2쇄, 2009. 29쪽

[34]~[35] 토머스 키다 저, 박윤정 역, 『생각의 오류』, 열음사 초판 4쇄, 2009. 67쪽

[36] 토머스 키다 저, 박윤정 역, 『생각의 오류』, 열음사 초판 4쇄, 2009. 155쪽

[37] 토머스 키다 저, 박윤정 역, 『생각의 오류』, 열음사 초판 4쇄, 2009. 162쪽

[38] 토머스 키다 저, 박윤정 역, 『생각의 오류』, 열음사 초판 4쇄, 2009. 158쪽

[39] 토머스 키다 저, 박윤정 역, 『생각의 오류』, 열음사 초판 4쇄, 2009. 24쪽

3장

[40]~[41] 제리코인 저, 김명남 역, 『지울 수 없는 흔적』, 을유문화사 초판 2쇄, 2012. 189쪽

[42]~[43] 리처드 도킨스 저, 김명남 역, 『지상 최대의 쇼』, 김영사 1판 2쇄, 2009. 47쪽

[44]~[48] 리처드 도킨스 저, 김명남 역, 『지상 최대의 쇼』, 김영사 1판 2쇄, 2009. 184~195쪽

[49]~[54] 리처드 도킨스 저, 김명남 역, 『지상 최대의 쇼』, 김영사 1판 2쇄, 2009. 158~161쪽

[55]~[58] 리처드 도킨스 저, 김명남 역, 『지상 최대의 쇼』, 김영사 1판 2쇄, 2009. 161~184쪽

[59] 리처드 도킨스 저, 김명남 역, 『지상 최대의 쇼』, 김영사 1판 2쇄, 2009. 181쪽

[60] 강금희 번역, 『Newton Highlight: 다윈진화론』, 뉴턴코리아 초판 2쇄, 2010. 98쪽

[61]~[62] 리처드 도킨스 저, 김명남 역, 『지상 최대의 쇼』, 김영사 1판 2쇄, 2009. 365쪽

[63]~[64] 제리코인 저, 김명남 역, 『지울 수 없는 흔적』, 을유문화사 초판 2쇄, 2012. 243쪽

[65]~[66] 제리코인 저, 김명남 역, 『지울 수 없는 흔적』, 을유문화사 초판 2쇄, 2012. 247쪽

[67] 제리코인 저, 김명남 역, 『지울 수 없는 흔적』, 을유문화사 초판 2쇄, 2012. 248쪽

[68] 제리코인 저, 김명남 역, 『지울 수 없는 흔적』, 을유문화사 초판 2쇄, 2012. 29쪽

[69] 리처드 도킨스 저, 김명남 역, 『지상 최대의 쇼』, 김영사 1판 2쇄, 2009. 229쪽

[70] 리처드 도킨스 저, 김명남 역, 『지상 최대의 쇼』, 김영사 1판 2쇄, 2009. 223쪽

[71] 리처드 도킨스 저, 김명남 역, 『지상 최대의 쇼』, 김영사 1판 2쇄, 2009. 251쪽

[72] 양승훈, 『창조와 격변』, 예영커뮤니케이션 개정 1쇄, 2010. 273쪽

[73] 리처드 도킨스 저, 김명남 역, 『지상 최대의 쇼』, 김영사 1판 2쇄, 2009. 254쪽

[74]~[75] 리처드 도킨스 저, 김명남 역, 『지상 최대의 쇼』, 김영사 1판 2쇄, 2009. 255쪽

[76] 창조과학회 공동 저, 『기원과학』, 한국창조과학회 1판 10쇄, 2008. 172쪽

[77] 리처드 도킨스 저, 김명남 역, 『지상 최대의 쇼』, 김영사 1판 2쇄, 2009. 258쪽

[78] 리처드 도킨스 저, 김명남 역, 『지상 최대의 쇼』, 김영사 1판 2쇄, 2009. 260쪽

[79] 리처드 도킨스 저, 김명남 역, 『지상 최대의 쇼』, 김영사 1판 2쇄, 2009. 271쪽

[80] 리처드 밀턴 저, 이재영 역, 『다윈도 모르는 진화론』, AK 초판 1쇄, 2009. 203쪽

[81] 리처드 밀턴 저, 이재영 역, 『다윈도 모르는 진화론』, AK 초판 1쇄, 2009. 204쪽

[82]~[83] 리처드 밀턴 저, 이재영 역, 『다윈도 모르는 진화론』, AK 초판 1쇄, 2009. 205쪽

[84] 리처드 밀턴 저, 이재영 역, 『다윈도 모르는 진화론』, AK 초판 1쇄, 2009. 208쪽

[85] 리처드 밀턴 저, 이재영 역, 『다윈도 모르는 진화론』, AK 초판 1쇄, 2009. 191쪽

[86] 리처드 밀턴 저, 이재영 역, 『다윈도 모르는 진화론』, AK 초판 1쇄, 2009. 194쪽

[87] 리처드 밀턴 저, 이재영 역, 『다윈도 모르는 진화론』, AK 초판 1쇄, 2009. 195쪽

[88] 스티븐 제이 굴드 저, 이명희 역, 『풀하우스』, 사이언스북스 1판 16쇄, 2012. 258쪽

[89] 스티븐 제이 굴드 저, 이명희 역, 『풀하우스』, 사이언스북스 1판 16쇄, 2012. 62쪽

[90] www.HisArk.com/「Creation Truth」2011/9월호

[91] 양승훈, 『창조와 격변』, 예영커뮤니케이션 개정 1쇄, 2010. 210쪽

[92] 양승훈, 『창조와 격변』, 예영커뮤니케이션 개정 1쇄, 2010. 211쪽

[93] 양승훈, 『창조와 격변』, 예영커뮤니케이션 개정 1쇄, 2010. 212쪽

[94]~[95] 양승훈, 『창조와 격변』, 예영커뮤니케이션 개정 1쇄, 2010. 213쪽

[96] 리처드 도킨스 저, 김명남 역, 『지상 최대의 쇼』, 김영사 1판 2쇄, 2009. 223~243쪽

[97] 리처드 밀턴 저, 이재영 역, 『다윈도 모르는 진화론』, AK 초판 1쇄, 2009. 392쪽

[98] 양승훈, 『창조와 격변』, 예영커뮤니케이션 개정 1쇄, 2010. 220쪽
[99] 양승훈, 『창조와 격변』, 예영커뮤니케이션 개정 1쇄, 2010. 221쪽
[100]~[102] 양승훈, 『창조와 격변』, 예영커뮤니케이션 개정 1쇄, 2010. 240쪽
[103] www.HisArk.com/『Creation Truth』2008/8월호
[104] 양승훈, 『창조와 격변』, 예영커뮤니케이션 개정 1쇄, 2010. 241쪽
[105] 양승훈, 『프라이드를 탄 돈키호테』, SFC출판부 초판 1쇄, 2009. 246쪽
[106] 양승훈, 『창조와 격변』, 예영커뮤니케이션 개정 1쇄, 2010. 250쪽
[107] 양승훈, 『창조와 격변』, 예영커뮤니케이션 개정 1쇄, 2010. 252쪽
108] 양승훈, 『창조와 격변』, 예영커뮤니케이션 개정 1쇄, 2010. 254쪽
[109] 양승훈, 『창조와 격변』, 예영커뮤니케이션 개정 1쇄, 2010. 256쪽
[110] 양승훈, 『창조와 격변』, 예영커뮤니케이션 개정 1쇄, 2010. 259쪽
[111] 양승훈, 『창조와 격변』, 예영커뮤니케이션 개정 1쇄, 2010. 261쪽
[112] 양승훈, 『창조와 격변』, 예영커뮤니케이션 개정 1쇄, 2010. 262쪽
[113] 양승훈, 『창조와 격변』, 예영커뮤니케이션 개정 1쇄, 2010. 273쪽
[114] 양승훈, 『창조와 격변』, 예영커뮤니케이션 개정 1쇄, 2010. 276쪽
[115] 양승훈, 『창조와 격변』, 예영커뮤니케이션 개정 1쇄, 2010. 282쪽
[116] 양승훈, 『창조와 격변』, 예영커뮤니케이션 개정 1쇄, 2010. 283쪽
[117]~[118] 양승훈, 『창조와 격변』, 예영커뮤니케이션 개정 1쇄, 2010. 284쪽
[119] 양승훈, 『창조와 격변』, 예영커뮤니케이션 개정 1쇄, 2010. 286쪽
[120] 양승훈, 『창조와 격변』, 예영커뮤니케이션 개정 1쇄, 2010. 287쪽
[121] 양승훈, 『창조와 격변』, 예영커뮤니케이션 개정 1쇄, 2010. 297쪽
[122] 양승훈, 『창조와 격변』, 예영커뮤니케이션 개정 1쇄, 2010. 298쪽
[123] www.HisArk.com/『Creation Truth』2013/12월호
[124] 강금희 번역, 『Newton Highlight: 생명과학의 기초 DNA』, 뉴턴코리아 초판 2쇄, 2010. 100쪽
[125]~[126] www.HisArk.com/『Creation Truth』2010/11월호
[127] 강금희 번역, 『Newton Highlight: 생명과학의 기초 DNA』, 뉴턴코리아 초판 2쇄, 2010. 101쪽
[128] www.HisArk.com/『Creation Truth』2010/11월호
[129] 리처드 밀턴 저, 이재영 역, 『다윈도 모르는 진화론』, AK 초판 1쇄, 2009. 239쪽
[130] 임번상, 『창조과학 원론(상)』, 한국창조과학회 개정판, 2007. 184쪽
[131] 리처드 밀턴 저, 이재영 역, 『다윈도 모르는 진화론』, AK 초판 1쇄, 2009. 239쪽
[132]~[135] 임번상, 『창조과학 원론(상)』, 한국창조과학회 개정판, 2007. 184쪽
[136] 하기와라 기요후미 저, 황소연 역, 『내 몸 안의 작은 우주 분자 생물학』, 전나무숲 초판 1쇄, 2010. 126쪽
[137] 하기와라 기요후미 저, 황소연 역, 『내 몸 안의 작은 우주 분자 생물학』, 전나무숲 초판 1쇄, 2010. 121쪽
[138] 강금희 번역, 『Newton Highlight: 생명과학의 기초 DNA』, 뉴턴코리아 초판 2쇄, 2010. 6쪽
[139] 강금희 번역, 『Newton Highlight: 생명과학의 기초 DNA』, 뉴턴코리아 초판 2쇄, 2010. 10쪽
[140] 하기와라 기요후미 저, 황소연 역, 『내 몸 안의 작은 우주 분자 생물학』, 전나무숲 초판 1쇄, 2010. 44쪽
[141]~[142] 리처드 도킨스 저, 김명남 역, 『지상 최대의 쇼』, 김영사 1판 2쇄, 2009. 431쪽
[143] 리처드 도킨스 저, 김명남 역, 『지상 최대의 쇼』, 김영사 1판 2쇄, 2009. 436쪽
[144]~[145] 제리코인 저, 김명남 역, 『지울 수 없는 흔적』, 을유문화사 초판 2쇄, 2012. 108쪽
[146] 제리코인 저, 김명남 역, 『지울 수 없는 흔적』, 을유문화사 초판 2쇄, 2012. 109쪽

[147] 마크 핸더슨 저, 윤소영 역, 『상식 밖의 유전자』, 을유문화사 초판 1쇄, 2012. 41쪽

[148] 마크 핸더슨 저, 윤소영 역, 『상식 밖의 유전자』, 을유문화사 초판 1쇄, 2012. 298쪽

[149] 마크 핸더슨 저, 윤소영 역, 『상식 밖의 유전자』, 을유문화사 초판 1쇄, 2012. 44쪽

[150] 낸시 피어시 저, 홍병룡 역, 『완전한 진리』, 복 있는 사람 초판 6쇄, 2007. 347쪽

[151] 제리코인 저, 김명남 역, 『지울 수 없는 흔적』, 을유문화사 초판 2쇄, 2012. 296쪽

[152] www.HisArk.com/『Creation Truth』2013/6월호

[153] 최재천, 『다윈지능』, 사이언스북스 1판 5쇄, 2012. 261쪽

[154] 제리코인 저, 김명남 역, 『지울 수 없는 흔적』, 을유문화사 초판 2쇄, 2012. 296쪽

[155]~[157] 임번삼, 『창조과학 원론(하)』, 한국창조과학회 개정판, 2007. 128쪽

[158] 리처드 밀턴 저, 이재영 역, 『다윈도 모르는 진화론』, AK 초판 1쇄, 2009. 281쪽

[159] 창조과학회 공동 저, 『기원과학』, 한국창조과학회 1판 10쇄, 2008. 71쪽

[160] 마크 핸더슨 저, 윤소영 역, 『상식 밖의 유전자』, 을유문화사 초판 1쇄, 2012. 91쪽

[161] 페터 슈포르크 저, 유영미 역, 『인간은 유전자를 어떻게 조종할 수 있을까』, 갈매나무 초판 1쇄, 2013. 41쪽

[162] 창조과학회 공동 저, 『기원과학』, 한국창조과학회 1판 10쇄, 2008. 71쪽

[163] 페터 슈포르크 저, 유영미 역, 『인간은 유전자를 어떻게 조종할 수 있을까』, 갈매나무 초판 1쇄, 2013. 38쪽

[164] 하기와라 기요후미 저, 황소연 역, 『내 몸 안의 작은 우주 분자 생물학』, 전나무숲 초판 1쇄, 2010. 124쪽

[165] 하기와라 기요후미 저, 황소연 역, 『내 몸 안의 작은 우주 분자 생물학』, 전나무숲 초판 1쇄, 2010. 58쪽

[166] 하기와라 기요후미 저, 황소연 역, 『내 몸 안의 작은 우주 분자 생물학』, 전나무숲 초판 1쇄, 2010. 146쪽

[167] 하기와라 기요후미 저, 황소연 역, 『내 몸 안의 작은 우주 분자 생물학』, 전나무숲 초판 1쇄, 2010. 164쪽

[168] 하기와라 기요후미 저, 황소연 역, 『내 몸 안의 작은 우주 분자 생물학』, 전나무숲 초판 1쇄, 2010. 26쪽

[169] 하기와라 기요후미 저, 황소연 역, 『내 몸 안의 작은 우주 분자 생물학』, 전나무숲 초판 1쇄, 2010. 193쪽

[170] 하기와라 기요후미 저, 황소연 역, 『내 몸 안의 작은 우주 분자 생물학』, 전나무숲 초판 1쇄, 2010. 181쪽

[171] 브루스 립턴 저, 이창희 역, 『당신의 주인은 DNA가 아니다』, 두레 1판 2쇄, 2012. 11쪽

[172] 브루스 립턴 저, 이창희 역, 『당신의 주인은 DNA가 아니다』, 두레 1판 2쇄, 2012. 표지

[173] 브루스 립턴 저, 이창희 역, 『당신의 주인은 DNA가 아니다』, 두레 1판 2쇄, 2012. 1쪽

[174] 브루스 립턴 저, 이창희 역, 『당신의 주인은 DNA가 아니다』, 두레 1판 2쇄, 2012. 83쪽

[175] 브루스 립턴 저, 이창희 역, 『당신의 주인은 DNA가 아니다』, 두레 1판 2쇄, 2012. 85쪽

[176]~[177] 브루스 립턴 저, 이창희 역, 『당신의 주인은 DNA가 아니다』, 두레 1판 2쇄, 2012. 90쪽

[178] 리처드 도킨스 저, 김명남 역, 『지상 최대의 쇼』, 김영사 1판 2쇄, 2009. 111쪽

[179] 마크 핸더슨 저, 윤소영 역, 『상식 밖의 유전자』, 을유문화사 초판 1쇄, 2012. 12쪽

[180]~[181] 빌 브라이슨 저, 이덕환 역, 『거의 모든 것의 역사』, 까치글방 초판 39쇄, 2013. 433쪽

[182] 마크 핸더슨 저, 윤소영 역, 『상식 밖의 유전자』, 을유문화사 초판 1쇄, 2012. 159쪽

[183] 마크 핸더슨 저, 윤소영 역, 『상식 밖의 유전자』, 을유문화사 초판 1쇄, 2012. 134쪽

[184] 페터 슈포르크 저, 유영미 역, 『인간은 유전자를 어떻게 조종할 수 있을까』, 갈매나무 초판 1쇄, 2013. 80쪽

[185] 하기와라 기요후미 저, 황소연 역, 『내 몸 안의 작은 우주 분자 생물학』, 전나무숲 초판 1쇄, 2010. 226쪽

[186] 페터 슈포르크 저, 유영미 역, 『인간은 유전자를 어떻게 조종할 수 있을까』, 갈매나무 초판 1쇄, 2013. 50쪽

[187] 페터 슈포르크 저, 유영미 역, 『인간은 유전자를 어떻게 조종할 수 있을까』, 갈매나무 초판 1쇄, 2013. 14쪽

[188] 페터 슈포르크 저, 유영미 역, 『인간은 유전자를 어떻게 조종할 수 있을까』, 갈매나무 초판 1쇄, 2013. 78쪽

[189]~[190] 페터 슈포르크 저, 유영미 역, 『인간은 유전자를 어떻게 조종할 수 있을까』, 갈매나무 초판 1쇄, 2013. 91쪽

[191]~[192] 페터 슈포르크 저, 유영미 역, 『인간은 유전자를 어떻게 조종할 수 있을까』, 갈매나무 초판 1쇄, 2013. 92쪽

[193] 페터 슈포르크 저, 유영미 역, 『인간은 유전자를 어떻게 조종할 수 있을까』, 갈매나무 초판 1쇄, 2013. 94쪽
[194] 페터 슈포르크 저, 유영미 역, 『인간은 유전자를 어떻게 조종할 수 있을까』, 갈매나무 초판 1쇄, 2013. 164쪽
[195] 페터 슈포르크 저, 유영미 역, 『인간은 유전자를 어떻게 조종할 수 있을까』, 갈매나무 초판 1쇄, 2013. 165쪽
[196] 페터 슈포르크 저, 유영미 역, 『인간은 유전자를 어떻게 조종할 수 있을까』, 갈매나무 초판 1쇄, 2013. 13쪽
[197] 마크 핸더슨 저, 윤소영 역, 『상식 밖의 유전자』, 을유문화사 초판 1쇄, 2012. 49쪽
[198] 페터 슈포르크 저, 유영미 역, 『인간은 유전자를 어떻게 조종할 수 있을까』, 갈매나무 초판 1쇄, 2013. 14쪽
[199] 브루스 립턴 저, 이창희 역, 『당신의 주인은 DNA가 아니다』, 두레 1판 2쇄, 2012. 61쪽
[200] 페터 슈포르크 저, 유영미 역, 『인간은 유전자를 어떻게 조종할 수 있을까』, 갈매나무 초판 1쇄, 2013. 261쪽
[201] 페터 슈포르크 저, 유영미 역, 『인간은 유전자를 어떻게 조종할 수 있을까』, 갈매나무 초판 1쇄, 2013. 91쪽
[202] 페터 슈포르크 저, 유영미 역, 『인간은 유전자를 어떻게 조종할 수 있을까』, 갈매나무 초판 1쇄, 2013. 262쪽
[203] 양승훈, 『창조와 격변』, 예영커뮤니케이션 개정 1쇄, 2010. 130쪽
[204] 빌 브라이슨 저, 이덕환 역, 『거의 모든 것의 역사』, 까치글방 초판 39쇄, 2013. 399쪽
[205] 마크 핸더슨 저, 윤소영 역, 『상식 밖의 유전자』, 을유문화사 초판 1쇄, 2012. 44쪽
[206] 하기와라 기요후미 저, 황소연 역, 『내 몸 안의 작은 우주 분자 생물학』, 전나무숲 초판 1쇄, 2010. 82쪽
[207] 하기와라 기요후미 저, 황소연 역, 『내 몸 안의 작은 우주 분자 생물학』, 전나무숲 초판 1쇄, 2010. 83쪽
[208] 하기와라 기요후미 저, 황소연 역, 『내 몸 안의 작은 우주 분자 생물학』, 전나무숲 초판 1쇄, 2010. 102쪽
[209] 빌 브라이슨 저, 이덕환 역, 『거의 모든 것의 역사』, 까치글방 초판 39쇄, 2013. 434쪽
[210] 마크 핸더슨 저, 윤소영 역, 『상식 밖의 유전자』, 을유문화사 초판 1쇄, 2012. 24쪽
[211]~[212] 빌 브라이슨 저, 이덕환 역, 『거의 모든 것의 역사』, 까치글방 초판 39쇄, 2013. 434쪽
[213] 빌 브라이슨 저, 이덕환 역, 『거의 모든 것의 역사』, 까치글방 초판 39쇄, 2013. 487쪽
[214] 리처드 도킨스 저, 홍영남/이상임 역, 『이기적 유전자』, 을유문화사 전면개정 10쇄, 2011. 5쪽
[215]~[216] 리처드 도킨스 저, 홍영남/이상임 역, 『이기적 유전자』, 을유문화사 전면개정 10쇄, 2011. 101쪽
[217]~[218] 리처드 도킨스 저, 홍영남/이상임 역, 『이기적 유전자』, 을유문화사 전면개정 10쇄, 2011. 8쪽
[219] 리처드 도킨스 저, 홍영남/이상임 역, 『이기적 유전자』, 을유문화사 전면개정 10쇄, 2011. 6쪽
[220] 리처드 도킨스 저, 홍영남/이상임 역, 『이기적 유전자』, 을유문화사 전면개정 10쇄, 2011. 87쪽
[221] 리처드 도킨스 저, 홍영남/이상임 역, 『이기적 유전자』, 을유문화사 전면개정 10쇄, 2011. 319쪽
[222] 리처드 도킨스 저, 홍영남/이상임 역, 『이기적 유전자』, 을유문화사 전면개정 10쇄, 2011. 320쪽
[223] 리처드 도킨스 저, 홍영남/이상임 역, 『이기적 유전자』, 을유문화사 전면개정 10쇄, 2011. 323쪽
[224] 리처드 도킨스 저, 홍영남/이상임 역, 『이기적 유전자』, 을유문화사 전면개정 10쇄, 2011. 333쪽
[225] 최재천, 『다윈지능』, 사이언스북스 1판 5쇄, 2012. 214쪽
[226]~[229] 양승훈, 『창조와 격변』, 예영커뮤니케이션 개정 1쇄, 2010. 40쪽
[230]~[231] 양승훈, 『창조와 격변』, 예영커뮤니케이션 개정 1쇄, 2010. 41쪽
[232]~[235] 양승훈, 『창조와 격변』, 예영커뮤니케이션 개정 1쇄, 2010. 42쪽
[236]~[237] 양승훈, 『창조와 격변』, 예영커뮤니케이션 개정 1쇄, 2010. 43쪽
[238] 양승훈, 『창조와 격변』, 예영커뮤니케이션 개정 1쇄, 2010. 44쪽
[239] 양승훈, 『창조와 격변』, 예영커뮤니케이션 개정 1쇄, 2010. 48쪽
[240] 양승훈, 『창조와 격변』, 예영커뮤니케이션 개정 1쇄, 2010. 49쪽
[241]~[242] 이재만 저, 『창조주 하나님』, 두란노 초판, 2014. 80쪽
[243] 양승훈, 『창조와 격변』, 예영커뮤니케이션 개정 1쇄, 2010. 51쪽
[244] 양승훈, 『창조와 격변』, 예영커뮤니케이션 개정 1쇄, 2010. 58쪽

[245] 양승훈, 『창조와 격변』, 예영커뮤니케이션 개정 1쇄, 2010. 59쪽

[246] 리처드 도킨스 저, 김명남 역, 『지상 최대의 쇼』, 김영사 1판 1쇄, 2009. 145쪽

[247] 리처드 밀턴 저, 이재영 역, 『다윈도 모르는 진화론』, AK 초판 1쇄, 2009. 46쪽

[248] 리처드 도킨스 저, 김명남 역, 『지상 최대의 쇼』, 김영사 1판 2쇄, 2009. 146-147쪽

[249] 존 모리스 저, 홍기범/조정일 역, 『젊은 지구』, 한국창조과학회 1판 2쇄, 2006. 138쪽

[250] 존 모리스 저, 홍기범/조정일 역, 『젊은 지구』, 한국창조과학회 1판 2쇄, 2006. 137쪽

[251] 리처드 밀턴 저, 이재영 역, 『다윈도 모르는 진화론』, AK 초판 1쇄, 2009. 48쪽

[252] 리처드 밀턴 저, 이재영 역, 『다윈도 모르는 진화론』, AK 초판 1쇄, 2009. 15쪽

[253] 리처드 밀턴 저, 이재영 역, 『다윈도 모르는 진화론』, AK 초판 1쇄, 2009. 6쪽

[254] 리처드 밀턴 저, 이재영 역, 『다윈도 모르는 진화론』, AK 초판 1쇄, 2009. 65쪽

[255] 리처드 밀턴 저, 이재영 역, 『다윈도 모르는 진화론』, AK 초판 1쇄, 2009. 66쪽

[256] 리처드 밀턴 저, 이재영 역, 『다윈도 모르는 진화론』, AK 초판 1쇄, 2009. 59쪽

[257] 빌 브라이슨 저, 이덕환 역, 『거의 모든 것의 역사』, 까치글방 초판 39쇄, 2013. 167쪽

[258] 리처드 밀턴 저, 이재영 역, 『다윈도 모르는 진화론』, AK 초판 1쇄, 2009. 81쪽

[259] 리처드 밀턴 저, 이재영 역, 『다윈도 모르는 진화론』, AK 초판 1쇄, 2009. 56쪽

[260]~[262] 리처드 밀턴 저, 이재영 역, 『다윈도 모르는 진화론』, AK 초판 1쇄, 2009. 57쪽

[263] 리처드 밀턴 저, 이재영 역, 『다윈도 모르는 진화론』, AK 초판 1쇄, 2009. 58쪽

[264] 리처드 밀턴 저, 이재영 역, 『다윈도 모르는 진화론』, AK 초판 1쇄, 2009. 60쪽

[265] www.HisArk.com/『Creation Truth』 2009/8월호

[266] 이재만, 『노아 홍수 콘서트』, 두란노서원 초판 5쇄, 2010. 256쪽

[267]~[269] 이재만, 『노아 홍수 콘서트』, 두란노서원 초판 5쇄, 2010. 257쪽

[270] 이재만, 『노아 홍수 콘서트』, 두란노서원 초판 5쇄, 2010. 259쪽

[271] 리처드 밀턴 저, 이재영 역, 『다윈도 모르는 진화론』, AK 초판 1쇄, 2009. 61쪽

[272] 리처드 밀턴 저, 이재영 역, 『다윈도 모르는 진화론』, AK 초판 1쇄, 2009. 62쪽

[273] 존 모리스 저, 홍기범/조정일 역, 『젊은 지구』, 한국창조과학회 1판 2쇄, 2006. 150쪽

[274] 리처드 밀턴 저, 이재영 역, 『다윈도 모르는 진화론』, AK 초판 1쇄, 2009. 70쪽

[275] 이재만, 『노아 홍수 콘서트』, 두란노서원 초판 5쇄, 2010. 71쪽

[276] 이재만, 『노아 홍수 콘서트』, 두란노서원 초판 5쇄, 2010. 72쪽

[277] 이재만, 『노아 홍수 콘서트』, 두란노서원 초판 5쇄, 2010. 265쪽

[278] 이재만, 『노아 홍수 콘서트』, 두란노서원 초판 5쇄, 2010. 266쪽

[279]~[280] 이재만, 『노아 홍수 콘서트』, 두란노서원 초판 5쇄, 2010. 267쪽

[281] 이재만, 『노아 홍수 콘서트』, 두란노서원 초판 5쇄, 2010. 73쪽

[282] 이재만, 『노아 홍수 콘서트』, 두란노서원 초판 5쇄, 2010. 81쪽

[283] 이재만, 『노아 홍수 콘서트』, 두란노서원 초판 5쇄, 2010. 286쪽

[284] 이재만, 『노아 홍수 콘서트』, 두란노서원 초판 5쇄, 2010. 285쪽

[285] 이재만, 『노아 홍수 콘서트』, 두란노서원 초판 5쇄, 2010. 284쪽

[286] 이재만, 『노아 홍수 콘서트』, 두란노서원 초판 5쇄, 2010. 283쪽

[287] 이재만, 『노아 홍수 콘서트』, 두란노서원 초판 5쇄, 2010. 277쪽

[288] 이재만, 『노아 홍수 콘서트』, 두란노서원 초판 5쇄, 2010. 278쪽

[289] 리처드 밀턴 저, 이재영 역, 『다윈도 모르는 진화론』, AK 초판 1쇄, 2009. 80쪽

[290] 양승훈, 『창조와 격변』, 예영커뮤니케이션 개정 1쇄, 2010. 315쪽

[291] 양승훈, 『창조와 격변』, 예영커뮤니케이션 개정 1쇄, 2010. 317쪽

[292] 리처드 밀턴 저, 이재영 역, 『다윈도 모르는 진화론』, AK 초판 1쇄, 2009. 89쪽

[293] 리처드 밀턴 저, 이재영 역, 『다윈도 모르는 진화론』, AK 초판 1쇄, 2009. 90쪽

[294] 이재만, 『노아 홍수 콘서트』, 두란노서원 초판 5쇄, 2010. 276쪽

[295] 존 모리스 저, 홍기범/조정일 역, 『젊은 지구』, 한국창조과학회 1판 2쇄, 2006. 33쪽

[296] 존 모리스 저, 홍기범/조정일 역, 『젊은 지구』, 한국창조과학회 1판 2쇄, 2006. 34쪽

[297] 이재만, 『노아 홍수 콘서트』, 두란노서원 초판 5쇄, 2010. 89쪽

[298] 리처드 밀턴 저, 이재영 역, 『다윈도 모르는 진화론』, AK 초판 1쇄, 2009. 65쪽

[299]~[300] 이재만, 『노아 홍수 콘서트』, 두란노서원 초판 5쇄, 2010. 279쪽

[301] 이재만, 『노아 홍수 콘서트』, 두란노서원 초판 5쇄, 2010. 283쪽

[302] 이재만 저, 『창조주 하나님』, 두란노 초판, 2014. 256쪽

[303] 박윤식, 『창세기의 족보』, 도서출판 휘선 3판 10쇄, 2013. 65쪽

[304]~[305] 박윤식, 『창세기의 족보』, 도서출판 휘선 3판 10쇄, 2013. 66쪽

[306] 박윤식, 『창세기의 족보』, 도서출판 휘선 3판 10쇄, 2013. 67쪽

[307] 윌리엄 슈니더윈드 저, 박정연 역, 『성경은 어떻게 책이 되었을까』, 에코리브르 초판 1쇄, 2006. 11쪽

[308] 윌리엄 슈니더윈드 저, 박정연 역, 『성경은 어떻게 책이 되었을까』, 에코리브르 초판 1쇄, 2006. 표지

[309] 윌리엄 슈니더윈드 저, 박정연 역, 『성경은 어떻게 책이 되었을까』, 에코리브르 초판 1쇄, 2006. 13쪽

[310]~[311] 윌리엄 슈니더윈드 저, 박정연 역, 『성경은 어떻게 책이 되었을까』, 에코리브르 초판 1쇄, 2006. 22쪽

[312] 윌리엄 슈니더윈드 저, 박정연 역, 『성경은 어떻게 책이 되었을까』, 에코리브르 초판 1쇄, 2006. 51쪽

[313] 윌리엄 슈니더윈드 저, 박정연 역, 『성경은 어떻게 책이 되었을까』, 에코리브르 초판 1쇄, 2006. 15쪽

[314] 윌리엄 슈니더윈드 저, 박정연 역, 『성경은 어떻게 책이 되었을까』, 에코리브르 초판 1쇄, 2006. 16쪽

[315] 윌리엄 슈니더윈드 저, 박정연 역, 『성경은 어떻게 책이 되었을까』, 에코리브르 초판 1쇄, 2006. 68쪽

[316] 윌리엄 슈니더윈드 저, 박정연 역, 『성경은 어떻게 책이 되었을까』, 에코리브르 초판 1쇄, 2006. 31쪽

[317] 윌리엄 슈니더윈드 저, 박정연 역, 『성경은 어떻게 책이 되었을까』, 에코리브르 초판 1쇄, 2006. 32쪽

[318] 윌리엄 슈니더윈드 저, 박정연 역, 『성경은 어떻게 책이 되었을까』, 에코리브르 초판 1쇄, 2006. 45쪽

[319] 윌리엄 슈니더윈드 저, 박정연 역, 『성경은 어떻게 책이 되었을까』, 에코리브르 초판 1쇄, 2006. 113쪽

[320] 임번상, 『창조과학 원론(상)』, 한국창조과학회 개정판, 2007. 298쪽

[321] 리처드 밀턴 저, 이재영 역, 『다윈도 모르는 진화론』, AK 초판 1쇄, 2009. 88쪽

[322]~[323] 임번상, 『창조과학 원론(상)』, 한국창조과학회 개정판, 2007. 300쪽

[324] www.HisArk.com/『Creation Truth』 2009/7월호

[325] 리처드 밀턴 저, 이재영 역, 『다윈도 모르는 진화론』, AK 초판 1쇄, 2009. 42쪽

[326] 이재만, 『노아 홍수 콘서트』, 두란노서원 초판 5쇄, 2010. 91쪽

[327] 리처드 밀턴 저, 이재영 역, 『다윈도 모르는 진화론』, AK 초판 1쇄, 2009. 44쪽

[328] 이재만, 『노아 홍수 콘서트』, 두란노서원 초판 5쇄, 2010. 55쪽

[329]~[330] 이재만, 『노아 홍수 콘서트』, 두란노서원 초판 5쇄, 2010. 111쪽

[331] 이재만, 『노아 홍수 콘서트』, 두란노서원 초판 5쇄, 2010. 146쪽

[332] 이재만, 『노아 홍수 콘서트』, 두란노서원 초판 5쇄, 2010. 217쪽

[333] 이재만, 『노아 홍수 콘서트』, 두란노서원 초판 5쇄, 2010. 218쪽

[334] 이재만, 『노아 홍수 콘서트』, 두란노서원 초판 5쇄, 2010. 185쪽

[335] 이재만, 『노아 홍수 콘서트』, 두란노서원 초판 5쇄, 2010. 187쪽
[336] 이재만, 『노아 홍수 콘서트』, 두란노서원 초판 5쇄, 2010. 61쪽
[337] 이재만, 『노아 홍수 콘서트』, 두란노서원 초판 5쇄, 2010. 64쪽
[338] 이재만, 『노아 홍수 콘서트』, 두란노서원 초판 5쇄, 2010. 164쪽
[339] 이재만, 『노아 홍수 콘서트』, 두란노서원 초판 5쇄, 2010. 54쪽
[340] 이재만, 『노아 홍수 콘서트』, 두란노서원 초판 5쇄, 2010. 49쪽
[341] 이재만, 『노아 홍수 콘서트』, 두란노서원 초판 5쇄, 2010. 64쪽
[342] 이재만, 『노아 홍수 콘서트』, 두란노서원 초판 5쇄, 2010. 147쪽
[343]~[344] 이재만, 『노아 홍수 콘서트』, 두란노서원 초판 5쇄, 2010. 150쪽
[345] 한국창조과학회, 이병수 편역, 『큰 깊음의 샘들이 터지며』, 세창미디어 초판 1쇄, 2012. 148쪽
[346] 양승훈, 『창조와 격변』, 예영커뮤니케이션 개정 1쇄, 2010. 335쪽
[347] 이재만, 『노아 홍수 콘서트』, 두란노서원 초판 5쇄, 2010. 31쪽
[348] 이재만, 『노아 홍수 콘서트』, 두란노서원 초판 5쇄, 2010. 148쪽
[349] 양승훈, 『창조와 격변』, 예영커뮤니케이션 개정 1쇄, 2010. 428쪽
[350] 이재만, 『노아 홍수 콘서트』, 두란노서원 초판 5쇄, 2010. 148쪽
[351] 한국창조과학회, 이병수 편역, 『큰 깊음의 샘들이 터지며』, 세창미디어 초판 1쇄, 2012. 122쪽
[352] 양승훈, 『창조와 격변』, 예영커뮤니케이션 개정 1쇄, 2010. 350쪽
[353] 양승훈, 『창조와 격변』, 예영커뮤니케이션 개정 1쇄, 2010. 361쪽
[354] 이재만, 『노아 홍수 콘서트』, 두란노서원 초판 5쇄, 2010. 167쪽
[355] 이재만, 『노아 홍수 콘서트』, 두란노서원 초판 5쇄, 2010. 111쪽
[356] 이재만, 『노아 홍수 콘서트』, 두란노서원 초판 5쇄, 2010. 217쪽
[357] 이재만, 『노아 홍수 콘서트』, 두란노서원 초판 5쇄, 2010. 218쪽
[358] 이재만, 『노아 홍수 콘서트』, 두란노서원 초판 5쇄, 2010. 186쪽
[359] 이재만, 『노아 홍수 콘서트』, 두란노서원 초판 5쇄, 2010. 187쪽
[360] 이재만, 『노아 홍수 콘서트』, 두란노서원 초판 5쇄, 2010. 122쪽
[361] 이재만, 『노아 홍수 콘서트』, 두란노서원 초판 5쇄, 2010. 121~122쪽
[362] 이재만, 『노아 홍수 콘서트』, 두란노서원 초판 5쇄, 2010. 126쪽
[363] 이재만, 『노아 홍수 콘서트』, 두란노서원 초판 5쇄, 2010. 213쪽

4장
[364]~[365] 임번삼, 『창조과학 원론(하)』, 한국창조과학회 개정판, 2007. 130쪽
[366] 리처드 도킨스 저, 김명남 역, 『지상 최대의 쇼』, 김영사 1판 2쇄, 2009. 452쪽
[367] 리처드 도킨스 저, 김명남 역, 『지상 최대의 쇼』, 김영사 1판 2쇄, 2009. 457-459쪽
[368] 리처드 도킨스 저, 김명남 역, 『지상 최대의 쇼』, 김영사 1판 2쇄, 2009. 457쪽
[369] 리처드 도킨스 저, 김명남 역, 『지상 최대의 쇼』, 김영사 1판 2쇄, 2009. 459쪽
[370] 리처드 도킨스 저, 김명남 역, 『지상 최대의 쇼』, 김영사 1판 2쇄, 2009. 463쪽
[371] 리처드 도킨스 저, 김명남 역, 『지상 최대의 쇼』, 김영사 1판 2쇄, 2009. 467쪽
[372] 리처드 도킨스 저, 김명남 역, 『지상 최대의 쇼』, 김영사 1판 2쇄, 2009. 470쪽
[373] 리처드 도킨스 저, 김명남 역, 『지상 최대의 쇼』, 김영사 1판 2쇄, 2009. 471쪽
[374] 리처드 도킨스 저, 김명남 역, 『지상 최대의 쇼』, 김영사 1판 2쇄, 2009. 481쪽

[375] 리처드 도킨스 저, 김명남 역, 『지상 최대의 쇼』, 김영사 1판 2쇄, 2009. 478쪽
[376] 리처드 도킨스 저, 김명남 역, 『지상 최대의 쇼』, 김영사 1판 2쇄, 2009. 481쪽
[377]~[378] 리처드 도킨스 저, 김명남 역, 『지상 최대의 쇼』, 김영사 1판 2쇄, 2009. 484쪽
[379]~[381] 리처드 도킨스 저, 김명남 역, 『지상 최대의 쇼』, 김영사 1판 2쇄, 2009. 523쪽
[382]~[383] 임번삼, 『창조과학 원론(하)』, 한국창조과학회 개정판, 2007. 213쪽
[384] 낸시 피어시 저, 홍병룡 역, 『완전한 진리』, 복 있는 사람 초판 6쇄, 2007. 339쪽
[385] 낸시 피어시 저, 홍병룡 역, 『완전한 진리』, 복 있는 사람 초판 6쇄, 2007. 348쪽
[386]~[387] 강금희 번역, 『Newton Highlight: 세포의 모든 것』, 뉴턴코리아 초판 3쇄, 2011. 6쪽
[388] 낸시 피어시 저, 홍병룡 역, 『완전한 진리』, 복 있는 사람 초판 6쇄, 2007. 350쪽
[389] 낸시 피어시 저, 홍병룡 역, 『완전한 진리』, 복 있는 사람 초판 6쇄, 2007. 374쪽
[390] 이재만 저, 『창조주 하나님』, 두란노 초판, 2014. 31쪽
[391]~[393] 이재만 저, 『창조주 하나님』, 두란노 초판, 2014. 256쪽
[394]~[395] www.HisArk.com/『Creation Truth』2010/2월호
[396] www.HisArk.com/『Creation Truth』2010/1월호
[397] 앨런 로스 저, 강성렬 역, 『창세기』, 두란노 개정 10쇄, 1995. 46쪽
[398] www.HisArk.com/『Creation Truth』2010/3월호
[399]~[400] 이재만/최우성 저, 『빙하시대 이야기』, 두란노 초판 2쇄, 2011. 73쪽
[401] 이재만/최우성 저, 『빙하시대 이야기』, 두란노 초판 2쇄, 2011. 21쪽
[402] 이재만/최우성 저, 『빙하시대 이야기』, 두란노 초판 2쇄, 2011. 29쪽
[403] 이재만/최우성 저, 『빙하시대 이야기』, 두란노 초판 2쇄, 2011. 33쪽
[404]~[406] 이재만/최우성 저, 『빙하시대 이야기』, 두란노 초판 2쇄, 2011. 14쪽
[407] 이재만/최우성 저, 『빙하시대 이야기』, 두란노 초판 2쇄, 2011. 183쪽

5장

[408] 리처드 도킨스 저, 김명남 역, 『지상 최대의 쇼』, 김영사 1판 2쇄, 2009. 119쪽
[409] 리처드 도킨스 저, 김명남 역, 『지상 최대의 쇼』, 김영사 1판 2쇄, 2009. 226쪽
[410] 리처드 도킨스 저, 김명남 역, 『지상 최대의 쇼』, 김영사 1판 2쇄, 2009. 228쪽
[411] 양승훈, 『창조와 격변』, 예영커뮤니케이션 개정 1쇄, 2010. 170쪽
[412] 양승훈, 『창조와 격변』, 예영커뮤니케이션 개정 1쇄, 2010. 171쪽
[413]~[414] 양승훈, 『창조와 격변』, 예영커뮤니케이션 개정 1쇄, 2010. 172쪽
[415] 리처드 도킨스 저, 김명남 역, 『지상 최대의 쇼』, 김영사 1판 2쇄, 2009. 452쪽
[416] 강금희 번역, 『Newton Highlight: 다윈진화론』, 뉴턴코리아 초판 2쇄, 2010. 102쪽
[417]~[418] 낸시 피어시 저, 홍병룡 역, 『완전한 진리』, 복 있는 사람 초판 6쇄, 2007. 300쪽
[419] 낸시 피어시 저, 홍병룡 역, 『완전한 진리』, 복 있는 사람 초판 6쇄, 2007. 303쪽
[420]~[421] 낸시 피어시 저, 홍병룡 역, 『완전한 진리』, 복 있는 사람 초판 6쇄, 2007. 305쪽
[422] 양승훈, 『창조와 격변』, 예영커뮤니케이션 개정 1쇄, 2010. 372쪽
[423] 양승훈, 『창조와 격변』, 예영커뮤니케이션 개정 1쇄, 2010. 363쪽
[424]~[425] 양승훈, 『창조와 격변』, 예영커뮤니케이션 개정 1쇄, 2010. 364쪽
[426]~[427] 양승훈, 『창조와 격변』, 예영커뮤니케이션 개정 1쇄, 2010. 365쪽
[428] 임번삼, 『창조과학 원론(상)』, 한국창조과학회 개정판, 2007. 266쪽

[429] 조병호, 『성경과 5대제국』, 통독원 초판 10쇄, 2011. 259쪽
[430] 임번삼, 『창조과학 원론(하)』, 한국창조과학회 개정판, 2007. 148쪽
[431]~[432] 임번삼, 『창조과학 원론(하)』, 한국창조과학회 개정판, 2007. 140쪽
[433]~[438] 임번삼, 『창조과학 원론(하)』, 한국창조과학회 개정판, 2007. 141쪽
[439] 낸시 피어시 저, 홍병룡 역, 『완전한 진리』, 복 있는 사람 초판 6쇄, 2007. 390쪽
[440] 낸시 피어시 저, 홍병룡 역, 『완전한 진리』, 복 있는 사람 초판 6쇄, 2007. 394-398쪽
[441] 낸시 피어시 저, 홍병룡 역, 『완전한 진리』, 복 있는 사람 초판 6쇄, 2007. 398-400쪽
[442] 낸시 피어시 저, 홍병룡 역, 『완전한 진리』, 복 있는 사람 초판 6쇄, 2007. 319쪽
[443] 최재천, 『다윈지능』, 사이언스북스 1판 5쇄, 2012. 21쪽
[444] 데이비드 보더니스 저, 김민희 역, 『E=mc²』, 생각의나무 개정 18쇄, 2010. 29쪽
[445] 데이비드 보더니스 저, 김민희 역, 『E=mc²』, 생각의나무 개정 18쇄, 2010. 36쪽
[446] 데이비드 보더니스 저, 김민희 역, 『E=mc²』, 생각의나무 개정 18쇄, 2010. 112쪽
[447] 데이비드 보더니스 저, 김민희 역, 『E=mc²』, 생각의나무 개정 18쇄, 2010. 231쪽
[448]~[449] 데이비드 보더니스 저, 김민희 역, 『E=mc²』, 생각의나무 개정 18쇄, 2010. 241쪽
[450]~[452] 한국창조과학회, 야병수 편역, 『큰 깊음의 샘들이 터지며』, 세창미디어 초판 1쇄, 2012. 29쪽
[453] 임번삼, 『창조과학 원론(상)』, 한국창조과학회 개정판, 2007. 204쪽
[454]~[455] 이재만 저, 『창조주 하나님』, 두란노 초판, 2014. 280쪽
[456] 이재만 저, 『창조주 하나님』, 두란노 초판, 2014. 76쪽
[457] 제리코인 저, 김명남 역, 『지울 수 없는 흔적』, 을유문화사 초판 2쇄, 2012. 200쪽
[458] 낸시 피어시 저, 홍병룡 역, 『완전한 진리』, 복 있는 사람 초판 6쇄, 2007. 130쪽
[459] 낸시 피어시 저, 홍병룡 역, 『완전한 진리』, 복 있는 사람 초판 6쇄, 2007. 450쪽
[460] 낸시 피어시 저, 홍병룡 역, 『완전한 진리』, 복 있는 사람 초판 6쇄, 2007. 145쪽

개정본 추가
[461] www.HisArk.com/『Creation Truth』2009/5월호
[462] www.HisArk.com/『Creation Truth』2011/9월호
[463] www.HisArk.com/『Creation Truth』2008/11월호
[464] www.HisArk.com/『Creation Truth』2013/12월호
[465] www.HisArk.com/『Creation Truth』2009/7월호
[466] www.HisArk.com/『Creation Truth』2009/7월호
[467] 양승훈, 『창조와 격변』, 예영커뮤니케이션 개정 1쇄, 2010. 54쪽
[468] 리처드 밀턴 저, 이재영 역, 『다윈도 모르는 진화론』, AK 초판 1쇄, 2009. 66쪽
[469] http://www.kacr.or.kr/자료실/석탄은 오래되지 않았다
[470] 이재만, 『노아 홍수 콘서트』, 두란노서원 초판 5쇄, 2010. 45쪽
[471] 양승훈, 『창조와 격변』, 예영커뮤니케이션 개정 1쇄, 2010. 163쪽
[472] www.HisArk.com/『Creation Truth』2014/9월호
[473] 쿠키뉴스 2007.08.09.
[474] www.HisArk.com/『Creation Truth』2010/10월호

진화론: 과학에서 종교까지

펴낸날   2019년 7월 15일 1판 1쇄
지은이   정아볼로. 남바나바
펴낸이   허 복 만
펴낸곳   야스미디어
등록번호   제10−2569호

주소   서울 영등포구 양산로193 남양빌딩 310호
전화   02−3143−6651
팩스   02−3143−6652
E−mail   yasmedia@hanmail.net

ISBN   978−89−91105−74−4 03230

정가 17,000원